乡村振兴战略背景下
乡村旅游高质量发展

陈　婷　李晓云　周新玲　著

哈尔滨出版社
HARBIN PUBLISHING HOUSE

图书在版编目（CIP）数据

乡村振兴战略背景下乡村旅游高质量发展 / 陈婷，
李晓云，周新玲著 . -- 哈尔滨 ：哈尔滨出版社，
2024.1

ISBN 978-7-5484-7623-8

Ⅰ . ①乡… Ⅱ . ①陈… ②李… ③周… Ⅲ . ①乡村旅
游—旅游业发展—研究—中国 Ⅳ . ① F592.3

中国国家版本馆 CIP 数据核字 (2023) 第 205848 号

书　　名：**乡村振兴战略背景下乡村旅游高质量发展**
XIANGCUN ZHENXING ZHANLUO BEIJINGXIA XIANGCUN LVYOU GAOZHILIANG FAZHAN

作　　者：陈　婷　李晓云　周新玲　著

责任编辑：韩伟锋

封面设计：张　华

出版发行：哈尔滨出版社 (Harbin Publishing House)

社　　址：哈尔滨市香坊区泰山路 82-9 号　邮编：150090

经　　销：全国新华书店

印　　刷：廊坊市广阳区九洲印刷厂

网　　址：www.hrbcbs.com

E - mail：hrbcbs@yeah.net

编辑版权热线：（0451）87900271　87900272

开　　本：787mm×1092mm　1/16　印张：12　字数：270 千字

版　　次：2024 年 1 月第 1 版

印　　次：2024 年 1 月第 1 次印刷

书　　号：ISBN 978-7-5484-7623-8

定　　价：76.00 元

凡购本社图书发现印装错误，请与本社印刷部联系调换。

服务热线：（0451）87900279

前　言

乡村旅游是旅游业的重要组成部分，是实施乡村振兴战略的重要力量，在加快推进农业农村现代化、城乡融合发展、贫困地区脱贫攻坚等方面发挥着重要作用。近年来，全国各地培育了一批生态美、生产美、生活美的乡村旅游目的地，乡村旅游日益成为人民美好生活的新供给和全面推进乡村振兴的新力量。

乡村振兴的根本是产业振兴，紧接着是高质量发展。当前情况下，乡村跟城市相比，最大的问题是难以形成高质量的产业。高质量的产业是农村集体经济发展的重要出路。乡村旅游若想实现高质量发展，必须从产业要素集聚、产业发展特色、资源有效利用、绿色发展、科技赋能等方面着手，突破瓶颈，实现高效发展。

本书基于乡村振兴战略背景下，对乡村旅游高质量发展进行详细研究，以乡村振兴战略、乡村旅游概述入手，详细分析了乡村旅游发展现状、乡村旅游模式与规划创新，重点探讨了乡村旅游高质量发展理论、乡村旅游高质量发展与乡村振兴耦合机制，并重点研究了乡村振兴战略背景下乡村旅游高质量发展保障措施等内容。

本书在写作过程中，参考和借鉴了许多国内学者的相关理论和研究，在此表示由衷的感谢。由于创作时间有限，书中难免会存在不足之处，敬请专家与同行提出宝贵意见，以便修正。

目　录

第一章　乡村振兴战略解读 ………………………………………………… 1

第一节　乡村振兴战略的背景及重要意义 ……………………………… 1

第二节　乡村振兴战略的科学内涵及战略导向 ………………………… 7

第三节　政策支持及实施步骤 …………………………………………… 20

第二章　乡村旅游概述 …………………………………………………… 27

第一节　乡村旅游的概念和特征 ………………………………………… 29

第二节　乡村旅游发展 …………………………………………………… 33

第三节　乡村旅游的功能与作用 ………………………………………… 44

第三章　乡村旅游发展现状分析 ………………………………………… 47

第一节　乡村旅游与农村发展关系 ……………………………………… 47

第二节　国外乡村旅游发展经验 ………………………………………… 50

第三节　乡村旅游发展存在的问题及制约因素 ………………………… 58

第四章　乡村旅游模式与规划创新 ……………………………………… 70

第一节　乡村旅游发展模式概述 ………………………………………… 70

第二节　乡村旅游模式创新 ……………………………………………… 90

第三节　产业融合模式下乡村旅游发展思路 …………………………… 97

第四节　乡村旅游规划创新的基本理念与主要内容 ………………… 110

第五章　乡村旅游高质量发展理论 ·················· 134

　　第一节　乡村旅游高质量发展理论分析 ·················· 135

　　第二节　乡村旅游高质量发展的内涵特征 ·················· 137

　　第三节　乡村旅游高质量发展的关键问题 ·················· 139

　　第四节　乡村旅游高质量发展对策建议 ·················· 142

第六章　乡村旅游高质量发展与乡村振兴耦合机制 ·················· 146

　　第一节　乡村旅游高质量发展的内涵与特征 ·················· 146

　　第二节　乡村旅游高质量发展与乡村振兴耦合内涵分析 ·················· 153

　　第三节　乡村旅游高质量发展与乡村振兴耦合条件分析 ·················· 156

　　第四节　乡村旅游高质量发展与乡村振兴耦合作用机理 ·················· 158

　　第五节　乡村旅游高质量发展与乡村振兴耦合发展阶段 ·················· 161

第七章　乡村振兴战略背景下乡村旅游高质量发展保障措施 ·················· 164

　　第一节　政府主导——促进乡村旅游产业融合发展 ·················· 164

　　第二节　产业政策整合——保障乡村旅游产业融合发展 ·················· 173

　　第三节　产品集成——调整乡村旅游产品供给 ·················· 174

　　第四节　路径通融——创新乡村旅游产业融合方式 ·················· 175

　　第五节　管理模式创新——优化乡村旅游产业链 ·················· 176

　　第六节　营销模式创新——加速乡村旅游产业融合 ·················· 178

　　第七节　保障乡村旅游社区利益——稳定乡村旅游融合发展 ·················· 181

参考文献 ·················· 185

第一章 乡村振兴战略解读

实施乡村振兴战略是新时代我国"三农"工作的总抓手。本章重点阐述我国乡村振兴战略的背景及重要意义、乡村振兴战略的科学内涵及战略导向。

第一节 乡村振兴战略的背景及重要意义

乡村振兴战略是我国推进农村税费改革、新农村建设、城乡一体化改革后的又一重大战略决策，具有重大的历史性、理论性和实践性意义。

一、乡村振兴战略的背景

（一）我国"三农"政策的变迁

进入新世纪之前，我国实施农业支持工业的战略，主要通过从农业中汲取资金支持工业。进入新世纪以后，我国逐步将原农业支持工业战略转变为工业反哺农业战略。2002 年，党的十六大报告首次提出了"统筹城乡经济社会发展"。2003 年，胡锦涛同志提出要把解决好"三农"问题作为全党工作的重中之重。2004 年 9 月，胡锦涛同志在十六届四中全会上提出"两个趋向"的重要论断。第一个趋向，即在工业化初始阶段，农业支持工业、为工业提供积累是带有普遍性的趋向，绝大多数国家在工业化初期阶段发展工业的资金都来自农业。第二个趋向，即在工业化达到相当程度后，工业反哺农业、城市支持农村，实现工业与农业、城市与农村协调发展，也是带有普遍性的倾向，在理论界被称为工业化中期阶段。也就是说，在工业化中期阶段以后，一个国家或者地区的基本工业体系已经形成，工业体系相对完整，工业有了自我发展、自我积累的能力，不再需要从农业中汲取资金。相反，农业因为长期为工业提供资金，其发展相对滞后，客观上需要工业为其"输血"。在"两个趋向"的基础上，胡锦涛同志又提出"我国现在总体上已到了以工促农、以城带乡的发展阶段"的重要判断。

从教育方面看，2003 年以前，由于相当一部分农村教育都是民办，即农民自己筹集资金开展农村教育基础设施建设，导致当时城乡教育差距明显。从医疗方面看，2003 年以前，接近 80% 的农村居民没有任何医疗保障，因此，从 2003 年开始，我国在一些地区试点实行新型农村合作医疗制度。新型农村合作医疗深受农民的欢迎，截至 2007 年 9 月底，开展新型农村合作医疗的县（市、区）占全国总数的 85.5%，参加农民近 7.26 亿人，参合率达到 86%，2008 年 6 月已经实现全面覆盖目标。

2005 年 3 月，温家宝同志在十届全国人大三次会议上的政府工作报告中提出，为适应我国经济发展新阶段的要求，实行工业反哺农业、城市支持农村的方针，合理调整国民收入分配格局，更多地支持农业和农村发展。2005 年 10 月，党的十六届五中全会提出"建设社会主义新农村是我国现代化进程中的重大历史任务"。2006 年中央一号文件部署了推进社会主义新农村建设的任务，提出了"五句话、二十个字"，即"生产发展、生活宽裕、乡风文明、村容整洁、管理民主"。这一阶段，我国推行了农业税收减免政策。2004 年，《中共中央国务院关于促进农民增加收入若干政策的意见》提出要"逐步降低农业税税率，2004 年农业税税率总体上降低 1 个百分点，同时取消除烟叶外的农业特产税"。2005 年中央一号文件提出，"减免农业税、取消除烟叶以外的农业特产税"，"进一步扩大农业税免征范围，加大农业税减征力度"。2005 年 12 月 29 日，十届全国人大常委会第十九次会议通过了关于废止农业税条例的决定。

与此同时，从 2004 年开始，我国相继实行了"四大补贴"政策：一是良种补贴。该补贴从 2002 年开始试点，2004 年在全国正式推开。现在，我国主要农产品品种，包括种植业、畜牧业、渔业都实施了良种补贴。二是种粮农民直接补贴。该补贴从 2004 年开始实施，按照农民承包土地亩数面积计算。三是农机购置补贴，即国家对农民购买农机具给予补贴，该补贴最初补贴 1/3，后来转变为定额补贴。四是农资综合补贴。该补贴从 2006 年开始实施。随着经济的发展，我国劳动力成本、各种原料及农业生产资料价格逐步上升，因此，国家实施了农业生产资料综合补贴。

从 2004 年开始，我国对主要农产品实施了最低收购价政策。2004 年、2005 年主要针对稻谷实施最低保护价收购，2006 年开始对小麦实施最低保护价收购。随后，我国对其他农产品也实行了相应的价格保护政策。由于 2008 年后政府最低收购价逐年提升，我国主要农产品价格也逐渐高于国际生产价格。2015 年、2016 年国内主要农产品价格已经大大高于国际同类农产品价格，每种产品价格在不同时期高出的幅度也不同。这种情况下就必须改革我国主要农产品的价格形成机制。2014 年，我国对粮食价格形成机制进行改革，对大豆和棉花实行目标价格制度。2016 年，财政部印发了《关于建立玉米生产者补贴制度的实施意见》，取消了玉米临时收储政策，实行生产者补贴政策。

在公共事业上，2006 年，我国对西部地区农村义务教育阶段学生全部免除学杂费；

2007年，对全国农村义务教育阶段学生全部免除学杂费。2007年7月，国务院下发了《关于在全国建立农村最低生活保障制度的通知》，开始在全国逐渐推开建立农村低保。从居民养老保险制度来看，2007年10月，党的十七大报告强调，"覆盖城乡居民的社会保障体系基本建立，人人享有基本生活保障"，并强调要"探索建立农村养老保险制度"。2009年，国务院发布了《关于开展新型农村社会养老保险试点的指导意见》，从2009年开始实施。新农保试点的基本原则是"保基本、广覆盖、有弹性、可持续"。"保基本"就是保障农村养老基本生活、基本需求。"广覆盖"就是逐渐提高覆盖面，最终让所有农村居民的养老问题都纳入制度里。2014年，国务院印发了《关于建立统一的城乡居民基本养老保险制度的意见》，提出，"十二五"末，在全国基本实现新型农村社会养老保险和城镇居民社会养老保险制度统一，并与职工基本养老保险制度相衔接；2020年前，全面建成公平、统一、规范的城乡居民养老保险制度。从医疗保险领域来看，2012年，国家发改委、卫生部等六部门发布了《关于开展城乡居民大病保险工作的指导意见》。2015年，国务院办公厅发布了《关于全面实施城乡居民大病保险的意见》，开始在全国推行城乡居民大病保险。2016年，国务院印发了《关于整合城乡居民基本医疗保险制度的意见》，把城镇居民基本医疗保险和新型农村合作医疗两项制度整合在一起，建立统一的城乡居民基本医疗保险制度。城乡居民医保制度从2016年开始实施，其最终目标是让城镇居民和农村居民的基本医疗保险达到一致，让保险在区域上可以互相接续。这样既有利于人口的流动，又有利于农村居民整体医疗保险水平的提高。

党的十八大以来，我国农业农村政策的很多方面体现在中央一号文件上。2013年中央一号文件《中共中央国务院关于加快发展现代农业进一步增强农村发展活力的若干意见》，其中第六部分是"改进农村公共服务机制，积极推进城乡公共资源均衡配置"。2013年中央一号文件还强调要"努力建设美丽乡村"。2015年，国家质量监督检验检疫总局、国家标准化管理委员会发布《美丽乡村建设指南》国家标准，用于指导全国不同地区、不同情况的美丽乡村建设。2014年中央一号文件提出"健全城乡发展一体化体制机制""开展村庄人居环境整治""推进城乡基本公共服务均等化"。2015年中央一号文件强调，"围绕城乡发展一体化，深入推进新农村建设"，指出"中国要美，农村必须美"。文件还强调，要在2015年解决无电人口用电问题；加快推进西部地区和集中连片特困地区农村公路建设。2016年中央一号文件强调，"加快建设社会主义新农村""社会主义新农村建设水平进一步提高"。2017年中央一号文件强调，要"壮大新产业新业态，拓展农业产业链价值链""大力发展乡村休闲旅游产业""培育宜居宜业特色村镇"，"支持有条件的乡村建设以农民合作社为主要载体、让农民充分参与和受益，集循环农业、创意农业、农事体验于一体的田园综合体"。

（二）"三农"工作取得的成效

1. 粮食总产量年年丰收

根据国家统计局数据，2004—2015 年，我国粮食生产实现了 12 年连续增产。虽然 2016 年的全国粮食总产量（61623.9 万吨）较 2015 年的全国粮食总产量（62143.5 万吨）有所降低，但降低的并不多。2017 年全国粮食总产量是 61791 万吨，虽然在总量上没有超过 2015 年，但是较 2016 年还是有所提升。总体来讲，从 2004 年到 2017 年，我国粮食总产量虽然没有形成"十四连增"，但却是"十四连丰"，全国粮食从 21 世纪以来每年都是丰收的状态。

2. 农村居民人均纯收入快速增长

根据国家统计局数据，2012 年农村居民人均纯收入 7917 元，实际增长 10.7%，高于国内生产总值（2012 年国内生产总值增速为 7.7%）。2016 年农村居民人均可支配收入 12363 元，实际增长 6.2%，低于国内生产总值增速（6.7%），但是 2017 年农村居民人均可支配收入实际增长又大于国内生产总值增长。城乡居民收入之比从 2010 年开始呈下降状态，2016 年是 2.72∶1。

3. 脱贫攻坚取得显著成效

2013 年以来，全国每年减少贫困人口 1000 万人以上。党的十八大以来，已基本完成 580 多万人的易地扶贫搬迁建设任务。形成贫困的原因有很多，其中一个重要的原因就是有些地方根本不适合人类生存，所以就要把他们搬到适合创业、适合生存、适合生产的地方。第三次全国农业普查主要数据公报显示，截至 2016 年底，全国有 99.3% 的村通公路，村内主要道路有路灯的村占全部村的比重是 61.9%，全国通电的村占全部村的比重是 99.7%，91.3% 的乡镇集中或部分集中供水，90.8% 的乡镇生活垃圾集中处理或部分集中处理，73.9% 的村生活垃圾集中处理或部分集中处理，17.4% 的村生活污水集中处理或部分集中处理，53.5% 的村完成或部分完成改厕。从农户来看，10995 万户的饮用水为经过净化处理的自来水，占 47.7%；使用水冲式卫生厕所的 8339 万户，占 36.2%，也就是说，1/3 以上的农户已经使用水冲式卫生厕所了；无厕所的 469 万户，只占 2.0%。

（三）"三农"工作面临的形势

"十三五"时期，我国农业农村发展的外部条件和内在动因发生深刻变化，既存在不少有利条件，也面临很多困难和挑战。

从有利条件看，一是中央高度重视"三农"工作，加快补齐农业农村短板已经成为全党全社会的共识，我国发展仍处于可以大有作为的重要战略机遇期，经济长期向好的基本面没有改变，强农惠农富农政策体系更加完善。二是粮食等主要农产品供给充足，城乡居民消费结构加快升级，新一轮科技革命和产业变革兴起，为农业转方式、调结构、拓展发展空间提供了强有力的支撑。三是农村改革和城乡一体化深入推进，进一步激发农村发展活力，为促进农民增收和农村繁荣提供持续动力。四是全球经济一体化进程加快以及"一带一路"倡议等的实施，有利于更好地统筹利用两个市场、两种资源，缓解国内资源环境压力，优化国内农业结构。

从困难挑战看，一是农业供给侧结构性改革任务艰巨，玉米等农产品库存积压和优质化、多样化、专用化农产品供给不足并存，农业生产成本持续上升，农业生产效益低而不稳，农业基础设施建设滞后，农产品质量安全风险增多，农业面临的国际竞争压力加大。二是农业资源环境问题日益突出，水土资源紧张，部分地区耕地基础地力下降明显，面源污染加重，拼资源、拼消耗的生产方式难以为继，农村劳动力老龄化加速，专业型、技术型、创新型人才和青壮年劳动力缺乏，"谁来种地"问题逐步显现，实现农业持续发展任重道远。三是我国经济发展进入新常态，经济增速放缓，持续大幅增加财政"三农"投入空间有限，促进农民工外出就业和工资增长难度加大。四是城乡二元结构问题突出，城乡资源要素平等交换和均衡配置仍存在体制性障碍，农村基础设施和公共服务依然薄弱，缩小城乡差距任务繁重。"十三五"时期，我国农业农村发展机遇与挑战并存，希望与困难同在，实现农业稳定发展、农民持续增收的任务非常艰巨。必须牢固树立强烈的短板意识，坚持问题导向，不断创新工作思路，凝聚各方力量，落实新发展理念，破解发展难题，合力开拓农业农村工作新局面。

二、实施乡村振兴战略的重要意义

党的十九大报告提出实施乡村振兴战略，具有重大的历史性、理论性和实践性意义。从历史角度看，它是在新的起点上总结过去，谋划未来，深入推进城乡发展一体化，提出了乡村发展的新要求新蓝图。从理论角度看，它是深化改革开放，实施市场经济体制，系统解决市场失灵问题的重要抓手。从实践角度看，它是呼应老百姓新期待，以人民为中心，把农业产业搞好，把农村保护建设好，把农民发展进步服务好，提高人的社会流动性，扎实解决农业现代化发展、社会主义新农村建设和农民发展进步遇到的现实问题的重要内容。

（一）实施乡村振兴战略是解决发展不平衡不充分矛盾的迫切要求

中国特色社会主义进入新时代，这是党的十九大报告做出的一个重大判断，它明确了我国发展新的历史方位。新时代，伴随社会主要矛盾的转化，对经济社会发展提出更高要求。新时代我国社会主要矛盾已经转化为人民日益增长的美好生活需要和不平衡不充分的发展之间的矛盾。改革开放以来，随着工业化的快速发展和城市化的深入推进，我国城乡出现分化，农村发展也出现分化，目前最大的不平衡是城乡之间发展的不平衡和农村内部发展的不平衡，最大的不充分是"三农"发展的不充分，包括农业现代化发展的不充分，社会主义新农村建设的不充分，农民群体提高教科文卫发展水平和共享现代社会发展成果的不充分等。从决胜全面建成小康社会，到基本实现社会主义现代化，再到建成社会主义现代化强国，解决这一新的社会主要矛盾需要实施乡村振兴战略。

（二）实施乡村振兴战略是解决市场经济体系运行矛盾的重要抓手

改革开放以来，我国始终坚持市场经济改革方向，市场在资源配置中发挥着越来越重要的作用，提高了社会稀缺配置效率，促进了生产力发展水平大幅提高，社会劳动分工越来越深、越来越细。随着市场经济深入发展，需要考虑市场体制运行所内含的生产过剩矛盾以及经济危机等问题，需要不断扩大稀缺资源配置的空间和范围。解决问题的途径是实行国际国内两手抓，除了把对外实行开放经济战略、推动形成对外开放新格局，包括以"一带一路"建设为重点加强创新能力开放合作，拓展对外贸易、培育贸易新业态新模式、推进贸易强国建设，实行高水平的贸易和投资自由化便利化政策，创新对外投资方式、促进国际产能合作，加快培育国际经济合作和竞争新优势等作为重要抓手外，也需要把对内实施乡村振兴战略作为重要抓手，形成各有侧重和相互补充的长期经济稳定发展战略格局。由于国际形势复杂多变，相比之下，实施乡村振兴战略更加安全可控、更有可能做好和更有福利效果。

（三）实施乡村振兴战略是解决农业现代化的重要内容

经过多年持续不断的努力，我国农业农村发展取得重大成就，现代农业建设取得重大进展，粮食和主要农产品供求关系发生重大变化，大规模的农业剩余劳动力转移进城，农民收入持续增长，脱贫攻坚取得决定性进展，农村改革实现重大突破，农村各项建设全面推进，为实施乡村振兴战略提供了有利条件。与此同时，在实践中，由于历史原因，目前农业现代化发展、社会主义新农村建设和农民的教育科技文化发展存在很多突出问题迫切需要解决。面向未来，随着我国经济不断发展，城乡居民收入不断增长，广大市民和农民都对新时期农村的建设发展存在很多期待。把乡村振兴作为党和国家战略，统一思想，提高认识，明确目标，完善体制，搞好建设，加强领导和服务，不仅呼应了新时期全国城乡居民发展新期待，而且也将引领农业现代化发展和社会主义新农村建设以及农民教育科技文化进步。

第二节　乡村振兴战略的科学内涵及战略导向

相比较新农村建设而言，乡村振兴战略的内容更全面，内涵更丰富，层次更高，目标更大，这是新时代我国农村工作发展方向和理念的一次深刻变革。其战略导向体现在"三个坚持"，即坚持高质量发展、坚持农业农村优先发展、坚持走城乡融合发展道路。

一、乡村振兴战略的科学内涵

（一）产业兴旺是乡村振兴的核心

新时代推动农业农村发展的核心是实现农村产业发展。农村产业发展是农村实现可持续发展的内在要求。从中国农村产业发展历程来看，过去一段时期内主要强调生产发展，而且主要是强调农业生产发展，其主要目标是解决农民的温饱问题，进而推动农民生活向小康迈进。从生产发展到产业兴旺，这一提法的转变，意味着新时代党的农业农村政策体系更加聚焦和务实，主要目标是实现农业农村现代化。产业兴旺要求从过去单纯追求产量向追求质量转变、从粗放型经营向精细型经营转变、从不可持续发展向可持续发展转变、从低端供给向高端供给转变。城乡融合发展的关键步骤是农村产业融合发展。产业兴旺不仅要实现农业发展，还要丰富农村发展业态，促进农村一二三产业融合发展，更加突出以推进供给侧结构性改革为主线，提升供给质量和效益，推动农业农村发展提质增效，更好地实现农业增产、农村增值、农民增收，打破农村与城市之间的壁垒。农民生活富裕的前提是产业兴旺，而农民富裕、产业兴旺又是乡风文明和有效治理的基础，只有产业兴旺、农民富裕、乡风文明、治理有效有机统一起来才能真正提高生态宜居水平。党的十九大将产业兴旺作为实施乡村振兴战略的第一要求，充分说明了农村产业发展的重要性。当前，我国农村产业发展还面临区域特色和整体优势不足、产业布局缺少整体规划、产业结构较为单一、产业市场竞争力不强、效益增长空间较为狭小与发展的稳定性较差等问题，实施乡村振兴战略必须要紧紧抓住产业兴旺这个核心，作为优先方向和实践突破点，真正打通农村产业发展的"最后一公里"，为农业农村实现现代化奠定坚实的物质基础。

（二）生态宜居是乡村振兴的基础

习近平同志在党的十九大报告中指出，加快生态文明体制改革，建设美丽中国。

美丽中国的起点和基础是美丽乡村。乡村振兴战略提出要建设生态宜居的美丽乡村，更加突出了新时代重视生态文明建设与人民日益增长的美好生活需要的内在联系。乡村生态宜居不再是简单强调单一化生产场域内的"村容整洁"，而是对"生产、生活、生态"为一体的内生性低碳经济发展方式的乡村探索。生态宜居的内核是倡导绿色发展，是以低碳、可持续为核心，是对"生产场域、生活家园、生态环境"为一体的复合型"村镇化"道路的实践打造和路径示范。绿水青山就是金山银山。乡村产业兴旺本身就蕴含着生态底色，通过建设生态宜居家园实现物质财富创造与生态文明建设互融互通，走出一条中国特色的乡村绿色可持续发展道路，在此基础上真正实现更高品质的生活富裕。同时，生态文明也是乡风文明的重要组成部分，乡风文明内涵则是对生态文明建设的基本要求。此外，实现乡村生态的良好治理是实现乡村有效治理的重要内容，治理有效必然包含着有效的乡村生态治理体制机制。从这个意义而言，打造生态宜居的美丽乡村必须要把乡村生态文明建设作为基础性工程扎实推进，让美丽乡村看得见未来，留得住乡愁。

（三）乡风文明是乡村振兴的关键

文明中国根在文明乡风，文明中国要靠乡风文明。乡村振兴想要实现新发展，彰显新气象，传承和培育文明乡风是关键。乡土社会是中华民族优秀传统文化的主要阵地，传承和弘扬中华民族优秀传统文化必须要注重培育和传承文明乡风。乡风文明是乡村文化建设和乡村精神文明建设的基本目标，培育文明乡风是乡村文化建设和乡村精神文明建设的主要内容。乡风文明的基础是重视家庭建设、家庭教育和家风家训培育。家庭和睦则社会安定，家庭幸福则社会祥和，家庭文明则社会文明；良好的家庭教育能够授知识、育品德，提高精神境界、培育文明风尚；优良的家风家训能够弘扬真善美、抑制假恶丑，营造崇德向善、见贤思齐的社会氛围。积极倡导和践行文明乡风能够有效净化和涵养社会风气，培育乡村德治土壤，推动乡村有效治理；能够推动乡村生态文明建设，建设生态宜居家园；能够凝人心、聚人气，营造干事创业的社会氛围，助力乡村产业发展；能够丰富农民群众文化生活，汇聚精神财富，实现精神生活上的富裕。实现乡风文明要大力实施农村优秀传统文化保护工程，深入研究阐释农村优秀传统文化的历史渊源、发展脉络、基本走向；要健全和完善家教家风家训建设工作机制，挖掘民间蕴藏的丰富家风家训资源，让好家风好家训内化为农民群众的行动遵循；要建立传承弘扬优良家风家训的长效机制，积极推动家风家训进校园、进课堂活动，编写优良家风家训通识读本，积极创作反映优良家风家训的优秀文艺作品，真正把文明乡风建设落到实处，落到细处。

（四）治理有效是乡村振兴的保障

实现乡村有效治理是推动农村稳定发展的基本保障。乡村治理有效才能真正为产业兴旺、生态宜居、乡风文明和生活富裕提供秩序支持，乡村振兴才能有序推进。新时代乡村治理的明显特征是强调国家与社会之间的有效整合，盘活乡村治理的存量资源，用好乡村治理的增量资源，以有效性作为乡村治理的基本价值导向，平衡村民自治实施以来乡村社会面临的冲突和分化。也就是说，围绕实现有效治理这个最大目标，乡村治理的技术手段可以更加多元、开放和包容。只要有益于推动实现乡村有效治理的资源都可以充分地整合利用，而不再简单强调乡村治理的技术手段问题，从而忽视对治理绩效的追求和乡村社会的秩序均衡。党的十九大报告提出，要健全自治、法治、德治相结合的乡村治理体系。这不仅是实现乡村治理有效的内在要求，也是实施乡村振兴战略的重要组成部分。这充分体现了乡村治理过程中国家与社会之间的有效整合，既要盘活村民自治实施以来乡村积淀的现代治理资源，又要毫不动摇地坚持依法治村的底线思维，还要用好乡村社会历久不衰、传承至今的治理密钥，推动形成相辅相成、互为补充、多元并蓄的乡村治理格局。从民主管理到治理有效，这一定位的转变，既是国家治理体系和治理能力现代化的客观要求，也是实施乡村振兴战略，推动农业农村现代化进程的内在要求。而乡村治理有效的关键是健全和完善自治、法治、德治的耦合机制，让乡村自治、法治与德治深度融合、高效契合。例如，积极探索和创新乡村社会制度内嵌机制，将村民自治制度、国家法律法规嵌入村规民约、乡风民俗中，通过乡村自治、法治和德治的有效耦合，推动乡村社会实现有效治理。

（五）生活富裕是乡村振兴的根本

生活富裕的本质要求是共同富裕。改革开放四十多年来，农村经济社会发生了历史性巨变，农民的温饱问题得到彻底解决，农村已经全面建成小康社会。但是，广大农村地区发展不平衡不充分的问题仍然存在，积极回应农民对美好生活的诉求必须要直面和解决这一问题。生活富裕不富裕，对于农民而言有着切身感受。长期以来，农村地区发展不平衡不充分的问题无形之中让农民感受到了一种"被剥夺感"，农民的获得感和幸福感也随之呈现出"边际现象"。也就是说，简单地靠存量增长已经不能有效提升农民的获得感和幸福感。生活富裕相较于生活宽裕而言，虽只有一字之差，但其内涵和要求却发生了非常大的变化。生活宽裕的目标指向主要是解决农民的温饱问题，进而使农民的生活水平基本达到小康，而实现农民生活宽裕主要依靠的是农村存量发展。生活富裕的目标指向则是农民的现代化问题，是要切实提高农民的获得感和幸福感，消除农民的"被剥夺感"，而这也使得生活富裕具有共同富裕的内在特征。如何实现农民生活富裕？显然，靠农村存量发展已不具有可能性。有效激活农村增量发展空间是解决农民生活富裕的关键，而乡村振兴战略提出的产业兴旺则为农村增量发展提供了方向。

二、推进乡村振兴的战略导向

（一）坚持高质量发展

习近平总书记在党的十九大报告中提出，"我国经济已由高速增长阶段转向高质量发展阶段"，"必须坚持质量第一、效益优先，以供给侧结构性改革为主线，推动经济发展质量变革、效率变革、动力变革"。2017年，中央经济工作会议指出，"推动高质量发展是当前和今后一个时期确定发展思路、制定经济政策、实施宏观调控的根本要求"。实施乡村振兴战略是建设现代化经济体系的主要任务之一，尽管实施乡村振兴战略涉及的范围实际上超出经济工作，但推动乡村振兴高质量发展应该是实施乡村振兴战略的基本要求和重大导向之一。仔细研读党的十九大报告中关于习近平新时代中国特色社会主义思想和基本方略的内容，不难发现这实际上也是指导中国特色社会主义高质量发展的思想。在实施乡村振兴战略的过程中，坚持高质量发展的战略导向，需要弄清楚什么是乡村振兴的高质量发展，怎样实现乡村振兴的高质量发展。

1. 突出抓重点、补短板、强弱项的要求

随着中国特色社会主义进入新时代，我国社会主要矛盾已经转化为人民日益增长的美好生活需要和不平衡不充分的发展之间的矛盾。实施乡村振兴战略的质量如何，首先要看其对解决社会主要矛盾有多大实质性的贡献，对于缓解工农城乡发展不平衡和"三农"发展不充分的问题有多大实际作用。比如，随着城乡居民收入和消费水平的提高，社会需求结构加快升级，呈现个性化、多样化、优质化、绿色化迅速推进的趋势。这要求农业和农村产业发展顺应需求结构升级的趋势，增强供给适应需求甚至创造需求、引导需求的能力。与此同时，对农村产业发展在继续重视"生产功能"的同时，要求更加重视其生活功能和生态功能，将重视产业发展的资源环境和社会影响，同激发其科教、文化、休闲娱乐、环境景观甚至体验功能结合起来。尤其是随着"90后""00后""10后"逐步成为社会的主流消费群体，产业发展的生活、生态功能更加需要引起重视。以农业为例，要求农业在"卖产品"的同时，更加重视"卖风景""卖温情""卖文化""卖体验"，增加对人才、人口的吸引力。近年来，电子商务的发展日益引起重视，一个重要原因是其有很好的链接和匹配功能，能够改善居民的消费体验、增进消费的便捷性和供求之间的互联性，而体验、便利、互联正在成为实现社会消费需求结构升级和消费扩张的重要动力，尤其为边角化、长尾性、小众化市场增进供求衔接和实现规模经济提供了新的路径。

2.突出推进供给侧结构性改革

推进供给侧结构性改革的核心要义是按照创新、协调、绿色、开放、共享的新发展理念，提高供给体系的质量、效率和竞争力，即增加有效供给，减少无效供给，增强供给体系对需求体系和需求结构变化的动态适应和反应能力。当然，这里的有效供给包括公共产品和公共服务的有效供给。这里的提高供给体系质量、效率和竞争力，首先表现为提升农业和农村产业发展的质量、效率和竞争力。除此之外，还表现在政治建设、文化建设、社会建设和生态文明建设等方方面面，体现这些方面的协同性、关联性和整体性。解决好"三农"问题之所以始终被作为全党工作的"重中之重"，归根到底是因为它是一个具有竞争弱势特征的复合概念，需要基于使市场在资源配置中起决定性作用，通过更好发挥政府作用矫正市场失灵问题。实施乡村振兴战略旨在解决好"三农"问题，重塑新型工农城乡关系。因此，要科学区分"三农"问题形成演变中的市场失灵和政府失灵，以推进供给侧结构性改革为主线，完善体制机制和政策环境。借此，将支持农民发挥主体作用、提升农村人力资本质量与调动一切积极因素并有效激发工商资本、科技人才、社会力量参与乡村振兴的积极性结合起来，通过完善农村发展要素结构、组织结构、布局结构的升级机制，更好地提升乡村振兴的质量、效率和竞争力。

3.协调处理实施乡村振兴战略与推进新型城镇化的关系

在党的十九大报告和新版《中国共产党章程》中，乡村振兴战略与科教兴国战略、可持续发展战略等被列入其中，但新型城镇化战略未被列入要坚定实施的七大战略，这并不等于说推进新型城镇化不是一个重要的战略问题。之所以这样，主要有两方面的原因：一是城镇化是自然历史过程。虽然推进新型城镇化也需要"紧紧围绕提高城镇化发展质量"，也需要"因势利导、趋利避害"，仍是解决"三农"问题的重要途径，但城镇化更是"我国发展必然要遇到的经济社会发展过程"，是"现代化的必由之路"，必须"使城镇化成为一个顺势而为、水到渠成的发展过程"。而实施七大战略则与此有明显不同，更需要摆在经济社会发展的突出甚至优先位置，更需要大力支持。否则，容易出现比较大的问题，甚至走向其反面。二是实施乡村振兴战略是贯穿21世纪中叶全面建设社会主义现代化国家过程中的重大历史任务。虽然推进新型城镇化是中国经济社会发展中的一个重要战略问题，但到2030—2035年城镇化率达到75%左右后，中国城镇化将逐步进入饱和阶段，届时城镇化率提高的步伐将明显放缓，城镇化过程中的人口流动将由乡—城单向流动为主转为乡—城流动、城—城流动并存，甚至城—乡流动的人口规模也会明显增大。届时，城镇化的战略和政策将会面临重大阶段性转型，甚至逆城镇化趋势也将会明显增强。至于怎样科学处理实施乡村振兴战略与推进新型城镇化的关系，关键是建立健全城乡融合发展的体制机制和政策体系。

4.科学处理实施乡村振兴战略与推进农业农村政策转型的关系

乡村振兴的高质量发展，最终体现为统筹推进增进广大农民的获得感、幸福感、安全感和增强农民参与乡村振兴的能力。2018年，《中共中央国务院关于实施乡村振兴战略的意见》（以下简称中央一号文件）把"坚持农民主体地位"作为实施乡村振兴战略的基本原则之一，要求"调动亿万农民的积极性、主动性、创造性，把维护农民群众根本利益、促进农民共同富裕作为出发点和落脚点，促进农民持续增收"。如果做到这一点，不断提升农民的获得感、幸福感、安全感就有了坚实的基础。党的十九大报告突出强调"坚持以人民为中心"，高度重视"让改革发展成果更多更公平惠及全体人民"。在推进工业化、信息化、城镇化和农业现代化的过程中，农民利益最容易受到侵犯，最容易成为增进获得感、幸福感、安全感的薄弱环节。注意增进广大农民的获得感、幸福感、安全感，正是实施乡村振兴战略的重要价值所在。当然也要看到，在实施乡村振兴战略的过程中，农民发挥主体作用往往面临观念、能力和社会资本等的局限。因此，调动一切积极因素，鼓励社会力量和工商资本带动农民增强参与乡村振兴的能力，对于提升乡村振兴质量至关重要。

增强农民参与乡村振兴的能力，有许多国际经验可供借鉴。如在美国、欧盟和日本、韩国等国家和地区的发展过程中，就有很多措施支持农民培训、优化农业农村经营环境，并有利于增加农村就业创业机会。2014年，美国《新农业法案》将支持中小规模农户和新农户发展作为重要方向，甚至在此之前就有一些政策专门支持初始农牧场主创业，为其提供直接贷款、贷款担保和保险优惠，借此培育新生代职业农民。该法案增加了农产品市场开发补助金，明确优先支持经验丰富的农牧场主，优先支持最能为某些经营者或农牧场主创造市场机会的项目；鼓励优化农村经济环境，在农村地区提高经商创业效率、创造就业机会，并推进创新发展。2000年以来，欧盟的农村发展政策将培养青年农民、加强职业培训、推动老年农民提前退休、强化农场服务支持等作为重要措施。为解决农村人口外迁特别是青年劳动力外流问题，欧盟注意改善农民获得服务和发展机会的渠道，培育农村企业家，以确保农村区域和社区对居民生活、就业有吸引力。2014年，欧盟农业政策改革通过新的直接支付框架挂钩支持青年农民和小农户；采取重组和更新农场等措施，为青年农民提供创业援助，建立农场咨询服务系统和培训、创新项目等。坚持农业农村优先发展的战略导向，必须把推进农民优先提升技能作为战略支撑，借此为新型城镇化提供合格市民，为农业农村现代化提供合适的劳动力和农村居民。

（二）坚持农业农村优先发展

习近平总书记在党的十九大报告中首次提出，要坚持农业农村优先发展。这从根本上是因为工农城乡发展不平衡和"三农"发展不充分，是当前中国发展不平衡不充分最突出的表现。此外，"三农"发展对促进社会稳定和谐、调节收入分配、优化城乡关系、增强经济社会活力和就业吸纳能力及抗风险能力等，可以发挥重要的作用，具有较强的公共品属性；在发展市场经济条件下，"三农"发展在很大程度上呈现竞争弱势特征，容易存在市场失灵问题。因此，需要在发挥市场对资源配置起决定性作用的同时，通过更好发挥政府作用，优先支持农业农村发展，解决好市场失灵问题。鉴于"农业农村农民问题是关系国计民生的根本性问题，必须始终把解决好'三农'问题作为全党工作重中之重"，按照增强系统性、整体性、协同性的要求和突出抓重点、补短板、强弱项的方向，坚持农业农村优先发展应该是实施乡村振兴战略的必然要求。

学习习近平总书记关于"坚持推动构建人类命运共同体"的理念，有利于更好地理解坚持农业农村优先发展的重要性和紧迫性。在当今世界大发展、大变革、大调整的背景下，面对世界多极化、经济全球化、社会信息化、文化多样化深入发展的形势，"各国日益相互依存、命运与共，越来越成为你中有我、我中有你的命运共同体"。相对于全球，国内发展、城乡之间更是命运共同体，更需要"保证全体人民在共建共享发展中有更多获得感"。面对国内工农发展、城乡发展失衡的状况，用命运共同体理念指导"三农"工作和现代化经济体系建设，更应坚持农业农村优先发展，借此有效防范因城乡之间、工农之间差距过大导致社会断裂，增进社会稳定和谐。

2018年中央一号文件将坚持农业农村优先发展作为实施乡村振兴战略的基本原则，要求"把实现乡村振兴作为全党的共同意志、共同行动，做到认识统一、步调一致，在干部配备上优先考虑，在要素配置上优先满足，在资金投入上优先保障，在公共服务上优先安排，加快补齐农业农村短板"。该文件还提出，"实施乡村振兴战略是党和国家的重大决策部署，各级党委和政府要提高对实施乡村振兴战略重大意义的认识，真正把实施乡村振兴战略摆在优先位置，把党管农村工作的要求落到实处"，为此提出了六个方面的具体部署。习近平总书记在2017年中央农村工作会议上的讲话中就要求，"各级党委和政府要坚持工业农业一起抓、坚持城市农村一起抓，并把农业农村优先发展的要求落到实处"。这为我们提供了坚持农业农村优先发展的路线图和"定盘星"。那么，在实践中如何坚持农业农村优先发展？笔者认为，可借鉴国外尤其是发达国家支持中小企业的思路，同等优先地加强对农业农村发展的支持。具体来说，要注意以下几点。

1. 以完善产权制度和要素市场化配置为重点，优先加快推进农业农村市场化改革

《国务院关于在市场体系建设中建立公平竞争审查制度的意见》（国发〔2016〕34号）提出，"公平竞争是市场经济的基本原则，是市场机制高效运行的重要基础"，"统一开放、竞争有序的市场体系，是使市场在资源配置中起决定性作用的基础"，要"确立竞争政策基础性地位"。为此，要通过强化公平竞争的理念和社会氛围，以及切实有效的反垄断措施，完善维护公平竞争的市场秩序，促进市场机制有效运转；也要注意科学处理竞争政策和产业政策的关系，积极促进产业政策由选择性向功能性转型，并将产业政策的主要作用框定在市场失灵领域。

为此，要通过强化竞争政策的基础地位，积极营造有利于"三农"发展，并提升其活力和竞争力的市场环境，引导各类经营主体和服务主体在参与乡村振兴的过程中公平竞争，成为富有活力和竞争力的乡村振兴参与者，甚至乡村振兴的"领头雁"。要以完善产权制度和要素市场化配置为重点，加快推进农业农村领域的市场化改革，结合发挥典型示范作用，根本改变农业农村发展中部分领域改革严重滞后于需求，或改革自身亟待转型升级的问题。如在依法保护集体土地所有权和农户承包权的前提下，如何平等保护土地经营权。目前，这方面的改革亟待提速。当前对平等保护土地经营权重视不够，加大了新型农业经营主体的发展困难和风险，也影响了其对乡村振兴带动能力的提升。近年来，部分地区推动"资源变资产、资金变股金、农民变股东"的改革创新，初步取得了积极效果。但随着"三变"改革的推进，如何加强相关产权和要素流转平台建设，完善其运行机制，促进其转型升级，亟待后续改革加力跟进。

2. 加快创新相关法律法规和监管规则，优先支持优化农业农村发展环境

通过完善法律法规和监管规则，清除不适应形势变化、影响乡村振兴的制度和环境障碍，可以降低"三农"发展的成本和风险，也有利于促进农业强、农民富、农村美。例如，近年来虽然农村宅基地制度改革试点积极推进，但实际惠及面仍然有限，严重影响农村土地资源的优化配置，导致大量宅基地闲置浪费，也加大了农村发展新产业、新业态、新模式和建设美丽乡村的困难，制约农民增收。2018年中央一号文件已经为推进农村宅基地制度改革"开了题"，明确"完善农民闲置宅基地和闲置农房政策，探索宅基地所有权、资格权、使用权'三权分置'……适度放活宅基地和农民房屋使用权"。这方面的政策创新较之前前进了一大步。但农村宅基地制度改革严重滞后于现实需求，导致宅基地流转限制过多、宅基地财产价值难以显性化、农民房屋财产权难以有效保障、宅基地闲置浪费严重等问题日趋凸显，也加大了农村新产业新业态新模式发展的用地困难。

2018年中央一号文件提出，"汇聚全社会力量，强化乡村振兴人才支撑"，"鼓励社会各界投身乡村建设"，并要求"研究制定鼓励城市专业人才参与乡村振兴的政策"。2018年3月7日在"两会"期间参加广东代表团审议时，习近平总书记强调"要让精英人才到乡村的舞台上大施拳脚"，"城镇化、逆城镇化两个方面都要致力推进"。但现行农村宅基地制度和农房产权制度改革滞后，不仅仅给盘活闲置宅基地和农房增加了困难，影响农民财产性收入的增长；更重要的是加大了城市人口、人才"下乡"

甚至农村人才"跨社区"居住特别是定居的困难，不利于缓解乡村振兴的"人才缺口"，也不利于农业农村产业更好地对接城乡消费结构升级带来的需求扩张。在部分城郊地区或发达的农村地区，甚至山清水秀、交通便捷、文化旅游资源丰厚的普通乡村地区，适度扩大农村宅基地制度改革试点范围，鼓励试点地区加快探索和创新宅基地"三权分置"办法，尤其是适度扩大农村宅基地、农房使用权流转范围，有条件地进一步向热心参与乡村振兴的非本农村集体经济组织成员开放农村宅基地或农房流转、租赁市场。这对于吸引城市或异地人才、带动城市或异地资源、要素参与乡村振兴，日益具有重要性和紧迫性。其意义远远超过增加农民财产性收入的问题，并且已经不是"看清看不清"或"尚待深入研究"的问题，而是应该积极稳健地"鼓励大胆探索"的事情。建议允许这些地区在保护农民基本居住权和"不得违规违法买卖宅基地，严格实行土地用途管制，严格禁止下乡利用农村宅基地建设别墅大院和私人会馆"的基础上，通过推进宅基地使用权资本化等方式，引导农民有偿转让富余的宅基地和农民房屋使用权，允许城乡居民包括"下乡"居住或参与乡村振兴的城市居民有偿获得农民转让的富余或闲置宅基地。

近年来，许多新产业、新业态、新模式迅速发展，对于加快农村生产方式、生活方式转变的积极作用日益凸显。但相关政策和监管规则创新不足，成为妨碍其进一步发展的重要障碍。部分地区对新兴产业发展支持力度过大、过猛，也给农业农村产业发展带来新的不公平竞争和不可持续发展问题。此外，部分新兴产业"先下手为强""赢者通吃"带来的新垄断问题，加剧了收入分配和发展机会的不均衡。要注意引导完善这些新兴产业的监管规则，创新和优化对新经济垄断现象的治理方式，防止农民在参与新兴产业发展的过程中，成为"分享利益的边缘人，分担成本、风险的核心层"。

此外，坚持农业农村优先发展，要以支持融资、培训、营销平台和技术、信息服务等环境建设，鼓励包容发展、创新能力成长和组织结构优化等为重点，将优化"三农"发展的公共服务和政策环境放在突出地位。相对而言，由于乡村人口和经济密度低、基础设施条件差，加之多数农村企业整合资源、集成要素和垄断市场的能力弱，面向"三农"发展的服务体系建设往往难以绕开交易成本高的困扰。因此，坚持农业农村优先发展，应把加强和优化面向"三农"的服务体系建设放在突出地位，包括优化提升政府主导的公共服务体系、加强对市场化或非营利性服务组织的支持，完善相关体制机制。

坚持农业农村优先发展，还应注意以下两个方面。一是强化政府对"三农"发展的"兜底"作用，并将其作为加强社会安全网建设的重要内容。近年来，国家推动农业农村基础设施建设、持续改善农村人居环境、加强农村社会保障体系建设、加快建立多层次农业保险体系等，都有这方面的作用。二是瞄准推进农业农村产业供给侧结构性改革的重点领域和关键环节,加大引导支持力度。如积极推进质量兴农、绿色兴农,加强粮食生产功能区、重要农产品生产保护区、特色农产品优势区、现代农业产业园、农村产业融合发展示范园、农业科技园区、电商产业园、返乡创业园、特色小镇或田园综合体等农业农村发展的载体建设,更好地发挥其对实施乡村振兴战略的辐射带动作用。

(三)坚持走城乡融合发展道路

从党的十六大首次提出"统筹城乡经济社会发展",到十七届三中全会提出"把加快形成城乡经济社会发展一体化新格局作为根本要求",再到党的十九大报告首次提出"建立健全城乡融合发展体制机制和政策体系",这种重大政策导向的演变反映了我们党对加快形成新型工农城乡关系的认识逐步深化,也顺应了新时代工农城乡关系演变的新特征和新趋势,这与坚持农业农村优先发展的战略导向也是一脉相承、互补共促的。党的十九大报告将"建立健全城乡融合发展体制机制和政策体系"置于"加快推进农业农村现代化"之前,这说明,建立健全城乡融合发展体制机制和政策体系,同坚持农业农村优先发展一样,也是加快推进农业农村现代化的重要手段。

近年来,随着工农、城乡之间相互联系、相互影响、相互作用不断增强,城乡之间的人口、资源和要素流动日趋频繁,产业之间的融合渗透和资源、要素、产权之间的交叉重组关系日益显著,城乡之间日益呈现"你中有我,我中有你"的发展格局。越来越多的问题,表现在"三农",根子在城市(或市民、工业和服务业,下同);或者表现在城市,根子在"三农"。这些问题,采取"头痛医头、脚痛医脚"的办法越来越难解决,越来越需要创新路径,通过"头痛医脚"的办法寻求治本之道。因此,建立健全城乡融合发展的体制机制和政策体系,走城乡融合发展之路,逐渐成为实施乡村振兴战略的当务之急和战略需要。趁此之机,按照推进新型工业化、信息化、城镇化、农业现代化同步发展的要求,加快形成以工促农、以城带乡、工农互惠、城乡共荣、分工协作、融合互补的新型工农城乡关系。那么,如何坚持城乡融合发展道路,建立健全城乡融合发展的体制机制和政策体系呢?

1. 注意同以城市群为主体构建大中小城市和小城镇协调发展的城镇格局衔接起来

在当前的发展格局下,尽管国家在政策上仍然鼓励"加快培育中小城市和特色小城镇,增强吸纳农业转移人口能力",但农民工进城仍以流向大中城市和特大城市为主,流向县城和小城镇的极其有限。这说明,当前,中国大城市、特大城市仍然具有较强的集聚经济、规模经济、范围经济效应,且其就业、增收和其他发展机会更为密集;至于小城镇,就总体而言,情况正好与此相反。因此,在今后相当长的时期内,顺应市场机制的自发作用,优质资源、优质要素和发展机会向大城市、特大城市集中仍是难以根本扭转的趋势。但是，也要看到，这种现象的形成，加剧了区域、城乡发展失衡问题，给培育城市群功能、优化城市群内部不同城市之间的分工协作和优势互补关系，以及加强跨区域生态环境综合整治等增加了障碍，不利于疏通城市人才、资本和要素下乡的渠道，不利于发挥城镇化对乡村振兴的辐射带动作用。

上述现象的形成，同当前的政府政策导向和资源配置过度向大城市、特大城市倾斜也有很大关系，由此带动全国城镇体系结构重心上移。这突出表现在两个方面，一是政府在重大产业项目、信息化和交通路网等重大基础设施、产权和要素交易市场等重大平台的布局，在公共服务体系建设投资分配、获取承办重大会展和体育赛事等机会分配方面，大城市、特大城市往往具有中小城市无法比拟的优势。二是一些省区强调省会城市经济首位度不够是其发展面临的突出问题。这些省区致力于打造省会城市经济圈，努力通过政策和财政金融等资源配置的倾斜，提高省会城市的经济首位度。这容易强化大城市、特大城市的极化效应，弱化其扩散效应，影响其对"三农"发展辐射带动能力的提升，制约以工促农、以城带乡的推进。许多大城市、特大城市的发展片面追求"摊大饼式扩张"，制约其实现集约型、紧凑式发展水平和创新能力的提升，容易"稀释"其对周边地区和"三农"发展的辐射带动能力，甚至会挤压周边中小城市和小城镇的发展空间，制约周边中小城市、小城镇对"三农"发展辐射带动能力的成长。

随着农村人口转移进城规模的扩大，乡—城之间通过劳动力就业流动，带动人口流动和家庭迁移的格局正在加快形成。在此背景下，过度强调以大城市、特大城市为重点吸引农村人口转移，也会因大城市、特大城市高昂的房价和生活成本，加剧进城农民工或农村转移人口融入城市、实现市民化的困难，容易增加进城后尚待市民化人口与原有市民的矛盾，影响城市甚至城乡社会的稳定和谐。

因此，应按照统筹推进乡村振兴和新型城镇化高质量发展的要求，加大国民收入分配格局的调整力度，深化相关改革和制度创新，在引导大城市、特大城市加快集约型、紧凑式发展步伐，并提升城市品质和创新能力的同时，引导这些大城市、特大城市更好地发挥区域中心城市对区域发展和乡村振兴的辐射带动作用。要结合引导这些大城市、特大城市疏解部分非核心、非必要功能，引导周边卫星城或其他中小城市、小城镇增强功能特色，形成错位发展、分工协作新格局，借此培育特色鲜明、功能互补、融合协调、共生共荣的城市群。这不仅有利于优化城市群内部不同城市之间的分工协作关系，提升城市群系统功能和网络效应；还有利于推进跨区域性基础设施、公共服务能力建设和生态环境综合整治，为城市人才、资本、组织和资源等要素下乡参与乡村振兴提供便利；有利于更好地促进以工哺农、以城带乡和城乡融合互补，增强城市化、城市群对城乡、区域发展和乡村振兴的辐射带动功能，帮助农民增加共商共建共享发展的机会，提高农村共享发展水平。实际上，随着高铁网、航空网和信息网建设的迅速推进，网络经济的去中心化、去层级化特征，也会推动城市空间格局由单极化向多极化和网络化演进，凸显发展城市群、城市圈的重要性和紧迫性。

为更好地增强区域中心城市特别是城市群对乡村振兴的辐射带动力，要通过公共资源配置和社会资源分配的倾斜引导，加强链接周边的城际交通、信息等基础设施网络和关键节点、连接线建设，引导城市群内部不同城市之间完善竞争合作和协同发展机制，强化分工协作、增强发展特色、加大生态共治，并协同提升公共服务水平。要以完善产权制度和要素市场化配置为重点，以激活主体、激活要素、激活市场为目标导向，推进有利于城乡融合发展的体制机制改革和政策体系创新，着力提升城市和城市群的开放发展水平、包容发展水平和辐射带动能力。要加大公共资源分配向农业农村的倾斜力度，加强对农村基础设施建设的支持。与此同时，通过深化制度创新，引导城市基础设施和公共服务能力向农村延伸，加强以中心镇、中心村为节点，城乡衔接的农村基础设施、公共服务网络建设。要通过深化改革和政策创新，以及推进"三农"发展的政策转型，鼓励城市企业或涉农龙头企业同农户、农民建立覆盖全程的战略性伙伴关系，完善利益联结机制。

2. 积极发挥国家发展规划对乡村振兴的战略导向作用

党的十九大报告要求"着力构建市场机制有效、微观主体有活力、宏观调控有度的经济体制"，要求"创新和完善宏观调控，发挥国家发展规划的战略导向作用"。2018 年中央一号文件还要求各地区各部门编制乡村振兴地方规划和专项规划或方案。要结合规划编制和执行，加强对各级各类规划的统筹管理和系统衔接，通过部署重大工程、重大计划、重大行动，加强对农业农村发展的优先支持，鼓励构建城乡融合发展的体制机制和政策体系。在编制和实施乡村振兴规划的过程中，要结合落实主体功能区战略，贯彻中央关于"强化乡村振兴规划引领"的决策部署，促进城乡国土空间开发的统筹，注意发挥规划对统筹城乡生产空间、生活空间、生态空间的引领作用，引导乡村振兴优化空间布局。今后大量游离于城市群之外的小城市、小城镇很可能趋于萎缩，其发展机会很可能迅速减少。优化乡村振兴的空间布局应该注意这一方面。

要注意突出重点、分类施策，在引导农村人口和产业布局适度集中的同时，将中心村、中心镇、小城镇和粮食生产功能区、重要农产品生产保护区、特色农产品优势区、现代农业产业园、农村产业融合发展示范园、农业科技园区、电商产业园、返乡创业园、特色小镇或田园综合体等，作为推进乡村振兴的战略节点。20 世纪 70 年代以来，法国中央政府对乡村地区的关注逐步实现了由乡村全域向发展缓慢地区的转变，通过"乡村行动区"和"乡村更新区"等规划手段干预乡村地区发展；同时逐步形成中央政府和地方乡村市镇合力推动乡村地区发展的局面。乡村市镇主要通过乡村整治规划和土地占用规划等手段,推动乡村地区发展。乡村整治规划由地方政府主导,地方代表、专家和居民可共同参与。我国实施乡村振兴战略要坚持乡村全面振兴,但这并不等于说所有乡、所有村都要实现振兴。从法国的经验可见,在推进乡村振兴的过程中,找准重点、瞄准薄弱环节和鼓励不同利益相关者参与,都是至关重要的。此外,建设城乡统一的产权市场、要素市场和公共服务平台,也应在规则统一、环境公平的前提下,借鉴政府扶持小微企业发展的思路,通过创新"同等优先"机制,加强对人才和优质资源向农村流动的制度化倾斜支持,缓解市场力量对农村人才和优质资源的"虹吸效应"。

3. 完善农民和农业转移人口参与发展、培训提能机制

推进城乡融合发展,关键要通过体制机制创新,一方面,帮助农村转移人口降低市民化的成本和门槛,让农民获得更多且更公平、更稳定、更可持续的发展机会和发展权利;另一方面,增强农民参与新型城镇化和乡村振兴的能力,促进农民更好地融入城市或乡村发展。要以增强农民参与发展能力为导向,完善农民和农业转移人口培训提能支撑体系,为乡村振兴提供更多的新型职业农民和高素质人口,为新型城镇化提供更多的新型市民和新型产业工人。要结合完善利益联结机制,注意发挥新型经营主体、新型农业服务主体带头人的示范带动作用,促进新型职业农民成长,带动普通农户更好地参与现代农业发展和乡村振兴。要按照需求导向、产业引领、能力本位、实用为重的方向,加强统筹城乡的职业教育和培训体系建设,通过政府采购公共服务等方式,加强对新型职业农民和新型市民培训能力建设的支持。要创新政府支持方式,支持政府主导的普惠式培训与市场主导的特惠式培训分工协作、优势互补。鼓励平台型企业和市场化培训机构在加强新型职业农民和新型市民培训中发挥中坚作用。要结合支持创新创业,加强人才实训基地建设,健全以城带乡的农村人力资源保障体系。

4. 加强对农村一二三产业融合发展的政策支持

推进城乡融合发展,要把培育城乡有机结合、融合互动的产业体系放在突出地位。推进农村一二三产业融合发展,有利于发挥城市企业、城市产业对农村企业、农村产业发展的引领带动作用。要结合加强城市群发展规划,创新财税、金融、产业、区域等支持政策,引导农村产业融合优化空间布局,强化区域分工协作、发挥城市群和区域中心城市对农村产业融合的引领带动作用。要创新农村产业融合支持政策,引导农村产业融合发展统筹处理服务市民与富裕农民、服务城市与繁荣农村、增强农村发展活力与增加农民收入、推进新型城镇化与建设美丽乡村的关系。鼓励科技人员向科技经纪人和富有创新能力的农村产业融合企业家转型。注意培育企业在统筹城乡发展、推进城乡产业融合中的骨干作用,努力营造产业融合发展带动城乡融合发展新格局。鼓励商会、行业协会和产业联盟在推进产业融合发展中增强引领带动能力。

第三节　政策支持及实施步骤

完善相关政策支持是乡村振兴战略得以顺利实施的重要保障。与此同时，我们也应清醒地看到，乡村振兴战略并非在短期内就可以实现，而是需要一个长期且艰巨的探索过程。因此，要保持历史耐心，避免超越发展阶段，统筹谋划，典型带动，有序推进。

一、乡村振兴战略的政策支持

乡村振兴战略的政策支持主要包括户籍制度改革政策、乡村振兴人才支撑政策、乡村振兴用地保障政策、多元投入保障政策以及金融支农政策等。

（一）户籍制度改革政策

1. 健全落户制度

鼓励各地进一步放宽落户条件，除极少数超大城市外，允许农业转移人口在就业地落户，优先解决农村学生升学和参军进入城镇的人口、在城镇就业居住 5 年以上和举家迁徙的农业转移人口以及新生代农民工落户问题。区分超大城市和特大城市主城区、郊区、新区等区域，分类制定落户政策，重点解决符合条件的普通劳动者的落户问题。全面实行居住证制度，确保各地居住证申领门槛不高于国家标准、享受的各项基本公共服务和办事便利程度不低于国家标准，推进居住证制度覆盖全部未落户城镇常住人口。

2. 保障享有权益

不断扩大城镇基本公共服务覆盖面，保障符合条件的未落户农民工在流入地平等享受城镇基本公共服务。通过多种方式增加学位供给，保障农民工随迁子女以流入地公办学校为主接受义务教育，以普惠性幼儿园为主接受学前教育。完善就业失业登记管理制度，面向农业转移人口全面提供政府补贴职业技能培训服务。将农业转移人口纳入社区卫生和计划生育服务体系，提供基本医疗卫生服务。把进城落户农民完全纳入城镇社会保障体系，在农村参加的养老保险和医疗保险规范接入城镇社会保障体系，做好基本医疗保险关系转移接续和异地就医结算工作。把进城落户农民完全纳入城镇住房保障体系，对符合条件的采取多种方式满足基本住房需求。

3. 完善激励机制

维护进城落户农民土地承包权、宅基地使用权、集体收益分配权，引导进城落户农民依法自愿有偿转让上述权益。加快户籍变动与农村"三权"脱钩，不得以退出"三权"作为农民进城落户的条件，促使有条件的农业转移人口放心落户城镇。落实支持农业转移人口市民化财政政策，以及城镇建设用地增加规模与吸纳农业转移人口落户数量挂钩政策，健全由政府、企业、个人共同参与的市民化成本分担机制。

（二）乡村振兴人才支撑政策

实行更加积极、更加开放、更加有效的人才政策，推动乡村人才振兴，让各类人才在乡村大施所能、大展才华、大显身手。

1. 培育新型职业农民

全面建立职业农民制度，培养新一代爱农业、懂技术、善经营的新型职业农民，优化农业从业者结构。实施新型职业农民培育工程，支持新型职业农民通过弹性学制参加中高等农业职业教育。创新培训组织形式，探索田间课堂、网络教室等培训方式，支持农民专业合作社、专业技术协会、龙头企业等主体承担培训。鼓励各地开展职业农民职称评定试点。引导符合条件的新型职业农民参加城镇职工养老、医疗等社会保障制度。

2. 加强农村专业人才队伍建设

加大"三农"领域实用专业人才培育力度，提高农村专业人才服务保障能力。加强农技推广人才队伍建设，探索公益性和经营性农技推广融合发展机制，允许农技人员通过提供增值服务合理取酬，全面实施农技推广服务特聘计划。加强涉农院校和学科专业建设，大力培育农业科技、科普人才，深入实施农业科研杰出人才计划和杰出青年农业科学家项目，深化农业系列职称制度改革。

3. 鼓励社会人才投身乡村建设

建立健全激励机制，研究制定完善相关政策措施和管理办法，鼓励社会人才投身乡村建设。以乡情乡愁为纽带，引导和支持企业家、党政干部、专家学者、医生教师、规划师、建筑师、律师、技能人才等，通过下乡担任志愿者、投资兴业、行医办学、捐资捐物、法律服务等方式服务乡村振兴事业，允许符合要求的公职人员回乡任职。落实和完善融资贷款、配套设施建设补助、税费减免等扶持政策，引导工商资本积极投入乡村振兴事业。继续实施"三区"（边远贫困地区、边疆民族地区和革命老区）人才支持计划，深入推进大学生村官工作，因地制宜实施"三支一扶"、高校毕业生基层成长等计划，开展乡村振兴"巾帼行动"、青春建功行动。建立城乡、区域、校地之间人才培养合作与交流机制。全面建立城市医生教师、科技文化人员等定期服务乡村机制。

（三）乡村振兴用地保障政策

完善农村土地利用管理政策体系，盘活存量，用好流量，辅以增量，激活农村土地资源资产，保障乡村振兴用地需求。

1. 健全农村土地管理制度

总结农村土地征收、集体经营性建设用地入市、宅基地制度改革试点经验，逐步扩大试点，加快土地管理法修改。探索具体用地项目公共利益认定机制，完善征地补偿标准，建立被征地农民长远生计的多元保障机制。建立健全依法公平取得、节约集约使用、自愿有偿退出的宅基地管理制度。在符合规划和用途管制前提下，赋予农村集体经营性建设用地出让、租赁、入股权能，明确入市范围和途径。建立集体经营性建设用地增值收益分配机制。

2. 完善农村新增用地保障机制

统筹农业农村各项土地利用活动，乡镇土地利用总体规划可以预留一定比例的规划建设用地指标，用于农业农村发展。根据规划确定的用地结构和布局，年度土地利用计划分配中可安排一定比例新增建设用地指标专项支持农业农村发展。对于农业生产过程中所需各类生产设施和附属设施用地，以及由于农业规模经营必须兴建的配套设施，在不占用永久基本农田的前提下，纳入设施农用地管理，实行县级备案。鼓励农业生产与村庄建设用地复合利用，发展农村新产业新业态，拓展土地使用功能。

3. 盘活农村存量建设用地

完善农民闲置宅基地和闲置农房政策，探索宅基地所有权、资格权、使用权"三权分置"，落实宅基地集体所有权，保障宅基地农户资格权和农民房屋财产权，适度放活宅基地和农民房屋使用权，不得违规违法买卖宅基地，严格实行土地用途管制，严格禁止下乡利用农村宅基地建设别墅大院和私人会馆。在符合土地利用总体规划前提下，允许县级政府通过村土地利用规划调整优化村庄用地布局，有效利用农村零星分散的存量建设用地。对利用收储农村闲置建设用地发展农村新产业新业态的，给予新增建设用地指标奖励。

（四）多元投入保障政策

健全投入保障制度，完善政府投资体制，充分激发社会投资的动力和活力，加快形成财政优先保障、社会积极参与的多元投入格局。

1. 继续坚持财政优先保障

建立健全实施乡村振兴战略财政投入保障制度，明确和强化各级政府"三农"投入责任，公共财政更大力度向"三农"倾斜，确保财政投入与乡村振兴目标任务相适应。规范地方政府举债融资行为，支持地方政府发行一般债券用于支持乡村振兴领域公益性项目，鼓励地方政府试点发行项目融资和收益自平衡的专项债券，支持符合条件、有一定收益的乡村公益性建设项目。加大政府投资对农业绿色生产、可持续发展、农村人居环境、基本公共服务等重点领域和薄弱环节支持力度，充分发挥投资对优化供给结构的关键性作用。充分发挥规划的引领作用，推进行业内资金整合与行业间资金统筹相互衔接配合，加快建立涉农资金统筹整合长效机制。强化支农资金监督管理，提高财政支农资金使用效益。

2. 提高土地出让收益用于农业农村比例

开拓投融资渠道，健全乡村振兴投入保障制度，为实施乡村振兴战略提供稳定可靠的资金来源。坚持取之于地，主要用之于农的原则，制定调整完善土地出让收入使用范围、提高农业农村投入比例的政策性意见，所筹集资金用于支持实施乡村振兴战略。改进耕地占补平衡管理办法，建立高标准农田建设等新增耕地指标和城乡建设用地增减挂钩节余指标跨省域调剂机制，将所得收益通过支出预算全部用于巩固脱贫攻坚成果和支持实施乡村振兴战略。

3. 引导和撬动社会资本投向农村

优化乡村营商环境，加大农村基础设施和公用事业领域开放力度，吸引社会资本参与乡村振兴。规范有序盘活农业农村基础设施存量资产，回收资金主要用于补短板项目建设。继续深化"放管服"改革，鼓励工商资本投入农业农村，为乡村振兴提供综合性解决方案。鼓励利用外资开展现代农业、产业融合、生态修复、人居环境整治和农村基础设施等建设。推广一事一议、以奖代补等方式，鼓励农民对直接受益的乡村基础设施建设投工投劳，让农民更多参与建设管护。

（五）金融支农政策

健全适合农业农村特点的农村金融体系，把更多金融资源配置到农村经济社会发展的重点领域和薄弱环节，更好满足乡村振兴多样化金融需求。

1. 健全金融支农组织体系

发展乡村普惠金融。深入推进银行业金融机构专业化体制机制建设，形成多样化农村金融服务主体。指导大型商业银行立足普惠金融事业部等专营机制建设，完善专业化的"三农"金融服务供给机制。完善中国农业银行、中国邮政储蓄银行"三农"金融事业部运营体系，明确国家开发银行、中国农业发展银行在乡村振兴中的职责定位，加大对乡村振兴信贷的支持。支持中小型银行优化网点渠道建设，下沉服务重心。推动农村信用社省联社改革，保持农村信用社县域法人地位和数量总体稳定，完善村镇银行准入条件。引导农民合作金融健康有序发展。鼓励证券、保险、担保、基金、期货、租赁、信托等金融资源聚焦服务乡村振兴。

2. 创新金融支农产品和服务

加快农村金融产品和服务方式创新，持续深入推进农村支付环境建设，全面激活农村金融服务链条。稳妥有序推进农村承包土地经营权、农民住房财产权、集体经营性建设用地使用权抵押贷款试点。探索县级土地储备公司参与农村承包土地经营权和农民住房财产权"两权"抵押试点工作。充分发挥全国信用信息共享平台和金融信用信息基础数据库的作用，探索开发新型信用类金融支农产品和服务。结合农村集体产权制度改革，探索利用量化的农村集体资产股权的融资方式。提高直接融资比重，支持农业企业依托多层次资本市场发展壮大。创新服务模式，引导持牌金融机构通过互联网和移动终端提供普惠金融服务，促进金融科技与农村金融规范发展。

3. 完善金融支农激励政策

继续通过奖励、补贴、税收优惠等政策工具支持"三农"金融服务。抓紧出台金融服务乡村振兴的指导意见。发挥再贷款、再贴现等货币政策工具的引导作用，将乡村振兴作为信贷政策结构性调整的重要方向。落实县域金融机构涉农贷款增量奖励政策，完善涉农贴息贷款政策，降低农户和新型农业经营主体的融资成本。健全农村金融风险缓释机制，加快完善"三农"融资担保体系。充分发挥好国家融资担保基金的作用，强化担保融资增信功能，引导更多金融资源支持乡村振兴。制定金融机构服务乡村振兴考核评估办法。改进农村金融差异化监管体系，合理确定金融机构发起设立和业务拓展的准入门槛。守住不发生系统性金融风险底线，强化地方政府金融风险防范处置责任。

二、乡村振兴战略的实施步骤

实行中央统筹、省负总责、市县抓落实的乡村振兴工作机制，坚持党的领导，更好履行各级政府职责，凝聚全社会力量，扎实有序推进乡村振兴。

（一）加强组织领导

坚持党总揽全局、协调各方，强化党组织的领导核心作用，提高领导能力和水平，为实现乡村振兴提供坚强保证。

1. 落实各方责任

强化地方各级党委和政府在实施乡村振兴战略中的主体责任，推动各级干部主动担当作为。坚持工业农业一起抓、城市农村一起抓，把农业农村优先发展原则体现到各个方面。坚持乡村振兴重大事项、重要问题、重要工作由党组织讨论决定的机制，落实党政一把手是第一责任人、五级书记抓乡村振兴的工作要求。县委书记要当好乡村振兴"一线总指挥"，下大力气抓好"三农"工作。各地区要依照国家规划科学编制乡村振兴地方规划或方案，科学制定配套政策和配置公共资源，明确目标任务，细化实化政策措施，增强可操作性。各部门要各司其职、密切配合，抓紧制定专项规划或指导意见，细化落实并指导地方完成国家规划提出的主要目标任务。建立健全规划实施和工作推进机制，加强政策衔接和工作协调。培养造就一支懂农业、爱农村、爱农民的"三农"工作队伍，带领群众投身乡村振兴伟大事业。

2. 强化法治保障

各级党委和政府要善于运用法治思维和法治方式推进乡村振兴工作，严格执行现行涉农法律法规，在规划编制、项目安排、资金使用、监督管理等方面，提高规范化、制度化、法治化水平。完善乡村振兴法律法规和标准体系，充分发挥立法在乡村振兴中的保障和推动作用。推动各类组织和个人依法依规实施和参与乡村振兴。加强基层执法队伍建设，强化市场监管，规范乡村市场秩序，有效促进社会公平正义，维护人民群众合法权益。

3. 动员社会参与

搭建社会参与平台，加强组织动员，构建政府、市场、社会协同推进的乡村振兴参与机制。创新宣传形式，广泛宣传乡村振兴相关政策和生动实践，营造良好社会氛围。发挥工会、共青团、妇联、科协、残联等群团组织的优势和力量，发挥各民主党派、工商联、无党派人士等积极作用，凝聚乡村振兴强大合力。建立乡村振兴专家决策咨询制度，组织智库加强理论研究。促进乡村振兴国际交流合作，讲好乡村振兴的中国故事，为世界贡献中国智慧和中国方案。

4. 开展评估考核

加强乡村振兴战略规划，实施考核监督和激励约束机制。将规划实施成效纳入地方各级党委和政府及有关部门的年度绩效考评内容，考核结果作为有关领导干部年度考核、选拔任用的重要依据，确保完成各项目标任务。本规划确定的约束性指标以及重大工程、重大项目、重大政策和重要改革任务，要明确责任主体和进度要求，确保质量和效果。加强乡村统计工作，因地制宜建立客观反映乡村振兴进展的指标和统计体系。建立规划实施督促检查机制，适时开展规划中期评估和总结评估。

（二）有序实现乡村振兴

充分认识乡村振兴任务的长期性、艰巨性，有序推进，不搞齐步走。

1. 准确聚焦阶段任务

重点抓好防范化解重大风险、精准脱贫、污染防治三大攻坚战，加快补齐农业现代化短板和乡村建设短板。在开启全面建设社会主义现代化国家新征程时期，重点加快城乡融合发展制度设计和政策创新，推动城乡公共资源均衡配置和基本公共服务均等化，推进乡村治理体系和治理能力现代化，全面提升农民精神风貌，为乡村振兴这盘大棋布好局。

2. 科学把握节奏力度

合理设定阶段性目标任务和工作重点，分步实施，形成统筹推进的工作机制。加强主体、资源、政策和城乡协同发力，避免代替农民选择，引导农民摒弃"等靠要"思想，激发农村各类主体活力，激活乡村振兴内生动力，形成系统高效的运行机制。立足当前发展阶段，科学评估财政承受能力、集体经济实力和社会资本动力，依法合规谋划乡村振兴筹资渠道，避免负债搞建设，防止刮风搞运动，合理确定乡村基础设施、公共产品、制度保障等供给水平，形成可持续发展的长效机制。

3. 梯次推进乡村振兴

科学把握我国乡村区域差异，尊重并发挥基层首创精神，发掘和总结典型经验，推动不同地区、不同发展阶段的乡村有序实现农业农村现代化。发挥引领区示范作用，东部沿海发达地区、人口净流入城市的郊区、集体经济实力强以及其他具备条件的乡村，到2022年率先基本实现农业农村现代化。推动重点区加速发展，中小城市和小城镇周边以及广大平原、丘陵地区的乡村，涵盖我国大部分村庄，是乡村振兴的主战场，到2035年基本实现农业农村现代化。聚焦攻坚区精准发力，革命老区、民族地区、边疆地区、集中连片特困地区的乡村，到2050年如期实现农业农村现代化。

第二章　乡村旅游概述

世界最原始的乡村旅游缘于古人的求生存谋发展，捕猎和驯养是其最初形式。远古的先民们为了生存而进行的奔波、流浪之旅饱含行路过程中胜利的愉悦、失败的懊丧和对未来的希望，是原始人从生存斗争中引发出的旅行或旅游的原始模式，揭开了乡村旅游的序幕。夏、商、周时期的男女相约而游、春天的"修禊之旅"、先秦游学、帝王巡游、外交聘问、宫廷婚旅、学子游学、谋士游说、王侯游猎等丰富多彩的功利旅游活动，都发生在广袤的乡村地区。自唐朝起，城郊游乐，旅游下移，春节、元宵节、寒食节、清明节等时节踏青游春，附以荡秋千、踢足球、打马球、拔河、斗鸡等游乐活动，形式多样。

18世纪后半期，乡村旅游作为一种社会休闲活动而正式在欧洲出现，受"浪漫旅游者"的影响，尤其在斯科特的文学作品和特纳油画的感召下，大量的旅游者涌入苏格兰高地。1865年意大利"农业与旅游全国协会"的成立拉开了国际乡村旅游的序幕。20世纪20年代，铁路的发展使更多的人能够去往乡村，从而使乡村旅游发展迅速。在英国、德国、美国、加拿大、澳大利亚、新西兰、西班牙等发达国家，乡村旅游已逐渐成为大众化的社会活动。

现代意义上的乡村旅游在我国出现较晚，以1978年中国台湾苗栗县大湖葡萄园的偶然开辟为发端。此后，改革开放较早的深圳举办荔枝节，各地效仿，也纷纷开办了各具特色的观光农业项目。20世纪90年代初，北京、广东、上海、苏南、山东等地乡村旅游悄然兴起，并以1998年的"华夏城乡游"正式拉开乡村旅游序幕。1999年推出"生态环境旅游年"，以"返璞归真，怡然自得"为口号，推出观鸟、徒步、垂钓、探险、登山等乡村旅游活动；2002年推出"民间艺术游"；2004年为"中国百姓旅游年"等。至此，中国乡村旅游进入前所未有的发展时期，乡村旅游市场也出现了空前繁荣。2004年、2005年中央一号文件先后两次将"三农"问题提到前所未有的高度，因乡村旅游是解决"三农"问题的助推剂，是旅游扶贫的"试金石"，所以受到各地乡村的高度重视。党的十八大以来，实施精准扶贫、精准脱贫，开创了扶贫工作的新局面。2017年5月，农业部办公厅印发了《关于推动落实休闲农业和乡村旅游发展政策的通知》，旨在促进、引导休闲农业和乡村旅游持续健康发展，加快培育农业、农村经济发展新动能，壮大新产业、新业态、新模式，推进农村一二三产业融合发展。党的十九大报告提出实施乡村振兴战略，这是今后解决"三农"问题、全面激活农村发展新活力的重大决策。

"城乡融合发展"不仅要求注重城市发展质量，也要求把农村建设成美丽乡村，并使二者互补共生。进一步扫除"三农"发展障碍，促进城市对农村的反哺，努力推动农村、农民和农业的发展，是实现中国经济社会持续稳步向前发展的重要环节，也是建设和谐社会的必然要求。

乡村旅游是利用乡村资源充分发挥其多重价值的一种重要旅游类型，是乡村振兴战略的重要发展方向。乡村旅游在促进农业产业结构调整，充分发挥农业的多种功能，吸引人才、科技、资金等资源向农业投入，打破乡村地区相对封闭的经济社会运行环境，重构农村社会和经济系统，增强农民的自我发展能力和提高农民的生活质量，促进乡村地区的内生化发展等方面发挥着重要的作用，是解决"三农"问题的重要途径，能够有力地推动乡村地区社会经济的快速发展。

乡村旅游很少是以旅游单体而存在的，它往往是以一定区域范围内的所在目的地作为整体旅游产品。其中的旅游项目会受到目的地的自然条件、社会环境、基础设施和旅游服务设施等诸多因素的影响。

生态性是乡村旅游目的地环境的重要特性，乡村旅游目的地环境生态性顺应乡村旅游的发展趋势。认识乡村旅游目的地环境生态性的内涵和特征，明确乡村旅游目的地环境生态性的要素，是乡村旅游目的地环境生态性规划和管理的基础。对乡村旅游目的地展开环境生态性评价，不仅可以对旅游资源的合理开发提供依据和保障，更可以实现资源的高效配置，实现其可持续发展价值。为了科学评价乡村旅游目的地的环境生态性，必须探索乡村旅游目的地环境生态性的评价方法，构建乡村旅游目的地环境生态性评价指标体系，明确评价过程。根据评价模型及结果进行的乡村旅游目的地生态环境规划具有科学性和客观性。

生态环境保护与利用是新时代的主题之一，开展乡村旅游活动，必须注意保护当地村庄、农田、林地、水域等自然和人文环境，实现可持续发展。首先，要尽可能地减少对原有地形地貌的破坏，确保乡村的自然资源不受到破坏；其次，是对乡村旅游目的地附近的湖泊、河流和村内的溪水及其周围水环境进行保护，同时在能耗方面也要大力提倡可再生清洁能源的使用。在遵循保护环境的准则之下，对不同类型的乡村旅游目的地进行生态环境的规划。面对我国乡村旅游目的地存在的诸多问题，需要通过科学有效的乡村旅游目的地环境生态管理来改善现状，特别需要注意的是，在此过程中一定要加强城乡交流，促进乡村发展。

第一节　乡村旅游的概念和特征

乡村旅游概念的界定是构建乡村旅游经营与管理的理论基石。但由于乡村概念的复杂性与广博性，导致乡村旅游在理解上的多元化。关于乡村旅游的概念，国内外学者莫衷一是，以下分别从国外与国内两个角度对乡村旅游进行阐释。

一、乡村旅游的概念

（一）国外乡村旅游定义

1990 年，Gilbert 和 Tung 对西班牙的农场、牧场开发乡村旅游情况进行了研究，之后将乡村旅游定义为：乡村旅游就是农场主或农户为旅游者提供餐饮、住宿等基本条件，旅游者可在其经营范围内的农场、牧场等具有农村典型特征的自然环境中进行各种娱乐、休闲和度假等活动的一种旅游形式。

Bramwell 和 Lane（1994）侧重于研究游客的活动方式，他们认为：乡村旅游是涉及几个层面的旅游活动。其中，体现传统文化的民俗活动是其中的重头戏。他们提出了一个较为全面的乡村旅游概念，并描述了乡村旅游的 5 个核心特性：

（1）地处乡村。

（2）旅游活动是乡村的，活动内容与传统乡村的生产、生活以及乡村自然紧密相连。

（3）小规模化。

（4）旅游活动受当地乡村社区控制。

（5）乡村地域的复杂性决定了乡村旅游类型的多样性。

这虽与中国当今的乡村旅游发展与现状有较大差异，但为中国更好地理解乡村旅游的内涵以及未来乡村旅游的可持续发展方向提供了思想借鉴。Lane 还进一步阐述了乡村旅游、农业旅游及农场旅游的关系，他认为后两者是乡村旅游的重要组成形式之一。

欧盟（EU）和经济合作与发展组织（OECD）将乡村旅游（Rural tourism）简单地定义为"发生在乡村的旅游活动"。

世界旅游组织（UNWTO）认为乡村旅游是指旅游者在乡村（通常是偏远地区的传统乡村）及其附近逗留、学习、体验乡村生活模式的活动。

尼尔森（Nilsson）认为乡村旅游是替代旅游（Alternative tourism）的一种，是一种基于什么是城市与什么是乡村之间的思想观念上的生活风格。

（二）国内乡村旅游定义

国内学者从 20 世纪 90 年代就开始关注乡村旅游。杜江以吸引物作为重点展开研究后认为：农业、农村、农事和传统民俗是乡村旅游的主要吸引物，通过吸引物将参观考察、娱乐购物、吃住度假等一系列活动融为一体，这种旅游形式可称为乡村旅游。肖佑兴则从各个不同的视角对乡村旅游的概念进行了分析，他认为乡村旅游是指依托农村特定的空间分布格局，把乡村特有的自然田园风光、民间特色建筑、农事生产模式和乡风民俗文化等作为对象，最大化地利用城市与乡村的差异性来规划设计旅游线路并组合成旅游产品，将观光、游览、娱乐、休闲、度假和购物融为一体的一种旅游形式。乌恩从吸引物的角度对传统农村发展乡村旅游进行研究后得出结论：乡村旅游的发生地必须是传统的农村地区，旅游的主要吸引物集中在农村自然环境、当地特色物产和传统典型的生产生活方式，不需要大量资金和科技投入，但需要专门建设接待、服务等基础附属设施。并认为"乡村旅游"应该属于"农业旅游"的范畴。贺小荣认为，所谓乡村旅游就是指以乡村地域上发生的一切可吸引旅游者的旅游资源为凭借，以满足观光、休闲、度假、学习、购物、娱乐等各种旅游需求为目的的旅游消费行为以及由其引起的各种现象和关系的总和。戴斌等以时空和环境为要素对乡村旅游展开了研究，他们认为，乡村旅游是指旅游者以农村特定的时空和环境为依托，将农村的自然景观格局和特色人文环境作为主要活动对象，将吃、住、行、游、购、娱融合在一起。蒙睿等归纳了国内外乡村旅游概念界定的 30 多种提法后，对乡村旅游必须具备的六个本质特征进行了阐述：

（1）乡村旅游是一个处于不断变换之中的时空概念。

（2）乡村旅游作为一个组合体系，融合了观光、体验、休闲、度假等一般性的旅游活动。

（3）乡土性是乡村旅游的本质属性，囊括了大农业的生产方式和农、林、牧、渔各具特色的文化。

（4）乡村生态环境是开展乡村旅游的核心吸引物。

（5）城市居民成了乡村旅游的主要客源。

（6）社区参与也是乡村旅游的特性之一，乡村旅游的开展必须要为当地居民创造经济效益。

李洪波认为，乡村旅游是指以乡村特色旅游资源为基础，以乡村聚落空间为主要限定范围，以休闲作为旅游者主要目的的旅游活动。韩宾娜等将乡村旅游定义为发生在乡村地区，以乡村景观为主要吸引物，将城市居民作为主要目标市场，达到满足旅游者体验乡村特色目的的旅游体验活动。

随着旅游需求结构的升级，我国乡村旅游概念也在不断丰富和延展，呈现出本地化的特点。王素洁认为乡村旅游有广义与狭义之分，广义是指发生在乡村地区，以乡村性、体现社会主义新农村特点的乡村风貌和乡村文化为核心吸引要素的旅游活动；乡村旅游的狭义则是发生在乡村地域，以真实的乡村资源和环境为依托，以真实的乡村性为核心吸引物的旅游活动。尤海涛等认为乡村旅游核心吸引力是由乡村性和乡村性决定的乡村意象构成，乡村性包括乡村景观和乡村文化，乡村意象包括乡村景观意象和乡村文化意象，是人们对乡村的精神印象。夏学英和刘兴双定义乡村旅游是发生在乡村地区，旅游活动的目的是欣赏、体验乡村风光、风情、风物和新农村建设中取得的成就。

上述专家学者们从各自研究领域出发，对乡村旅游进行了多元化论述，可归纳为三个方面：

（1）其客源多为城市近郊居民。

（2）旅游活动依托于特定的时空环境，以农村特有的自然景观和特色人文景观为主要吸引物。

（3）城市居民为了舒缓压力、愉悦身心、了解农村等目的而进行的专项旅游活动。

因此，乡村旅游是以乡村特有的田园风情与独特的人文景观为核心资源，吸引城市居民到乡村进行的以休闲、度假、观光、娱乐、研学和康养等为目的的专项旅游活动。

二、乡村旅游的特征

相对于传统的观光旅游、会议旅游、探险旅游或研学旅游，乡村旅游有其自身的特点。

（一）乡村性

乡村性是乡村旅游的本质特征，表现在三个方面。

1. 乡村景观特有的丰富性

无论是清新质朴的自然风光，还是独具魅力的风土人情，抑或是风味独特的当地菜肴，古朴的村落民居，原始的劳作形态，传统的手工制作，都具有鲜明的地方特色、乡土气息与民族特色，都是乡村历经千年积淀和传承的生态文明与农耕文明，这些"古、始、真、土"的景观特质是乡村特有的资源禀赋，吸引着城市居民到乡村开展丰富多元的旅游活动，如风光摄影、古镇怀远、秘境探险等。

阳春三月，春暖花开。具有"中国最美梯田"的江西省婺源县篁岭古村落内，油菜花盛然绽放，与白墙黛瓦的徽派民居交相辉映，在春光照射下，宛如金龙舞动，气势磅礴，唯美壮观，吸引了众多游客前去赏花摄影。具有"四菜一汤"形制的福建土楼——永定客家土楼堪称世界一绝，它以历史悠久、种类繁多、规模宏大、结构奇巧、内涵丰富、功能齐全而著称于世，被誉为"世界上独一无二的、神话般的民居建筑奇葩"，因此被评为世界文化遗产。置身土楼，可以感悟100多年前闽商安土重迁的家国理念，凭吊昔日的流金岁月。

2. 地域的多样性及时间的可变性

乡村旅游资源主要分为自然风貌、劳作形态和传统习俗。顺应农业四时节令规律，中华大地从南向北、从东到西呈现出五彩斑斓的生态景观。"人间四月芳菲尽，山寺桃花始盛开"。当江西婺源的油菜花怒放时，河北顺平的桃花正含苞待放。每年10月上旬当平原大地秋风四起时，内蒙古额济纳的胡杨林渐入佳境。

3. 旅游活动的参与性与体验性

不同于传统的单一观光旅游，乡村旅游内容广博，集观光游览、康养保健、休闲度假、寻根访祖、科普研学、民俗体验于一体，适应了当前旅游消费结构的多元化、个性化需求。在观光农园中，游客可以参与农业生产的全过程，在果农的指导下，进行施肥、灌溉、除草、剪枝、套袋、采摘等务农体验。也能上山采果挖笋，下海捕鱼捞虾，学习当地传统食物如酿酒、传统工艺如剪纸的制作技术，以此更好地深入体验乡村农户生活，了解农村真实生活状态，融入当地乡情民意，而不是作为一个纯粹欣赏风景的匆匆过客。另外，一些节庆赛事也能强化游客的实际旅游体验效果。如河北赵县梨花节、保定满城草莓采摘节集观光摄影、采摘购物于一体；体育类活动如衡水湖国际马拉松赛、美食类节庆如青岛国际啤酒节和艺术类活动如河北涞水野三坡国际音乐节等。旅游景点赛事活动融合了体育、美食、文化、艺术与参与体验等内容，依托当地原生乡土资源举办活动，既能招徕游客，又能带动当地经济增长。

（二）益贫性

乡村旅游目的地为广袤的乡村地区，而这也正是我国贫困多发地带。旅游覆盖面广、关联度高、具有"1+2+3"的叠加效应与"1×2×3"的乘数效应，能有效促进农村一二三产业融合，改善农村公共基础设施和公共服务；带动当地居民就业，是农村经济增长的新引擎；释放乡村旅游的富民效能有助于缩小城乡差距，加快城乡建设一体化的步伐。

（三）可持续性

乡村旅游"三生（生产、生活、生态）一体"，既能保证农业生产功能，带动经济效益显著提高，又可以带动农村整体环境的明显改善、提高村民文明素质，促进新农村建设，因此是一种可持续旅游。尤其是近年来流行的休闲农业，依托于乡村原生资源，对其加以整合性开发利用，延伸农业传统生产功能到观光、休闲、采摘、加工等产业链条，特别是采摘项目，能够为农户带来了可观、持续而稳定的收入，同时还节省了雇佣人力成本以及农产品运输、储存、销售成本，成本低、投入少、见效快。由此可见，乡村旅游具有显著的社会效益、经济效益和生态效益，有利于实现人与自然、社会的和谐相处。

第二节　乡村旅游发展

一、乡村旅游的产生及发展阶段

有关国际乡村旅游的起源，业界和学界的说法不一。一种说法是乡村旅游起源于1855年的法国，当时法国巴黎市的贵族组织到郊区乡村度假旅游；另一种说法是乡村旅游起源于1865年的意大利，那一年意大利成立了"农业与旅游全国协会"，专门介绍城市居民到乡村休闲旅游。尽管众说纷纭，但乡村旅游起源于19世纪的欧洲却是大家的共识。

纵观国际乡村旅游规划发展的过程，大致可以分为三个阶段：

（一）19世纪中期到20世纪前期的萌芽——兴起阶段

城市人开始认识农业旅游价值，并参与了乡村农业旅游，如法国、意大利。

（二）20世纪中期到20世纪80年代的观光——发展阶段

乡村观光农业发展，形成农业和旅游相结合的新产业，如西班牙、日本、美国。

（三）20世纪80年代后的度假——提高阶段

观光农业由观光功能向休闲、度假、体验、环保多功能扩展，如日本、奥地利、澳大利亚。

我国的乡村旅游起步较晚，一种说法是，萌芽于20世纪50年代，当时为适应外事接待的需要，在山东省安丘市石家庄村率先开展了乡村旅游活动；另一种说法是，在20世纪80年代后期，改革开放较早的深圳首先开办了荔枝节，其主要目的是为了招商引资，随后又开办了采摘园，取得了较好的效益。于是各地纷纷效仿，开办各具特色的观光农业项目。国内绝大多数的学者认为我国的乡村旅游从20世纪80年代末兴起。

由于起步较晚，我国的乡村旅游目前尚处于从导入期向成长期过渡的阶段。20 世纪 90 年代以来，我国积极推动乡村旅游和农业旅游的发展。1998 年，国家旅游局推出"华夏城乡游"，提出"吃农家饭、住农家院、做农家活、看农家景、享农家乐"的口号，有力地推动了我国乡村旅游业的发展。1999 年，国家旅游局推出"生态环境旅游年"，全国各地抓住新机遇，充分利用和保护乡村生态环境，开展乡村农业生态旅游，进一步促进了我国乡村旅游业的发展。目前，我国乡村旅游发展势头良好，呈现出欣欣向荣的景象。乡村旅游的发展速度较快，各种农业观光园、农家乐、采摘节等乡村旅游形式在各地大量涌现。总的来说，乡村旅游在空间布局上主要分布于都市郊区、远离客源的景区和老少边穷地区。

二、国内外乡村旅游发展现状

乡村旅游开发的形式没有统一的标准，应根据当地社区的实际情况，因地制宜，结合农业生产和农村产业结构调整进行开发，充分体现"社区事务，社区参与"的主旨，尽量通过不同模式的探索以实现当地文化的保护和持续发展。

（一）国内外乡村旅游的现状

1. 国内乡村旅游的发展现状

2006 年和 2007 年，国家旅游局分别把旅游年主题定义为"中国乡村游"和"中国和谐城乡游"，将旅游发展的重点直指农村，乡村游在悄无声息中受到游客热捧。农家旅馆在我国经济发达地区悄然兴起，并成为乡村度假的重要承载。乡村旅游实现了从观光到度假旅游方式的升级，并成为我国广大农村发展第三产业的一条重要途径。

2. 国外乡村旅游的发展现状

目前很多国家把发展乡村旅游纳入解决农村问题、推动农村持续全面进步的战略范畴，从政策层面进行有效推动。突出强调保持乡村自然人文环境的原真性。乡村旅游朝选择的多样化和方式的自助化方向发展。乡村旅游客源从区域性向跨区域、国际化方向转化。目前乡村旅游在德国、奥地利、英国、法国、西班牙、美国、日本等发达国家已具有相当的规模，走上了规范化发展的轨道。在许多国家，乡村旅游被认为是一种阻止农业衰退和增加农村收入的有效手段。美国的 30 个州有明确针对农村区域的旅游政策，其中 14 个州在它们的旅游总体发展规划中包含了乡村旅游。许多国家都认为乡村旅游业是农村地区经济发展和经济多样化的动力。

（二）国内外乡村旅游经营模式

1. "个体农户经营"模式

个体农户经营模式是最简单、最初级的一种模式，它主要以农民为经营主体，农民自主经营，通过对自己经营的农牧果场进行改造和旅游项目的建设，使之成为一个完整意义的旅游景区（点），能完成旅游接待和服务工作。通常呈规模小、功能单一、产品初级等特点。通过个体农庄的发展，吸纳附近闲散劳动力，通过手工艺、表演、生产等形式加入服务业中，形成以点带面的发展模式。

2. "农户+农户"模式

"农户+农户"模式是由农户带动农户，农户之间自由合作，共同参与乡村旅游的开发经营。这也是一种初级的早期模式，通过农户之间的合作，达到资源共享的目的。在远离市场的乡村，农民对于企业介入乡村旅游存在顾虑，大多数农民不愿把自己的土地或资金交给企业管理，他们更信任"示范户"。"示范户"通常是"开拓户"，开发乡村旅游并获得成功，在他们的示范带动下，农户纷纷加入旅游接待的行列。这种模式投入较少，接待量有限，但乡村文化保留最真实，游客花费少还能体验最真的本地习俗和文化。但受管理水平和资金投入的影响，通常旅游带动效应有限。

3. "公司+农户"模式

"公司+农户"的主要特点是公司开发、经营与管理，农户参与，公司直接与农户联系合作。这种模式的形成通常是以公司买断农户的土地经营权，通过分红的形式让农户受益。它是在发展乡村经济的实践中，由高科技种养业推出的经营模式，因其充分考虑了农户利益，所以在社区全方位参与中带动了乡村经济发展。它在开发浓厚的乡村旅游资源时，充分利用了农户的闲置资产、富余劳动力、丰富的农事活动，向游客展示了真实的乡村文化。同时，通过引进旅游公司的管理，对农户的接待服务进行示范，避免不良竞争损害游客的利益。但这种模式也存在一定的缺点。

4. "公司+社区+农户"的模式

公司先与当地社区（如村委会）进行合作，通过村委会组织农户参与乡村旅游，公司一般不与农户直接合作，但农户接待服务、参与旅游开发则要经过公司的专业培训，并制定相关的规定，以规范农户的行为，保证接待服务水平，保障公司、农户和游客的利益。在湖南浏阳市的"中源农家"，2001年成立"浏阳中源农家旅游公司"，负责规划、招揽、营销、宣传和培训；村委会成立专门的协调办，负责选拔农户、安排接待、定期检查、处理事故等；农户负责维修自家民居，按规定接待、导游服务、打扫环境卫生。保证了公司、农户、游客的利益，同时村级经济实力也得到了较大提高，并改善了村里公路，增加了公共设施。

5. "政府 + 公司 + 农民旅游协会 + 旅行社"模式

"政府 + 公司 + 农民旅游协会 + 旅行社"模式的特点是发挥旅游产业链中各环节的优势，通过合理分享利益，避免了乡村旅游开发过度商业化，保护了本土文化，增强了当地居民的自豪感，从而为旅游的可持续发展奠定了基础。例如，贵州平坝天龙镇在发展乡村旅游时就采用了这种模式。具体的做法是政府负责乡村旅游的规划和基础设施建设，优化发展环境；乡村旅游公司负责经营管理和商业运作；农民旅游协会负责组织村民参与地方戏的表演、导游、工艺品的制作、提供住宿餐饮等，并负责维护和修缮各自的传统民居，协调公司与农民的利益；旅行社负责开拓市场，组织客源。天龙镇从 2001 年 9 月开发乡村旅游，到 2002 年参与旅游开发的农户人均收入提高了 50%，同时推进了农村产业结构的调整，在参与旅游的农户中有 42% 的劳动力从事服务业，并为农村弱势群体（妇女、老人）提供了旅游从业机会，最大限度地保存了当地文化的真实性，使古老的民族文化呈现出勃勃生机。

6. 股份制模式

为了合理地开发旅游资源，保护乡村旅游的生态环境，可以根据资源的产权将乡村旅游资源界定为国家产权、乡村集体产权、村民小组产权和农户个人产权 4 种产权主体。在开发乡村旅游时，可采取国家、集体和农户个体合作方式，把旅游资源、特殊技术、劳动量转化成股本，收益按股分红与按劳分红相结合，进行股份合作制经营。通过土地、技术、劳动等形式参与乡村旅游的开发。企业通过公积金的积累完成扩大再生产和乡村生态保护与恢复，以及相应旅游设施的建设与维护。通过公益金的形式投入到乡村的公益事业（如导游培训、旅行社经营和乡村旅游管理），以及维持社区居民参与机制的运行等。同时通过股金分红支付股东的股利分配。这样，国家、集体和个人可在乡村旅游开发中按照自己的股份获得相应的收益，实现社区参与的深层次转变。通过"股份制"的乡村旅游开发，把社区居民的责（任）、权（利）、利（益）有机结合起来，引导居民自觉参与他们赖以生存的生态资源的保护，从而保证乡村旅游的良性发展。

三、乡村旅游创新发展理论基础

（一）营销理论

乡村旅游创新发展理论基础这部分内容主要围绕乡村旅游这一特殊的产品展开有关的理论整理。首先，从产品的角度，利用市场营销学理论中的整体产品概念来阐述乡村旅游产品概念，其次，通过这个概念的界定，从不同的层次把握乡村旅游的概念，然后利用发展的观点探讨生命周期的理论，最后运用纵向发展的观点把握乡村旅游不同时间阶段的发展特征与方向。

对乡村旅游产品本身有了一个初步的认知之后，再站在消费者的角度去了解消费者需求发展理论的相关内容，研究其需求的发展变化趋势及如何把乡村旅游产品的开发、经营与消费者需求两者进行对接。

1. 产品整体概念

关于产品的界定，本书认为菲利普·科特勒的观点最为完善。菲利普·科特勒认为，凡是能够提供给市场，从而满足人类欲望与需要的东西都是产品，也就是说任何东西都有成为产品的可能性，而成为产品的唯一指标就是这样东西能否满足人类的欲望或者需要。在实践中，消费者评价一样产品的好坏主要是从产品的特色、产品的质量、产品的价格以及产品的相关服务来判断的。

菲利普·科特勒从潜在产品、延伸产品、期望产品、形式产品和核心产品五个方面对产品的整体概念进行了界定。如果将菲利普·科特勒关于产品整体的概念引入到旅游产品中来，旅游产品的整体构成就包括可进入性、设施、服务与吸引物四个层面。可进入性指的就是旅游产品能否进入到旅游市场中，这要考虑到旅游产品与市场以及社会文化的契合度。例如，很多旅游景区在开发旅游产品时都是围绕景区的特点进行的，这就是考虑到旅游产品的可进入性之后采取的措施。设施则指的是旅游产品的生产与销售设施，既要考虑到成本与售价的比例问题，更要考虑到潜在的消费群体与设施成本之间的比例。例如，一件旅游产品设施成本过高而消费群体较少，这种情况下就不适合投入到市场中。服务指的是与旅游产品相关的服务，包括销售服务、售后服务等。吸引物指的是旅游产品是否具有对游客产生吸引力的内容，如果不具有，那么该产品就很难获得消费者的认可。

如果按照不同产品在旅游中的地位进行划分，旅游产品可以分为核心产品、形式产品以及延伸产品三种类型。核心产品指的是消费者不可或缺的基本旅游产品，主要包括吃、住、行、购物、娱乐、游玩等；形式产品主要指的是借助核心产品来实现的一种无形产品，例如产品的品质、商标、价格等，根据市场营销的观点，产品之间的竞争更多地集中在形式产品上，即在核心产品上大多数产品的价值差别并不是很大，但是商标、品质等形式产品却天差地别；延伸产品指的是从核心产品中延伸出来的一些新产品，例如售后服务等。

2. 生命周期理论

自然界中所有的生命体都有着自己的生命周期，而旅游产品也与自然界中的生命体一样，具有一定的发展周期。随着社会环境、竞争环境、消费者需求的变化，旅游产品的生命力也在不断地变化，充分把握旅游产品的生命周期对于旅游产品营销具有十分重要的意义。

在我们国内,关于旅游产品生命周期理论和旅游地生命周期理论,是存在着分歧的。旅游产品生命周期理论模型,借鉴了市场营销有关产品生命周期理论的构建,主要包含导入期、成长期、成熟期和衰退期四个阶段。产品生命周期理论,阐述了一个研究对象,从无到有、从小到大,继而繁荣,最后衰退的一个相对完整的运动过程。产品生命周期理论以动态发展的观点来研究市场现象。在应用范围方面,小到一个产品、一组产品组合、一个企业等,大到一个行业、一个区域都可以借用该理论。

伴随着旅游业态的发展变化,旅游产品概念所包含的内涵与外延在逐步扩大,旅游产品从概念界定上也包含着不同的体系,同时,旅游目的地的概念被广泛地接受认可。因此,在某种意义上可以对旅游地与旅游产品两个概念不做具体的差异化分析。

3. 消费需求发展理论

在旅游的概念界定中,有一种发展趋势,从关注消费者的行为到关注消费者行为背后的需求与动机,即消费的需求发展理论研究,这里主要借鉴马斯洛的需求层次理论探讨乡村旅游消费需求的类型。

马斯洛认为人有五个层次的需要:生理需要,安全、保障需要,社交、归属需要,尊重需要,自我实现需要。需要的这五个层次,由低到高逐级形成并逐级得以满足。依据马斯洛的需要层次理论以及赫兹伯格的双因素理论进行市场开发与员工激励有很多的有效实证。在旅游市场中,针对企业的奖励旅游就是非常典型的激励理论与需求层次理论的结合运用。

在进行乡村旅游规划与战略布局之前,有一个非常关键的基础工作就是基于消费者需求的市场分析。本书主要分析乡村旅游消费需求的表现,具体内容见表2-1。

表2-1　乡村旅游消费需求类型及表现

需求类型	基本含义	主要表现
物质性需求	以满足自身感官体验需求为主要目的	欣赏田园风光、品尝乡村美食、在乡村进行购物等
体验性需求	以满足自身在智力、运动、情感上的需求为主要目标	体验农业耕作、参与农村的各种节日等
精神性需求	以追求精神享受为主要目标	欣赏乡村的文艺表演、欣赏乡村的古建筑等

(二)可持续发展理论

根据可持续发展的主要内涵和具体内容,乡村旅游可持续发展的目标主要包括:

一是乡村生态可持续发展。乡村的生态环境是自然生态与人文生态的结合体,乡村自然生态更为脆弱,而这种独特的生态环境也恰恰是乡村旅游兴起的主要原因,因此乡村旅游必须要实现生态的可持续发展,只有这样才能够保证乡村旅游的生命力。

二是乡村社会和文化的可持续发展。独特的乡风民俗对于游客而言具有极大的吸引力，但是在乡村旅游的发展中，乡村的民俗文化必将受到伴随游客而来的城市文化的影响，这种情况下就要确保乡村民俗文化的纯粹性，保证乡村民俗文化的可持续发展，否则，乡村经济固然在乡村旅游的支持下得到了迅速的发展，但是发展的最终结果也使乡村城市化，最终使乡村走上城市发展道路，乡村旅游也会逐步失去生命力。

三是乡村经济可持续发展。随着乡村旅游的兴起，越来越多的地方政府开始将乡村旅游视为发展农村经济的重要手段。虽然乡村旅游对于农村经济有极大的推动作用，但是简单地将农村经济发展寄托在乡村旅游上并不科学，从本质上来说乡村旅游是为满足人类的精神文化需求服务的，推动经济发展只是它的一个次要功能，因此不能简单地将乡村旅游"经济化"，而是要实现农村经济的可持续发展，以乡村旅游为突破口寻找不同的农村经济发展之路，确保农村经济不会因乡村旅游的没落而失去发展动力。

（三）系统科学理论

旅游是一个复杂的系统，目前对旅游系统的研究，既包括旅游业系统、旅游活动系统，也包括旅游地域系统、地域游憩系统，还包括旅游吸引系统、旅游功能系统。比如尤海涛认为旅游系统实质上是旅游业系统；黄海辉认为旅游地域系统是由旅游资源、旅游交通及接待基础设施、旅游服务管理系统等要素共同构成的，旅游地域系统是一个地域综合体；牛自成和张宏梅认为旅游地域系统既是一个地域综合体，又是一个要素综合体，作为要素综合体，旅游地域系统包括旅游客体、旅游主体和旅游媒体等三个子系统；赵铭认为旅游系统包括旅游地域系统和旅游功能系统，其中旅游地域系统是旅游客源地与旅游目的地之间形成的空间系统，旅游功能系统包括客源市场、目的地、旅游支持和出游等四个子系统；凌丽君认为旅游系统是由旅游客源地、旅游目的地、旅游支持和出游系统组成的旅游活动系统。

旅游动力机制是旅游所有动力因子相互联系和相互作用所形成的工作机理，旅游活动的影响因素之间不是独立存在的，它们之间相互联系和相互作用，这也决定着旅游业发展动力机制具有系统性、整体性的特点，所以必须运用系统思想和方法来研究旅游动力机制，这样才能全面和系统地认知旅游系统的内部结构和运行规律。研究旅游动力机制，必须探析旅游发展动力系统的主要因素，探析旅游系统内部的自我运行和协调机制，其目的是通过对旅游系统的调节和控制，使得旅游系统的各子系统相互协调和有效运行，从而实现旅游业的可持续发展。

就乡村旅游研究而言，乡村旅游发展动力系统是一个复杂系统，在这个复杂系统中，各种动力要素互为条件，相互依存和相互制约。乡村旅游发展动力系统还是一个动态系统，乡村旅游发展始终处于一个动态的变化状态，乡村旅游不仅随着系统外部环境的变化而不断变化，而且随着系统内各要素的变化而不断变化，还会随着各自关系组合的变化而不断变化。要使乡村旅游发展动力系统可持续发展，就必须以系统的科学理论为指导，在遵循整体性原则的基础上，运用多学科的方法，进行动态化的研究，以实现系统内部不同子系统之间的协调。

四、我国乡村旅游发展的必要性

（一）旅游观念的改变

乡村旅游正符合了人们对休闲的需求。充满情趣的传统劳作，特色鲜明的民俗风情，淳朴美丽的自然风光会使长期居住在钢筋水泥丛林中的都市居民体验到另一种审美愉悦，摆脱快节奏的生活方式，进入一种原生态的状态。此外，乡村旅游强调参与性，游客不仅能够观看，更能够参与其中，比如茶叶产地的乡村旅游，游客可以参与采茶、炒茶和泡茶的全过程。游客可以真正体会到另一种生活方式，体验农村的生活状态。

（二）产业政策和制度法规的支持

在市场经济条件下，国家的宏观调控政策对产业的发展具有巨大的推动作用。"三农"问题一直是国家致力解决的问题，同时旅游业也被正式确立为我国的支柱产业，所以国家为支持乡村旅游发展出台了诸如财政补贴、关税减免、提供优惠贷款、信誉担保以及鼓励投资等措施。

在法律层面上，国民休假制度和社会保障制度为居民的旅游需求提供了时间和金钱的条件。通过限制性条款规范了国家休闲产业的健康发展，引导国民形成健康的休闲消费习惯。

（三）城市居民生活水平提高

吸引城市居民到国内各乡村旅游度假区进行乡村旅游度假，在我国具有广阔的发展前景。我国已经进入小康社会，旅游度假消费已经成为大多数人的生活必需。根据中国旅游研究院调查数据显示，2019 年上半年，我国国内旅游人数达到 30.8 亿人次，国内旅游收入为 2.78 万亿元，同比分别增长 8.8% 和 13.5%。这种势头，今后还将持续发展，并会进一步呈现出合家旅游和自驾车旅游比重提高，周末到近处旅游地度假，黄金周和其他带薪假期到远处旅游地度假等新特点。

五、乡村旅游发展创新的意义

（一）深度挖掘自然和人文资源，实现乡村旅游产品升级

乡村旅游特点之一就是乡村性，依靠的是得天独厚的自然和生态资源，所以发展乡村旅游要深入发掘原有生态环境中所蕴藏的旅游价值，切勿采取杀鸡取卵式发展。另外，除了自然资源之外，对人文资源的挖掘也是实现乡村旅游产品升级的重要方面。很多中国的传统文化和民俗风情在城市已经逐渐消失，相反在农村却得到了更好保留。因此，乡村旅游可以通过体验旅游的方式让游客重新体验中国传统文化和民俗风情，传播我国浓厚的传统文化。

乡村旅游不能局限在"农家乐"范畴，不能以吃农家菜，采新鲜水果，甚至是打麻将为主要方式，而要深入挖掘生态环境和人文环境中所蕴藏的价值，打造具有鲜明特色的乡村旅游品牌。

（二）共享和重组乡村旅游资源，实施区域旅游功能分工

旅游发展涉及很多公共设施和公共资源的建设，所以长期以来出现了条块分割、区域整体素质无法提升或重复建设的情况。所以要想发展乡村旅游，就要以平等互利为原则，按投入比例做利益分层，将旅游资源视为区域的共有财富，鼓励各种合作，资本优势、技术优势、资源优势、环境优势交叉合作，错位发展，共同开发和保护旅游资源。

突破各地方旅游功能区的限制，从整个旅游合作区域着眼，在更高层次上划定旅游功能区，优化各功能区的旅游功能，整合分散在各地的景点，提高档次，扩大规模。

（三）营造旅游大环境，开拓共同和相互的客源市场

综合性、关联性特别强的旅游企业要集中优势力量开展区域合作，共同营造旅游大环境，积极参与市政建设、交通建设、文化建设、精神文明建设、旅游教育等。一个有利于产业发展的环境对各个企业发展的推动作用是巨大的。

共同合作，开展市场调研、促销宣传，在增加老市场份额的基础上，开拓新的客源市场，不但要增加客源规模还要提高市场档次。各合作方要打破条款分割，以策略联盟的方式推动各方面工作。互为客源地和目的地，共同培育居民的旅游意识，相互宣传对方，提高出游率和出游天数。

（四）组建旅游管理公司，优化旅游企业的经营和管理

可以发挥一些地方旅游企业的管理优势，组建旅游管理公司，对某些地方管理水平较低的企业进行直接管理，有利于加强区域旅游企业管理水平的规范化，快速提高

经营管理水平。还可以通过资本重组的方式，发挥一些地方的投资优势，促进相对落后地方的旅游企业发展和升级，使其逐渐向资本经营过渡。

（五）提升农村旅游产业，助推乡村振兴

进入 21 世纪的信息时代，在乡村旅游产业的"互联网+"以及电商带动农产品及旅游宣传的建设工作中落实好具体的发展模式和发展理念。加强信息技术和旅游产业发展结构的融合，在这个过程中实现最大化的信息化建设，提高旅游产业的发展效率，提高服务水平，这是新时代乡村旅游产业结构优化的重要保障。

乡村旅游产业的发展，要坚持处理好生态效益和经济效益的关系。满足广大人民群众对于物质文化的需求，提高工作的规范性和科学性，把生态文明建设作为最重要的目标，满足生态发展的实际要求，提高农村旅游业资源的利用率，从而为生态保护工作预留更多的空间。在新时代乡村旅游产业发展的过程中，必须要重视土地资源和政策的关系，在重点旅游项目方面对于土地的供给给予一定的优惠政策，可以避免工程建设中出现阻碍。处理好生态效益和经济效益的并存发展，更好地迎合新时代旅游行业的发展。

在新时代社会发展过程中，根据未来社会的发展趋势和需要，拓宽农村的经济发展范围，利用旅游产业来提高新时代农村的经济建设水平。在农村旅游产业发展过程中，难免会存在很多的困难，要根据农村旅游产业的优势以及发展特点，及时纠正旅游产业的发展规划和发展目标，在这个过程中，能够对农村旅游产业的发展进行预测，利用国家的有关扶持政策，发展农业旅游产业园，这对于新农村振兴有着很重要的推动作用。

六、乡村旅游可持续发展的路径

乡村旅游作为现代旅游的一种新形式，已成为当今重要的产业形式，它把城市与农村紧密相结合，赋予乡村产业发展新内容。从本质上讲，乡村性是吸引旅游者进行乡村旅游的基础，是用以区别城市旅游和界定乡村旅游的最重要标志。促进乡村旅游可持续发展应该做好以下几个方面的工作：

（一）政府工作

首先，制定科学规划，健全各项法规制度，做到统放适度，规范管理。乡村旅游的开发、旅游资源离不开农业部门、旅游部门、其他行政主管部门等的协调统一有效管理，政府主管部门依据农业资源的不同性质、作用、功效统筹规划，有机整合，分门别类，制定相应的旅游发展规划和政策，运用法律、行政、经济等手段做好指导、监督，有针对性地进行管理，"统"是为了乡村旅游的整体形象和整体利益，"放"

是为了让一家一户的分散经营更灵活，更好地适应旅游市场的需求。

其次，要重视开发乡村旅游地区人才的培养，用现代化科学管理制度和方法经营乡村旅游。乡村生态旅游是一种文化性、趣味性、参与性很强的产业，只有在内容和形式上充分体现出与城市生活不同的文化特色，体现出鲜明的地域特色、民族色彩和文化内涵，并将之融合于优美和谐平衡发展的乡村生态环境中，才能最大限度地激发旅游者的出游动机，促进乡村旅游持续健康发展。

最后，扶持完善乡村旅游配套设施。旅游环境是个综合指标，旅游业的持续发展更是综合性经济产业，既包括有形的指标，如便捷的交通，以提高旅游区的可进入性；特色的乡村旅馆，以增强对游客的吸引力；也包括无形的服务质量等标准，创造高质量、高品位的旅游服务环境，以赢得游客的稳定性，使游客进得来、留得住。

（二）乡村旅游产品品牌的构建

乡村旅游的重点在于乡村景观所具有的典型乡村性和传统地域文化特色性，开发保持乡村旅游产品就要从挖掘产品供给入手，考虑这些资源的内涵，多方位满足游客观光、度假、求知、闲适、猎奇、尝鲜、参与等活动需要，调动游客视觉欣赏、触觉感知、味觉品尝、丰富听觉等多种感官，让游客主动参与，丰富见识、增长才识。这就要求依据乡村旅游产品自身兼具生产性、生活性和生态性的功能特征，保持乡村旅游产品的自然真实性，设计具有独特性的产品。农业的地域性、自然条件差异性决定了乡村旅游产品不能模仿，切忌追求"一刀切"。

乡村旅游产品的梯级分层开发要兼顾自然和人文，推动"物的乡村旅游"和"人的乡村旅游"相互融合、相互促进。留住乡土文化和建设农村生态文明的同时，思想、观念和意识，素质能力、行为方式和社会关系，都是必须要考虑的内容。这些最好要融入乡村古朴建筑、乡民奇妙典故传说、传统部落住宅、浓厚底蕴的乡村节庆、风情沿革、农作物及生产方式等丰富的乡村人文资源之中。因此要认真分析旅游乡村的历史发展过程，从中探寻乡村发展的文脉、演变，设计一些吸引旅游者参与共融的农家生活旅游项目产品，山水之乐乐在人，山水之美美在人。因朴实的农村乡情让旅游者体验乐趣，因旅游参与而收获知识，满足旅游者寓教于乐的需要，使游客积极参与，共融共乐，创造更多的经济效益。

（三）建立有效利益分配和调控机制

乡村旅游良性持续发展的核心问题之一就是旅游利益主体间的利益平衡分配、协调控制。可持续旅游的主要利益相关者——旅游社区集体和居民、当地政府、旅游企业、旅游者之间的关系非常复杂，常态又处于动态，必须确保各利益之间分配均衡，方能充分调动各方面的积极性和参与热情，使乡村旅游资源发挥最大效益。而当地政府作为乡村旅游资源的最大权利人和乡村旅游总体利益的代言人、旅游资源产权归属人，责任重大，它规划利益群体参与旅游开发，保证从制度入手，建立利益保障机制、利益表达机制、利益沟通机制、参与机制等，实现利益的公平、公正，合理规范所有利益相关者的利益需求。

（四）注重经济利益、资源和生态环境、社会文化效益综合发展

乡村旅游的基础在农业，农业自身的生产经营、乡村文化建设、农村生态及资源环境的开发保护影响着乡村旅游的进一步发展。为了开发建设，单纯追求经济利益，乡村旅游独特的原生态资源可能会遭到破坏。一旦遭到破坏，就很难恢复，所以要预防并渐进推进，不能刻意模仿随意开发，开发必须兼顾资源与环境，把追求经济效益具体化为实际的旅游经营和管理。旅游资源目标开发的同时，对乡村旅游的考核要严格到位，对游客的接待容量不能超过环境的承载能力，以及乡村居民的承受能力。可以通过建立乡村保护区等形式，保护濒临消亡的乡村自然景观和传统文化。另外，发展乡村旅游，文化是内涵，关键在服务。城市旅游者乡村游除物质观赏外，重在精神娱乐、精神收获。要树立这样的观念：服务本身就是一种文化，游客从旅游服务中会更加认可和尊重当地旅游产品和村民。反过来，旅游地村民从自己提供的高质量的旅游服务中对自己地方风俗文化及服务感到自豪、自爱，自然行为极易升华为文化遵守的自觉。所以，品味乡村生活，只有旅游服务与乡村文化有机结合才能提升乡村旅游的质量和品位，才能保持乡村旅游健康持续发展。乡村旅游地要把资源优势、生态优势转变为经济优势，以优美的生态环境、特有的文化产品吸引各类游客，创造出自己稳固的旅游形象，使乡村旅游最终发挥综合效益。

第三节　乡村旅游的功能与作用

发展乡村旅游是解决"三农"问题一个全新的突破口：一是可把解决"三农"问题和扶贫开发紧密结合起来，将发展乡村旅游作为改造农村和使农民就地走向现代化的新途径；二是可与加快发展旅游业结合起来。成为一些地区的旅游优势和品牌；三是可使乡村旅游成为落实科学发展观的新样板，成为实现五个统筹的最佳载体，形成特殊产业，减少城乡差距，增强农民的环保意识，促进可持续发展。现代乡村旅游是20世纪90年代以后出现在农村区域的一种新型旅游模式，尤其是在2010年以后发展迅速，我国的乡村旅游一般以独具特色的乡村民俗文化为灵魂，以农民为经营主体，以城市居民为目标市场，发展乡村旅游具有显著的功能和意义。

一、乡村旅游的功能

1. 经济功能

乡村旅游是农民就业增收的重要途径，有利于农村剩余劳动力的就地就近转移；是调整农村产业结构的重要方式，有利于农村经济的快速发展。

2. 社会功能

乡村旅游为都市居民与农村居民提供交流平台，有利于农村经济的发展和农村面貌的改善；有利于促进农村社会的进步，缩小城乡差距。

3. 教育功能

乡村旅游可以为游客提供了解农业文明、学习农业知识、参与农业生产活动的机会，是融知识性、科学性、趣味性为一体的农业生态科普园地。

4. 文化功能

乡村旅游文化包含农村民俗文化、乡村文化和农业产业文化，在为游客提供各种农村文化活动的同时，也能促进农村文化的发展。

5. 环保功能

乡村旅游的发展可以保护和改善生态环境，维护自然景观生态，提升环境品质，有利于生态系统的良性循环。

6. 游憩功能

乡村旅游可以为游客提供观光、休闲、体验、娱乐、度假等各种活动的场所和服务，有利于游客放松身心，缓解紧张工作和学习的压力，陶冶性情。

7. 医疗功能

乡村旅游区具有优美的自然环境、新鲜的空气、宁静的空间，有利于调剂身心及养生保健。

二、乡村旅游的意义

1. 为旅游领域拓展新天地

乡村旅游是现代旅游业向传统农业延伸的新尝试。通过旅游业的推动，将生态农业和生态旅游业推到了历史的前台。旅游业到农村去开辟广阔天地，借农业经济之优势求发展，农业借旅游业之优势求进步，两种产业相互促进、相互补充、相得益彰。发展乡村旅游将更加丰富中国农业大国旅游业的特色与内涵。

2. 为农村经济找到新的增长点

利用农业的生产经营活动、农业自然环境和人文资源，经过规划设计，形成一个具有田园之乐的观光休闲旅游度假园区，既可高效地发挥农业生产功能，又可发挥农业的生活功能和生态功能，扩大农业生产范围，调整和优化农业生产结构，提高农产品附加值，加快农业劳动力转移，增加农业效益和农民收入，促进农村经济繁荣。

3. 为城市旅游热点扩散提供广阔场所

目前，城市旅游资源的开发已近极致，各旅游"热点"的发展已近饱和，各个旅游景点已人满为患，必须通过一定的手段向外扩散，减轻城内压力。过热的城内景区要向外扩散，发展城市边缘地区的乡村旅游是分散城市旅游热点的最佳策略。乡村容量大，承受力强，可以疏散城市旅游热点的游客压力。乡村旅游能充分满足城市游客走近自然、求新求异的旅游需求，缓解城市生活压力。发展乡村旅游，可以更新人们的旅游观念，为发展生态旅游创造新的前景。

4. 促进城乡一体化发展

长期以来，由于受"二元"经济结构的影响，城市和乡村存在明显差别，城乡之间的经济联系和文化交流也较少。通过发展乡村旅游，可以密切城乡联系，加强城乡文化交流，使城市居民更多地了解农村、关心农村，甚至投资于农村。乡村居民可以更多地了解城市信息，学习城市居民的开放意识和市场观念，转变农民的观念，改变农村落后的面貌，加快农村经济改革和现代化建设，缩小城乡差别，建设社会主义现代化新农村。

第三章 乡村旅游发展现状分析

第一节 乡村旅游与农村发展关系

从乡村旅游与农村经济之间的关系来看，两者是一种相辅相成的关系。一方面，乡村旅游的发展能够推动农村经济的发展，另一方面，乡村旅游的发展需要大量的资金投入，而这是建立在农村经济发展的基础之上的。因此，乡村旅游与农村经济既相互独立，又相互依赖。

一、乡村旅游与农村经济的区别与联系

1. 乡村旅游与农村经济发展相互独立

乡村旅游与农村经济发展是两个相互独立的概念，两者之间并没有绝对的联系，即乡村旅游其实只是农村经济发展道路上的一个偶然现象，是诞生在特殊的社会环境之下的。促进农村经济发展是社会主义现代化的基本要求，而城市居民因向往农村生活方式选择到农村放松休闲，由此催生了乡村旅游，使得乡村旅游成为农村经济发展的一个重要推动力，但这并不意味着农村经济离开了乡村旅游就无法得到进一步的发展。

2. 乡村旅游与农村经济发展相互促进

虽然说乡村旅游的诞生与农村经济发展并没有必然的联系，但是在乡村旅游诞生之后，其就成为农村经济不可或缺的一部分，两者相辅相成，共同发展。

一方面，随着农村经济的不断发展，农民的生活质量也在不断提高，这种情况下农民开始着手精神文明建设，从而增加了农村的文化内涵，同时农村经济的发展致使农村所能够支配的资金更多，农村的基础设施也在不断地完善。这个时候城市居民面对千篇一律的生活方式，急需寻找一个新的休闲放松路径，农村完善的基础设施和独特的乡风文化为城市居民提供了一个良好的选择，从而刺激了乡村旅游的发展。从某

种意义上来说，并不是每一个村庄都能够实施乡村旅游的，只有那些基础设施比较完善，乡风民俗具有特点的村庄才能够发展乡村旅游，而这些都是以农村经济发展为依托的。

另一方面，对于农村而言，乡村旅游的发展也带来了极大的影响，主要体现在四个方面：一是乡村旅游使得农村经济结构中第三产业的比重逐步提高，农村产业结构开始优化；二是乡村旅游需要大量的服务人员，对提高农村地区的就业率有极为重要的意义；三是乡村旅游也意味着消费，能够增加农民的收入；四是旅游主体是城市居民，城市居民到乡村旅游必将带来一些新的思想，这对于农村经济的发展也是极为有利的。

3. 乡村旅游与农村经济发展相互制约

乡村旅游与农村经济相辅相成，但是也不能忽视两者之间存在的一定的制约关系，这种关系主要体现在以下两个方面：

第一，从农村经济的角度来看，乡村旅游的发展虽然为农村经济发展提供了极大的帮助，但是随着旅游人数的增加，农村的经济环境与生态环境必将受到一定的冲击，如此一来，当农村失去了对游客的吸引力之后，农村经济发展的速度会大幅度下降。

第二，从乡村旅游的角度来看，在乡村旅游过程中，城市文化的大量涌入会潜移默化地对乡村文化造成一定的影响，这种影响会造成乡村文化逐渐地失去特色，成为城市文化的"附庸"，如此一来，乡村旅游也就失去了价值。因此，在发展乡村旅游的过程中，必须要把握好两者之间的平衡。

二、乡村旅游对农村经济发展的作用

1. 乡村旅游对农村经济发展具有积极作用

具体而言，乡村旅游对农村经济发展的积极作用主要体现在以下四个方面：

第一，乡村旅游能够促使农村经济结构升级优化。一般来说，游客多是消费层次较高的城市居民，而在大多数情况下农村的社会经济环境是很难满足游客的需求的，这就促使乡村经济不断地优化自身，满足游客的需求。因此，乡村旅游的发展并不是简单地涉及第三产业，对于农村经济而言，乡村旅游的发展对第一二三产业的影响是十分全面的。例如，乡村旅游中的农家乐和休闲观光旅游等能够促进农村第三产业的发展，乡村旅游中的生态采摘园则能够促使农业转型升级；乡村旅游中游客的各种工业品需求则能够促进农村第二产业的发展等。

第二，乡村旅游提高了农民就业率。我国是一个农业大国，提高农民就业率一直以来都是解决"三农"问题的关键所在，而乡村旅游的发展对于提高农民的就业率有着重要的积极意义。例如，乡村旅游涉及的交通运输业、餐饮业、现代农业等都是典型的劳动密集型产业，乡村旅游可以促进这些产业的发展，也就意味着能够为农村提供更多的就业岗位，如此一来，那些因农闲季节闲置在家的农村劳动力就得到了安排。

第三，乡村旅游能够完善农村的基础设施。并不是每一个村庄都能够发展乡村旅游，乡村旅游的兴起与农村的经济水平有着一定的关系。由于乡村旅游的游客大多来自城市，而城市基础设施较为完善，游客对于旅游环境的要求就会相对较高，例如住宿、网络、停车场等，如果农村不采取措施解决这些问题，那么是很难吸引游客的，乡村旅游也就很难发展起来。因此，乡村旅游的发展过程从某种意义上说本身也是一个基础设施建设逐步完善的过程。

第四，乡村旅游推动了农村经济的可持续发展。乡村旅游的开展离不开农村地区的生态环境、自然资源，而自然资源又是不可再生的，因此在开展乡村旅游的同时必须注重生态环境、自然资源的保护。人们为了使乡村旅游能够可持续地发展，必然会重视本地自然和农村的环境质量，努力维持生态系统的循环发展。在有关政府机关的指导下，乡村旅游开展的过程中需要对当地的旅游资源进行合理的规划利用，避免旅游活动的进行对资源环境的破坏，确保农村地区文明的乡土氛围和生态环境的优良，从而实现乡村地区经济的可持续发展。

2. 乡村旅游对农村经济发展的不利影响

对于农村经济而言，乡村旅游发展所带来的负面影响主要集中在以下三个方面：

第一，乡村旅游对农村的生态环境造成了破坏。乡村旅游近年来之所以成为旅游的热门，很大程度上是因为农村的生态环境较之城市更加良好。但是随着游客的大量拥入，乡村的生态环境也开始遭到破坏，导致这种现象产生的原因是多方面的。一方面，游客的增加意味着生活垃圾的增加，而农村的污水和垃圾处理设施本身并不是很完善，大量增加的生活垃圾和污水无法得到有效处理，从而对农村的水体、土壤等造成巨大破坏；另一方面，由于农村距离城市较远，因此自驾出游是乡村旅游最为常见的一种方式，而这不仅造成当地交通拥堵，更造成了空气污染。此外，部分游客的不文明行为也是乡村生态环境遭到破坏的一个主要原因，例如随手乱扔垃圾等。

第二，乡村旅游造成当地物价上涨，不利于农村经济的发展。从理论上来说，作为农村的主人，农民是乡村旅游资源的提供者，也应当是乡村旅游发展的最大受益者。然而事实并非如此，对于很多农民而言，乡村旅游并没有给自己的生活带来太大的改变，原因在于以下两个方面：一方面，游客大量拥入乡村，所带来的直接后果就是乡村产品需求大于供给，如此一来农村的物价开始逐步上升，农民采购货物的成本也开始上涨，农民就不再是乡村旅游的最大受益者；另一方面，当一个地方成为乡村旅游的热点之后，必然会受到企业家的注意，大量资本的进入会造成农民毫无竞争优势，农民很难从乡村旅游中获得收益，久而久之，发展乡村旅游的热情就会下降，农村经济发展速度也会放缓。

第三，乡村旅游破坏了当地的农村文化，不利于农村经济的发展。乡村旅游在发展过程中，给当地的农村文化造成了巨大的冲击。城市孕育的强势文化强有力地影响着经济欠发达的乡村旅游地的弱势文化，极有可能会同化乡村的弱势文化。加之，受当前一些地区急功近利的经济发展模式的影响，部分地区同质发展严重，这极大地破坏了乡村淳朴的原始文化，不利于社会的经济发展。同时，随着旅游经济的发展，受商业利益驱动和人口流动的影响，一些不良现象进入农村，扭曲了乡村文化，致使农村发展中文化优势丧失，不利于农村的经济发展。

三、农村经济发展对乡村旅游的作用

1. 农村经济的发展为乡村旅游发展提供各种物质保障

良好的农村经济是乡村旅游发展的重要物质保障。纵观国内乡村旅游发展较好的地区，都位于东部经济较发达的区域，原因就在于这些地区的农村经济发展较好，拥有更多的资金来建设基础设施，加大宣传力度，满足游客的需求。反之，西部地区的农村虽然在文化上更有特色，但是由于交通不便、水电通信和公共医疗条件较差的缘故很难吸引游客，归根结底这些都是农村经济发展较为落后造成的。

2. 农村经济的发展促进了乡村旅游产品和服务的多样化

没有需求就没有供给，消费者的需求决定了产品的类型，在发展乡村旅游之前，农村的产品供给以生活产品为主，但是在乡村旅游发展之后，面对游客的多样化需求，农村的产品结构也在逐步地改变，娱乐性产品的数量与种类开始增多。例如，以往农村的产品供给多以蔬菜水果为主，但是为了吸引游客，袖珍大白菜、方形西瓜等产品被开发出来，这些都是农村产品多样化的直接体现。

第二节　国外乡村旅游发展经验

人类所从事的乡村旅游活动，具有悠久的历史，不仅发生在中世纪的城市居民那里，也发生在古代的城市居民那里，时间最早可以追溯到世界上第一座城市建立之日起。不过，当时的乡村旅游是一项以自发的、无组织、短距离、小规模为基本特征的古老而传统的乡村旅游活动。站在历史发展的高度去考察，对近代乡村旅游的产生和发展产生革命性影响的直接推动力当属18世纪发生在英国的第一次工业革命。

一、工业革命与乡村旅游

1. 工业革命对乡村旅游的影响

自 18 世纪工业革命以来，世界各国的社会经济结构发生了巨大变化，使得旅游活动无论是内容还是形式都发生了巨大改变，从而催生了乡村旅游。具体而言，工业革命对乡村旅游的影响主要体现在以下三个方面：

（1）工业革命为乡村旅游的兴起提供了社会限定因素的条件

所谓的社会限定因素指的就是发生旅游行为的社会必备因素。事实上，无论是乡村旅游还是其他旅游形式，要进行旅游活动必须具备两个基本条件，一个是游客要有一定的能够自由支配的购买能力，另一个则是游客要拥有一定的可支配时间，两者缺一不可。而工业革命的出现与发展恰好为人们提供了这些条件。一方面，工业革命所带来的一个直接影响就是社会生产力的大幅度提高，社会生产力的提高也意味着社会财富的增加，因此人们能够用于旅游的支出也在逐步增加，从而刺激了乡村旅游的兴起；另一方面，在资本主义生产方式下，人们为了改善自己的生活环境不断地与资本家进行斗争，经过激烈的斗争，人们获得了带薪休假的权利，如此一来人们拥有了可支配时间，能够进行旅游。总的来说，对于近现代旅游而言，工业革命所带来的影响集中体现为将以往只有少数群体能够享受的活动变成大众活动。

（2）工业革命对城市化所带来的影响

从某种意义上说，工业化进程其实也是城市化进程。在工业革命的影响下，不仅人口数量开始大幅度增加，同时人口也开始不断地向城市集中，城市人口的激增刺激了旅游市场需求的扩大。由于城市人口的人均收入远远高于农村地区，这就为旅游市场准备了庞大的客源群体。在人口大量增加的同时，许多国家都发生了大规模的人口迁移运动。由于城市里工业和服务业的兴起，农村地区大量的人口朝着城市不断迁移，因为只有城市才能提供足够的就业机会。正是由于大量农民向城市进军，才为以后乡村旅游的萌芽提供了社会基础。

（3）工业革命促使交通工具的变革

工业革命使得人们进入了蒸汽、电气时代，空间对人们的束缚力在不断地削弱，从而为近现代旅游的发展提供了条件。事实上，人类一直都有旅游的传统，在以往由于交通不便，人们只能是就近旅游，而自从工业革命之后，人们的旅游地点开始遍布世界。

2. 工业革命促使旅行游览观念进步

在 18 世纪以前，真正意义上的旅游和度假的观念是不存在的。因为这个时期的人们无论富人或穷人、地主或农民，都还被传统的农业耕作思想束缚，无法也不可能把生活分为工作和休闲两部分。18世纪中晚期以后，世界进入了近代工业革命时代，由于社会经济结构发生了根本性的变化，人们的观念也随之产生了很大的改变。而这种改变是基于两个重要的社会变动趋势：一是社会经济由简单的原始农业耕作经济走向近代化的大机器生产时代；二是建立在近代工业革命基础上，造成千百年来人们的工作就业之地与生养繁衍之地合二为一的传统形态开始出现了分离趋势。在这两种趋势的影响和调节下，近代旅游活动的兴起才有了认识基础。

工业革命和城市化过程，极大地改变了人们的生活环境和工作条件，使人们渐渐面对自然环境遭到破坏、城市污染和拥挤、生理和心理负担加重等严峻的社会现实问题。英国和美国都曾发生过严重的环境污染事件，因而给人们带来了极度的心理恐惧。人们为了避免因经济繁荣而对环境造成的破坏，从而影响生活质量，迫切需要改变生活方式，追求和向往自然恬静的生活环境。19世纪中叶，外出旅游度假之风由此兴起。

3. 工业革命促使新的旅游方式形成

社会经济的迅速发展、交通设施的不断完善、旅游费用的不断降低、旅游地点配套设施的逐步完善都使得旅游形式不断地改变。总的来说，旅游活动大多可以分为以下三种类型：

（1）观光旅游

观光旅游是一种十分常见的旅游形式。所谓观光旅游是指以欣赏自然与人文风光为主的旅游活动，例如人们到海滨、峡谷、农村、山区、江河湖泊等地方去欣赏优美的自然人文景观等。

（2）商务旅行

商务旅行基本上由两种形式构成：一是在当时出现了其财产不依附于土地的新兴债券持有者和金融中间人阶层，改善后的交通极大地方便了他们来往于国内，甚至海外地区。二是伴随着资本主义国家国内外贸易的发展，以采购原材料和推销产品为主的商务旅游活动开始盛行，而且成为人口流动中一支不可忽视的力量。由于社会经济的持续发展，商务旅行这种形式在当时占有相当重要的位置。

（3）度假旅游

新兴资产阶级是近代度假旅游的最早参与者。他们拥有大量的生产资料，既有金钱还有时间，度假活动对他们及其家属而言已经成为特定的社会消费需求。正是基于当时各种社会因素的改变，近代新兴资产阶级把前往农村、矿泉浴场、海滨胜地等地方度假当作一种几乎固定的生活方式。因此，从19世纪中叶以后出现的旅游方式中可以得出这样的结论：当时已经产生了乡村旅游，当时的乡村旅游主要是观光型、商务型和度假型三种形式。

二、国外乡村旅游的发展特点

1. 乡村旅游在欧洲的发展

（1）意大利

意大利是世界上发展乡村旅游较早的国家。早在19世纪，意大利的乡村旅游产业就已经形成规模，朝着规范化的方向发展。1865年，意大利成立了"农业与旅游全国协会"，该组织的主要职责就是促进当地的乡村旅游发展，其日常工作以向人们介绍乡村生活的趣味，鼓励人们主动参与农业活动，为人们提供骑马、钓鱼、采摘、品尝等指导为主。"农业与旅游全国协会"的成立是意大利乡村旅游发展走上科学化、规范化道路的开端。

目前意大利比较成熟的乡村旅游项目主要有农场度假、农场观光、乡村户外运动、乡村美食旅游等。手工制作、古文化体验、乡村节日之旅、乡村美食、骑马等都是很受欢迎的项目。

与其他国家相比，意大利的乡村旅游发展主要具有以下四个特点：

①乡村旅游规划十分科学。意大利乡村旅游并不是独立发展的，而是全国统一的，根据不同的旅游资源来规划旅游专题线路，保证了游客能够最大限度地享受到乡村旅游的乐趣。

②成立专门的旅游协会如"农业与旅游全国协会"等是意大利乡村旅游的另一大特色。

③乡村旅游是农业部门而不是旅游部门的职责，农业部门承担着对乡村旅游进行资助、管理、引导的责任。

④政府在乡村旅游发展中发挥着极大的作用，而不是单纯地依靠市场经济来发展乡村旅游。

（2）西班牙

与欧洲其他国家相比，西班牙的乡村旅游起步相对较晚。但是在政府的资助下，目前乡村旅游已经成为西班牙最主要的旅游形式之一。

西班牙乡村旅游可以追溯到将废弃的城堡改建，然后开展旅游活动，但是这种旅游活动严格意义上说并不属于乡村旅游。西班牙真正地发展乡村旅游是在20世纪60年代，为了迅速发展乡村旅游，政府主动出资修建了大量的乡村旅游社区来为游客提供服务，截至20世纪末期，西班牙的乡村旅游已经初步形成规模。目前西班牙的乡村旅游项目主要有房屋出租、别墅出租、乡村观光、骑马、登山、漂流等。西班牙85%的城市居民都有在周末自驾到农村休闲的习惯。

与其他国家相比，西班牙乡村旅游主要具有以下三个特点：

①西班牙乡村旅游十分重视主客之间的交流和农村生活的体验。游客在进行乡村旅游时衣、食、住、行与农村居民并无区别，通过与主人共同生活来加强乡村旅游的体验感。

②西班牙乡村旅游是单一与灵活性的结合，单一指的是乡村旅游多以农场为主，灵活性则指的是在农场中可以根据游客的需求开展各种旅游项目。

③西班牙乡村旅游十分重视传统习俗的渗透，这也是其对国际游客有着强大吸引力的主要原因。

（3）法国

法国乡村旅游起步于 1998 年"农业及旅游接待服务处"的成立，该部门的成立标志着乡村旅游逐渐受到政府的重视。之后，"农业及旅游接待服务处"联合其他社会团体建立了"欢迎莅临农场"的组织网络，邀请全国的农民加入，从而使得法国乡村旅游摆脱了以往"单打独斗"的局面，真正形成一个整体。

法国的乡村旅游项目包括农场客栈、农产品市场、点心农场、骑马农场、探索农场、狩猎农场、露营农场等，形式十分多样。

法国的乡村旅游别具一格，具有以下四个特点：

①不同于其他国家在一个农场内开展多个乡村旅游项目，法国的乡村旅游项目明显地更具有专一性，例如狩猎农场只提供基本的住宿和餐饮服务，以打猎为主等。

②为了促进乡村旅游的发展，法国政府专门出版了相关的宣传手册，这在世界范围是不多见的。

③法国乡村旅游农场的建设是统一规划的。20 世纪末期，法国推出了"农庄旅游"计划，帮助 1.6 万户农民建立了家庭旅馆。

④法国乡村旅游实施本地化策略，即政府鼓励当地居民积极参与到乡村旅游中，并提供相应的指导服务，其他组织进入本地乡村旅游项目的难度较高，从而保证了本地居民能够从乡村旅游中获得最大收益。

2. 乡村旅游在北美的发展

（1）美国

美国有着悠久的乡村旅游传统，根据美国旅行行业协会 2001 年对 1300 位乡村旅游者的抽样调查表明：亲近自然的乡村旅游最受旅游者青睐。第二次世界大战以后，乡村旅游成为中产阶级生活的一部分，假期经常在城边不贵的乡村食宿接待设施和私人农场中度过，旅游食宿设施的形式一般是乡村旅馆和农场上的私人闲置房间。

在美国，乡村游主要包括农业旅游、森林旅游、民俗旅游、牧场旅游、渔村旅游和水乡旅游等。美国乡村旅游的主要类型有观光农场、农场度假和家庭旅馆等。观光休闲农场是集观光旅游和科普知识于一身的农场；家庭旅馆代表了一个 50 亿美元的产业，主要分为乡村家庭旅馆和城市家庭旅馆。20世纪60年代末期，这两种形式的家庭旅馆在美国都很盛行，尤其是80年代后，得到了迅速的发展。外出用餐、购物、自然旅游、游览古迹、划船、打猎、骑马、骑自行车、登山、节庆活动都是美国游客喜爱的乡村旅游活动。

美国的乡村旅游具有以下七个特点：

①减少中间环节，提高经济效益。美国夏威夷2000年全州有5500座农场从事农业旅游，全州农业旅游产值中有1/3来自农产品的直接销售。

②举办乡村旅游巡回展览和专题研讨会议，向全国的农牧业生产者提供乡村旅游知识培训，鼓励所有农牧业生产者加盟协会和组织。

③政府在资金和政策上给予大力扶持，向从事乡村旅游的个人和团体提供优惠贷款和补贴，提高经营水平和抗风险能力，同时也制定了严格的管理法规。

④发挥非营利性组织的作用。1992年美国正式出台关于乡村旅游与小商业发展的国家政策，并建立非营利行业组织——国家乡村旅游基金，从事项目规划、募集、发放资助、提供宣传。

⑤切合实际，更多地瞄准国内市场，特别是周边城市的居民。乡村游的发展主要是靠国内居民，特别是周边城市的居民所带动的。美国在选择乡村旅游目标市场上着重打好"本地牌"。

⑥注意突出地方特色，在市场定位和宣传上从本地资源特色和文化历史中挖掘题材，突出与众不同的"卖点"。

⑦通过节会营销，树立本地乡村旅游品牌，进一步拓展乡村旅游市场。

（2）加拿大

加拿大是世界上第一个推出现代意义上乡村旅游的国家。虽然其他国家早有乡村旅游项目，但是受时代的限制，他们的乡村旅游与传统的旅游并没有太大的区别，而加拿大则是第一个实现乡村旅游从传统向现代转变的国家。1991年，加拿大一位名叫南思·史尔斯的人第一次提出了现代意义上乡村旅游的概念并将其落实。在南思·史尔斯家乡新不伦瑞克省的圣马丁村的门前就是一片美丽的景色。这个小村只有450个人，坐落在小路的尽头。隔在村子和芬迪国家公园之间的土地是加拿大东部仅存的一段原始海滨，长有300米，有景色令人叹为观止的峡湾，也有世界上最高的海潮，以及戏水的海豚。1991年，一位朋友在圣马丁村开了一家乡村客栈，邀请史尔斯担任向导。从那时起，这位3个孩子的母亲便将兴趣融于工作，兴致勃勃地干了起来。渐渐地，她建立起了一家生意兴隆的公司，专门带游客（大部分来自美国和英国）参观她自己家的"后院"。她的公司力推荒野行、研究动植物、观鸟之旅，每次为期5—17天，参加者在途中可欣赏到壮美的风景，了解当地的人文历史、地质、动植物的分布状况。

许多游客都是精力充沛的人，喜欢接受考验。美食之旅也是加拿大乡村旅游的突破点，加拿大的旅行社根据游客的需要，将美食设计到乡村旅游中。除品尝地道的乡村美食外，还组织游客寻找美食的材料来源。加拿大各省区独特的土壤结构、水源、海洋潮汐、天气状况、气候冷暖和传统及现代化的耕作方法等，产出多种多样的当地特产，提供各具特色的美食材料。美食与乡村之旅的结合丰富了乡村旅游的文化内涵。如英属哥伦比亚省、安大略省和魁北克省的"地区美酒之路"、魁省的"果汁之路"等。除了乡村美味外，其他的旅游活动项目包括乡村农业文化、乡村农业展览、乡村传统节庆活动、主题农业之旅、在农场或牧场住宿或参加骑牛比赛等。味觉、视觉、亲身感觉，如此全方位接触的乡土风味是大都市所不能比拟的。

加拿大的乡村旅游具体有以下四个特点：

①合理规划，规范管理。美国与加拿大的乡村旅游之所以能够取得巨大的成功，为当地经济的发展做出巨大的贡献，与这两个国家在乡村旅游发展初期就进行合理的规划有着十分密切的联系，集中体现在加拿大和美国政府主动将旅游权力下放到地方政府，以此来保证地方政府能够根据本地区的实际情况来开展旅游项目。因此，纵观加拿大和美国的乡村旅游，我们可以发现其一个主要特点就是乡村旅游基本上不存在千篇一律的现象，这与当地政府挖掘本地的经济文化特点有着密不可分的联系。

②社区居民积极参与。作为乡村旅游的主体，农民的参与积极性对乡村旅游的发展有着十分重要的影响。加拿大乡村旅游迅速发展成为现代乡村旅游的一个代表，与当地居民的支持有着密切关系，在开展乡村旅游项目之初，当地政府就采用多种方式来进行宣传，使得当地居民切实了解到发展乡村旅游的利弊，在经过仔细思考之后，大部分居民对于乡村旅游都是持肯定态度的，其积极性自然较高。例如，加拿大的梅森波特利地区的居民就非常支持当地乡村旅游事业的发展。他们为游客提供当地独特的自然文化资源，并通过开设旅馆、饭店、手工艺品店，开辟露营地以及提供运动设施等来支持、促进旅游业的发展。

③游客具有较强的生态环境保护意识。游客的生态保护意识较强是加拿大乡村旅游的另一大特色，大量游客的涌入必然会对农村地区的生态环境造成一定的破坏，而这种现象在加拿大基本上不存在，这与游客的生态保护意识有着密切的联系。例如，在加拿大，游客为了不破坏生态环境，让其他人也能够享受到大自然的恩赐，在旅游时都会主动带着垃圾袋，真正做到了"留下的只有脚印"，甚至部分游客主动捐钱捐物来帮助当地维护生态环境。

④重视乡村生态环境的可持续发展。一般来说，旅游区的生态环境都较为脆弱，对于环境变化是十分敏感的，因此很多旅游地的生态环境极易遭到破坏，加拿大的生态环境也不例外，加拿大之所以在发展乡村旅游之后，生态环境仍旧保持不变，原因

在于当地政府重视乡村生态环境的可持续发展，不采取"杀鸡取卵"的方式。对于部分旅游景点，加拿大给予了极大的限制，在不列颠哥伦比亚省瓜依哈那斯国家公园游客不论进入哪一个景点，每次的人数不得超过 12 人。在温哥华岛，任何人如果想去太平洋海岸的"西岸小径"漫游，必须在 3 个月前进行登记。

3. 乡村旅游在亚洲的发展

（1）日本

日本的乡村旅游创始于 20 世纪 70 年代，近些年得到大规模发展。日本借鉴法国、丹麦、德国等欧洲国家的先进经验，1991 年制定了《市民农园整备促进法》，大型农园的规模较大、设施较齐全。

日本的乡村旅游主要类型有观光农园、市民农园、农业公园、乡村休养、交流体验等，主要的活动有农业观光、农事参与、乡村度假、参观学习、品尝购物等。

与欧美国家相比，日本的乡村旅游主要具有以下三个特点：

①日本乡村旅游不存在农产品交易市场，而是采取直接销售的方式，即农民直接将农产品销售给游客，不经过市场，如此一来乡村旅游对当地经济的带动作用就得到了极大提高。

②日本效仿意大利等国家成立了专门的协会，这对于乡村旅游管理与服务水平的提高有着极大的好处。

③日本效仿西班牙十分重视乡村旅游的参与性，每一名游客在旅游中所享受的待遇与当地居民并无区别，从而加深了游客的体验感。

（2）韩国

韩国的乡村旅游是随着大规模的经济开发产生和发展起来的。韩国自 20 世纪 60 年代起经济开始腾飞，由农业国逐渐变为中等发达国家，实现了城市化。截止到 2019 年 1 月，韩国约 5 100 万总人口中，90% 以上的人住在城市，农渔业人口不足 10%。四通八达的交通网为韩国发展乡村旅游提供了便利条件。乡村旅游收入在韩国国内旅游收入中所占比重已达 9.40%。韩国乡村旅游内容十分丰富，如海滩、山泉、小溪、人参、瓜果、民俗等都成为乡村旅游的主题。韩国各地有约 800 个与乡村旅游有关的民俗节，如"蝴蝶节""泡菜节""人参节""鱼子酱节""拔河节""漂流节""钓鱼节"等，并且都具有鲜明的乡土特色。"主题列车活动"让游客坐车行到哪里，看到哪里，吃到哪里。"韩式美食旅行"让游客前往农村品尝颇具特色的韩式套餐。"茶园旅行"让游客到茶园采茶。"周末农场"适应双休日的特点，供城市游客携一家老小去耕作和收获，体验劳动的艰辛和乐趣。"绿色农村体验村庄"项目是将自然生态、旅游、信息化和农业培训结合起来的高端乡村旅游。

韩国的乡村旅游具有以下三个特点：

①乡村旅游活动项目十分丰富并且地方特色突出。在开展乡村旅游时，韩国充分发挥了地方特色，每一个小的特点都能够成为一个独立的旅游项目，从而使得乡村旅游项目十分丰富。

②重视节庆活动是韩国乡村旅游的另一大特点，可以说每一个节日都是旅游的高峰期，韩国各地有800多个与乡村旅游相关的节日活动，从而提高了对世界游客的吸引力。

③对农民开设的家庭旅馆给予支持。为了让农民与渔民能够从乡村旅游中获益，韩国对于农民开设的家庭旅馆给予了极大的支持，例如规定每户农民开设的家庭旅游最多拥有七间房间不用交税等。同时，韩国也成立了"民泊协会"来协调农民与政府、游客之间的关系。

第三节　乡村旅游发展存在的问题及制约因素

一、乡村旅游发展存在的问题

（一）乡村城市化

20世纪50年代，美国经济学家刘易斯提出"二元经济理论"的概念，他将一个国家的经济分为以现代工业部门为代表的资本主义部门和以传统农业为代表的非资本主义部门两种类型，其中非资本主义部门的最大特点就是剩余劳动力过多，如此一来当资本主义部门扩张时，非资本主义部门的劳动力将会逐步地转移到资本主义部门中，经济的发展是以资本主义部门为依托的，因此非资本主义部门的首要职责是为资本主义部门的发展提供丰富而廉价的劳动力。从刘易斯的观点可以看出，城市经济的扩张是转移农村剩余劳动力的主要途径，是实现二元经济转换的重要手段，这也是当前许多国外学者将中国的城市化进程与美国的高科技研发作为影响人类21世纪发展两大关键要素的一个主要原因。而从国内社会经济发展的角度来看，新型城镇化建设已经成为社会主义新农村建设的主要着眼点，成为城市经济发展的重要推动力，而乡村旅游的发展则是乡村城市化的一个催化剂。然而，乡村城市化固然是农村社会经济不断发展的重要产物，但是对于乡村旅游的发展而言，乡村城市化却有着极大的弊端。这种弊端主要体现在以下三个方面：

第一，乡村城市化对乡村的自然景观与人文环境有着极大的影响。从理论上来说，乡村城市化并不是简单地将乡村转变为城市，而是要不断地提高乡村居民的生活质量，使之向城市居民靠拢。但是国内当前对乡村城市化的认识明显集中在将乡村转变为城市上，而在转变过程中，乡村的居住环境、居住文化、环境文化等必然会随之发生变化，这种变化可能是良性的，有利于乡村居民的生活质量提高，但也有可能是劣性的，例如乡村生活的特色正在逐步消失，成为与城市一样的生活方式。总的来说，在乡村城市化进程中，乡村的自然景观与人文环境正在面临着历史性的变革，部分有特色、有价值的乡村景观随着乡村城市化进程逐步消失，但是一些新型的乡村景观也在逐步地产生。对于乡村旅游的创新发展而言，乡村景观与环境的变化所带来的影响也是不确定的，它可能会造成乡村旅游失去特色，旅游经济发展速度逐渐放缓，但也有可能创造出新的旅游景点，推动乡村旅游的进一步发展。

第二，乡村城市化深刻影响着传统乡村的耕地状况与生态环境。在乡村城市化特别是城镇化的发展过程中，土地的供需及利用矛盾也变得更加尖锐。城镇化过程中土地问题的焦点是建设用地与保护耕地之间的矛盾，其实质是吃饭与建设、发展与保护的矛盾。土地作为一种稀缺而宝贵的自然资源和不可替代的重要资产，它的合理利用和配置直接关系到社会经济的可持续发展。我国城市化水平快速提高，城市建成区面积扩大，耕地面积减少，耕地面积减少的同时，耕地质量也在日益下降，农村的环境不断恶化。大量优质耕地被征用开发为工业或建筑用地，人均耕地递减，逼近耕地警戒极限，并危及粮食安全，迫使农民过度开发利用耕地，加大耕地利用强度，扩大开垦劣质耕地；又导致大量林地、水面、绿地等非耕地转为耕地，使林地、草地、水面数量急剧减少，林、草产品数量日益下降。这些问题致使土地利用结构和空间布局不合理，必然会严重破坏生态平衡，造成土地退化、水土流失、环境恶化。这必将危及农业生产的土地基础，直接影响到新农村建设中生产发展的目标和要求的实现。

第三，农村城市化深刻影响着传统农村的农业结构、农民的生存状态与文化观念。在城市化进程中，大量剩余劳动力进城务工，而这些农民工素质不高、文化水平低，加上二元户籍制度和身份制度的影响，农民工处于非正规劳动力市场的队伍里，在城市无法找到满意的工作，他们的居住环境、生活水平、子女就学、医疗条件、文化生活都不能和城市居民相比，流入城市的农村人口成为城市社会底层群体，农民难以完全市民化，城市内部出现新二元结构。人口城乡迁移"门槛"和二元户籍制度使得多数农民不愿放弃作为生存之本的小块土地的经营权。这就使得农村的"兼业"现象严重，他们守着"进有致富之路，退有善生之本"的重土安乡念头，形成了"离土不离乡，进厂不进城"的局面。农民工成为"两栖"劳力，在家只种"应付田"，不肯在土地上下功夫和增加物化劳动投入，造成了农业粗放兼业甚至出现农田抛荒现象，浪费了宝贵的土地资源。城市新二元结构与"两栖"劳力的严酷现实，促使越来越多的农民寄希望于新农村建设，成为"生产发展、生活宽裕、乡风文明、村容整洁、管理民主"的新家园的真正主人。在这种情况下，必须在稳定发展粮食生产的基础上，积极推进农业结构调整。按照高产、优质、高效、生态、安全的要求，调整优化农业结构。而发展乡村旅游正是新农村建设中优化农业结构、发展农副业生产的有效手段，也是乡民构筑乡村田园理想的契机，关键是怎样构建具有传统乡村性特色的现代的自然和人文乡村景观。

（二）乡风商业化

自中华人民共和国成立以来，社会主义改造、经济体制改革和新农村建设背景下乡村旅游的兴起使得乡村的民俗文化逐步地发生了巨大的变化。正如乌丙安先生认为的："民俗文化艺术的人为传播和获取经济收益结合在一起，使民俗文化急剧变迁中的民俗文艺也呈现出两重性格和两种形态。"这两种形态一种是民俗文化的原始形态，它是乡村的最本质文化特征的表现，是乡村居民在历史中锤炼出的与乡村生活最适合的文化形态，是乡村精神文化建设取之不竭的文化资源。还有一种则是在乡村社会经济发展中的民俗文化再生形态，或者说是为了适应乡村社会经济的发展而对原始民俗文化的一种改造，它的出现与市场经济和乡村旅游有着十分密切的联系。从某种意义上说，这种文化形态已经不再属于乡村民俗文化，而是打着民俗文化的幌子的一种经济文化。满足游客的文化艺术欣赏，进而获取相应的经济效益是这种民俗文化诞生的基本目标，也就是说，无论这种民俗文化是否适合乡村的社会经济现状，只要它能够为居民带来足够的收入，那么对原始的民俗文化进行篡改也并不是不能接受的。在乡村旅游中，这种民俗文化常常表现为民风不古、民俗扭曲等。

民俗是构建社会主义和谐社会的重要力量，而民风不古也是构建和谐社会的一种重要阻碍，在市场经济确立的过程中，五彩缤纷的民俗逐步地被市场经济理念冲垮，享乐主义、功利主义逐步地取代传统的民俗文化。但是乡村旅游的迅速发展使得民俗文化再次焕发和升级，游客对民俗文化的好奇使得很多民俗文化得到了保护与发展，从表面来看这对于民俗文化的保护与发展是极为有利的。但实际上，乡村旅游从本质上说属于市场经济的产物，民俗文化虽然因乡村旅游的兴起得到了重视，但是更因乡村旅游这一市场经济表现受到了极大的戕害，表现为民俗文化的伪造、破坏和同化。

在乡村旅游中，民俗文化不再是乡村居民的精神食粮，而是成为一种商品，是近年来旅游部门和旅游科研者主动参与扶贫工作的一个重要创举，很多省市区都在积极开放当地的民俗文化来吸引国内外的游客，丽江、西双版纳、九寨沟、张家界等原本相对贫困的地区都因民俗文化的宣传而逐步地脱贫致富，可以说民俗文化成为乡村经济发展的一个重要资源。例如，广西龙脊地区在开发乡村旅游时就利用当地的瑶族、壮族在过牛魂节时需要蒸五色糯米饭和黑色糯米饭的特点来开发旅游产品，这种食品不仅新颖，而且具有一定的药用价值，对游客有着极大的吸引力，该地区政府和居民就利用这一特点来增加游客的体验感，之后更是重新尝试竹筒饭的做法，逐步形成完善的民族风味餐。由此可见，乡村旅游的发展对于乡村地区运用现有的民俗文化和挖掘早已摒弃的民俗文化有着极大的意义。

但是在发展乡村旅游中，也不乏对民俗文化胡乱篡改，将民俗文化作为摇钱树，导致民俗文化受到极大戕害的问题。例如，在乡村旅游中，乡村饮食一直以来都是游客关注的一个重点，在游客看来，乡村的饮食或许粗糙，但是却更为天然，有利于养生，由此出现了很多地方打着"乡村野菜"的名号来吸引那些追求养生的游客。再比如，部分风景区出租的民族服装也是一种欺骗，无论哪个民族在形成自己的民族服装时都需要紧密结合自身的民族文化特点，但是从部分景区所谓的"民族服装"就可以看出这些服装纯属胡乱编造，如土家族的女装原本色彩淡雅，以深蓝色为主色调，而出租的服饰却是大红大绿；男装甚至还炮制出了一顶帽子，帽子上安上了艳丽的野鸡毛，完全失去了土家民族服装的特色。再如传统的民间习俗和节日庆典，为迎合旅游者的需要被压缩、删改，成为随时可以搬上"舞台"的表演，而不再按传统规定的时间、地点举行。或者经过生搬硬套、随意拼凑而形成所谓神秘民俗，例如在西南地区某些景点，在门前或广场一角立两根或若干根所谓"图腾柱"，乍看起来高大、神秘，深入研究一下，完全没有价值，无非是把西南民族的傩面具搬来，随意拼凑而成，与图腾柱离题千里。

一些民俗婚礼表演以参与为名，让游人与穿着民族服装的女性从业人员举行"婚礼"，任何一位男性游人都可以扮成"新郎"，与职业"新娘"进行一系列的婚礼活动。在预先不告知的情况下，要付出49元的礼金给"岳父岳母"，给"新娘"付50元的小费，若有过多的亲昵动作和言语，还得给"新娘"付"翻脸钱"。这一切在游人当中造成了非常不好的印象，导致旅游目的地传统价值观退化。

民俗文化属于乡村旅游"软"资源，在乡村旅游发展中被逐步破坏，无独有偶，部分乡村的旅游硬件也逐步遭到破坏，例如山西平遥的古建筑在成为旅游热点之后建筑群体受到了极大的破坏等。此外，部分地区甚至出现了扭曲和丑化当地民俗文化真正含义的做法。值得注意的是，旅游是一种持续性行为，乡村居民与游客的接触是长期的，因此在乡村旅游的发展中，很多乡村居民的思想观念也逐渐地发生了变化，原本淳朴的乡风开始消失，取而代之的是各种经济意识，在商业化道路上越走越远。

民俗商业化改变了民俗的要素，民俗的作用发生了根本性质的变化，民俗中的一部分经过异文化群体的利益选择，被物质化和商业化，成为一种失去灵气的品牌产品或概念。传统民俗的泛商业化倾向，将会败坏中国几千年流传下来的民俗文化精神内涵，原汁原味的独特文化一旦丢失，将贻害无穷。如果作为旅游资源的民俗文化被破坏，可持续旅游、创新发展就根本谈不上了。保护民俗文化，实际上就是保护一部分旅游资源，使之长久地延续下去。

（三）乡民边缘化

1. 城市新二元结构与"两栖"劳力——被城市边缘化

城市新二元结构与"两栖"劳力的形成，是当代农民被城市边缘化的表现，中国太多的农村劳动力即使在这样迅速的城市化进程中也不可能被正常吸纳。乡村旅游的发展则可以将一部分剩余劳动力利用起来，但这些剩余劳动力仍然要面对提高文化素质的要求。而且随着农业现代化水平的提高，更多的农业劳动力解放出来，乡村旅游也消化不了愈来愈多的剩余劳动力，调整产业结构，大力发展农副产品深加工还是一个重要的出路。

2. 旅游为他人——被旅游边缘化

很多人将乡村旅游视为解决农村剩余劳动力过多问题的主要途径，理论上来说也确实如此。但事实上，乡村居民在乡村旅游中被旅游边缘化的现象是十分明显的。原因在于以下两个方面：一是乡村旅游属于第三产业服务业，从这个角度来说从事乡村旅游需要较高的综合素质，而乡村居民的综合素质较之城市居民普遍较低，这种情况下如果一个地区的乡村旅游得到迅速发展，那么必将会吸引大量的外来工作者，如此乡村居民除了属于本地居民这一优势之外，毫无竞争优势可言，这个时候乡村的剩余劳动力问题并没有得到根本的解决；二是乡村旅游迅速发展，但是乡村居民却很难享受到旅游所带来的收益，在乡村旅游中，一切最好的衣、食、住、行等设施都是为游客服务的，乡村居民只能从中获得一定的经济收益，但是这些经济收益在物价不断上涨的乡村给乡村居民带来的改变是极为有限的，乡村居民被旅游边缘化也在所难免。

3. 主人翁地位的失落——被现代边缘化

作为乡村旅游资源的主要持有者，乡村居民理应是乡村旅游的主体，但是在乡村旅游发展中，这种主体地位却逐渐边缘化，主要表现在以下两个方面：一是作为农村土地的所有者，乡村居民却无法正常地对土地资源进行开发利用。虽然很多农户通过开设农家乐等在乡村旅游中获得了一定的收益，但是纵观乡村旅游中的旅行社、饭店等就可以发现这些大多数是由城市人投资的，他们从乡村旅游中分走了大部分的利益，原因就在于乡村居民缺少足够的开发资金，能够用于旅游资源开发的资本十分有限；二是乡村旅游中所需要的大量工业产品并没有给农村经济带来发展，食物、饮料、手工艺品很多都是从外界运输进来的，农村居民在其中只是一个销售者，能够享受的收益并不是很多，也就是说，在很长一段时间内，手工业和农业给当地居民带来的收入是十分有限的，反而因乡村旅游的发展，农村的种植业产量在不断地下降。而导致这些问题产生的根本原因就是乡村与现代社会的脱节。

4. 乡民异化

在很多人眼中，乡村生活应当是一种静谧和谐、忙闲有致、自得其乐的生活方式，但是随着乡村旅游的迅速发展，一方面，农村的游客在不断增加，大量的商品与服务需求使得农村居民不得不从之前悠闲的生活中走出来，为游客提供服务，生活逐渐地忙碌起来，看似富裕的生活背后隐藏的却是悠闲和谐生活环境的消失，乡村居民也逐渐成为"城市居民"；另一方面，随着乡村旅游而来的是市场经济思想，功利主义开始在乡村兴起，传统的道德信仰与淳朴的民俗文化开始逐步地消失，乡村居民的幸福指数开始下降。

（四）产品低层次化

从当前我国乡村旅游发展的整体现状来看，我国的乡村旅游仍旧处于初级阶段，主要表现在以下四个方面：

第一，旅游形式的低层次化。目前我国的乡村旅游仍旧以乡村田园观光为主，以农家乐餐饮、棋牌等为主，且这些产品的开发并不是统一规划的，而是以农户家庭为单位，能够真正融入地方文化、民族文化的乡村旅游产品十分有限。对比国外多样化的乡村旅游产品，就可以发现，当前我国的乡村旅游产品十分匮乏，乡村旅游资源并没有得到充分的挖掘。

第二，乡村旅游活动内容单调重复。纵观国内当前的乡村旅游活动内容，可以发现，农家乐几乎占据了绝对的比例，而考虑到农家乐这一旅游活动的诞生时间，更可以发现，我国乡村旅游活动内容的更新速度极为缓慢，这就使得我国乡村旅游对游客的吸引力不断下降。

第三，乡村旅游的季节性与客源受到的约束极大。很多地方的乡村旅游季节性极强，例如以油菜这种经济作物为主题的乡村只有在油菜花盛开时才能够吸引到大量的游客，一些生态采摘园一年更是只能进行一次乡村旅游，如此一来就造成了乡村旅游资源的极大浪费。而在游客上，可以发现由于乡村旅游缺少统一的规划，规模小、分布散、规划乱、项目重复等现象使得乡村旅游的客源以国内游客为主，能够接待的国际游客十分有限。

第四，从管理服务上，乡村旅游目前仅能够满足游客的衣、食、住、行等基本需求，离实现舒适、愉快的旅游还有一定的距离。

此外，值得注意的是，很多地方发展乡村旅游的主要目的是为了解决农村的贫困问题，也因此出现了部分地方政府为了开发旅游资源而违背市场发展规律，盲目地修建乡村旅游项目，不仅对当地的乡村旅游资源造成了极大的破坏，同时也无法实现乡村旅游的健康可持续发展。

（五）区域发展不平衡

从国家旅游局公布的相关数据来看，当前我国已经形成一定规模的乡村旅游景点主要集中在城市近郊地区、城乡接合部和一些交通较为便利的地区，全国的乡村旅游区域发展极不平衡，集中表现为东部乡村旅游发展速度较快，中西部地区则较为缓慢。导致这一现象产生的主要原因是各地的经济发展水平不同。乡村旅游产生与发展的一个重要前提就是城市经济迅速发展，城市居民拥有更多的时间与金钱来进行旅游，而东部地区的经济发展速度一直位居全国前列，因此居民的收入更高，能够用于乡村旅游的时间也就更多。而中西部地区则由于城市经济发展速度较慢，因此城市居民的旅游积极性也较弱。此外，值得注意的是，交通也是限制乡村旅游发展的一个重要原因，中西部地区如新疆、西藏等地区乡村旅游无法得到发展与当地不便的交通有着十分密切的联系。

二、乡村旅游发展的制约因素

在乡村旅游地的发展演变中，由于影响乡村旅游地发展的动力因素不同，乡村旅游地的发展将产生不同的结果。一些旅游地通过大力开发迅速进入高速发展期，但是短时间内很可能迅速进入衰落阶段，如民族村和世界之窗等主题公园类型。一些旅游地景观价值很高，但由于当地交通条件较差和旅游设施落后，旅游地的发展停留在最初阶段，如云南怒江州独龙江等自然资源类型。一些旅游地有着相同的景观价值和相同的外在影响因素，但由于旅游地发展规划不同，管理水平和服务水平不同，乡村旅游地的发展结果也不同。在旅游地发展的不同阶段，影响旅游地发展的动力因素是不同的。在旅游地发展的最初阶段，区位条件、旅游资源特色和交通条件等影响因素更为重要，而在旅游地发展的较高阶段，管理水平、营销策略和后续开发潜力等动力因素具有更为关键性的作用。

（一）市场区位条件

市场区位条件大致可以分为交通区位和环境区位两种类型。其中，交通区位指的是乡村旅游景点与游客或者潜在游客之间的距离以及交通便利情况；环境区位主要指的是旅游景点的自然人文景观。

对于乡村旅游而言，市场区位是一个十分重要的因素。综观国内发展较好的乡村旅游景点，可以发现大多都是市场区位条件较为良好的地区。反之，如果市场区位条件较差，那么乡村旅游就无法保证拥有稳定的游客群体，如此乡村旅游也就无法得到发展。以北京香山地区为例，香山地区的人文景观与自然景观其实质量较为一般，但是该地区的乡村旅游发展却极为迅速，原因就在于该地区以北京市为依托，市场区位条件较好，北京市庞大的消费群体是该地区的主要客源。再比如西南少数民族地区，这些地区无论是自然景观还是人文资源都十分丰富，但是乡村旅游发展却极为缓慢，原因就在于一方面没有稳定的客源，另一方面则是交通不便。

（二）旅游资源条件

旅游资源是指对旅游者具有吸引力的自然存在和历史文化遗产，以及直接用于旅游目的的人工创造物，可以是有具体形态的物质实体，也可以是没有具体物质形态的文化因素。旅游资源是构成旅游吸引物的主要内容，是旅游地吸引旅游者的重要因素，也是促进旅游发展的必要条件。旅游资源的性质和旅游资源的价值决定旅游地的吸引力和旅游活动行为的层次。

在短期内，虽然旅游景点市场区位条件对乡村旅游的发展有着巨大的影响，但是从长期的效益来看，决定乡村旅游发展前景的却是旅游资源条件。一般来说，乡村旅游资源越具有独特性，对游客的吸引力也就越大，乡村旅游的发展潜力也就越大。例如，部分具有浓厚人文底蕴和秀丽自然景观的乡村旅游景点对国内外的游客吸引力都极大，因此这些乡村旅游景点长盛不衰。反之，部分地区由于缺少具有特色的产品，有意地仿造一些庙、殿来吸引游客，但是由于缺少足够的文化底蕴，这些乡村旅游景点很快就失去了生命力。就乡村旅游地旅游资源的效益功能而言，乡村旅游地旅游资源的效益功能影响着其生命周期，乡村旅游地旅游资源的经济、社会和生态效益越好，乡村旅游地的生命周期就越长。从供需角度看，乡村旅游地旅游资源的吸引力因素实际是供给因素，决定着旅游产品的生产者和经营者，也就是说，乡村旅游地旅游资源的吸引力因素直接影响着旅游者的需求，影响着乡村旅游地的生命周期。

（三）旅游环境质量

旅游地的环境质量是乡村旅游地发展旅游的重要条件。从不同视角进行研究，旅游环境的概念也不同。以旅游者为中心的研究视角，可以将旅游环境定义为，旅游环境是以旅游者为中心，使旅游活动得以存在和发展的各种旅游目的地的自然、社会和人文等外部条件的总和。以旅游资源为中心的研究视角，可以将旅游环境定义为，旅游环境是以旅游资源为中心，围绕在旅游资源周围的自然生态和人文社会等各种因素的总和。

旅游环境是一个综合性概念，根据不同的分类标准，有不同的类型。以区域作为指标可以将旅游环境分为森林旅游环境、滨海旅游环境、乡村旅游环境、城市旅游环境等类型；以资源的性质作为指标可以将旅游环境细分为自然旅游环境、人工旅游环境和半自然旅游环境三种；以空间为指标可以将旅游环境分为旅游客源地环境、旅游目的地环境和旅游行程环境三种。单从乡村旅游环境的角度来说，本书主要是从旅游社会环境和旅游自然环境两个角度进行分析。其中，旅游社会环境主要指的是旅游地的基础设施、社会经济、人文氛围等；旅游自然环境主要指的是旅游地的自然气候、地理环境等。

如果说旅游资源的丰富与否决定了乡村旅游的未来发展前景，那么旅游环境则决定了乡村旅游的起点。一般来说，旅游环境越好的地区在乡村旅游发展初期对游客的吸引力越大。例如，我国西北地区的旅游资源十分丰富，沙漠、戈壁、雅丹地貌等都是十分优秀的旅游资源，但是西北地区的乡村旅游却始终无法得到发展，根本原因就在于旅游环境较差使得游客对这些旅游资源敬而远之。好的开始是成功的一半，而旅游环境则决定了乡村旅游能否有一个好的起点。

（四）旅游地居民态度

旅游地居民态度是指旅游目的地居民对当地旅游业发展所持的观点和看法。旅游地居民态度对于乡村旅游发展具有重要意义，有益于和谐旅游氛围的建构，有益于旅游者满意的旅游体验，有益于旅游目的地良好形象的建立。旅游目的地居民态度分为积极态度和消极态度两种形式。旅游目的地居民从旅游发展中所获得的经济利益和旅游目的地居民对旅游发展的价值认可都将使旅游目的地居民对旅游发展产生积极态度。

乡村居民对乡村旅游发展的态度是不断变化的，这种变化大致可以分为欢迎、冷淡、不满和厌恶四个阶段。在乡村旅游发展的初期，由于乡村的经济发展较为缓慢，乡村旅游能够有效地增加当地居民的收入，这个时候绝大部分乡村居民对乡村旅游都是持肯定态度的，十分乐意游客过来旅游；而当乡村旅游业初步形成规模，这个时候大量游客的增加使得乡村居民无法再像以往那样来招待每一名游客，这个时候乡村居民的态度较为冷淡，游客付出多少才会得到多少服务，最初的那种淳朴之风在逐步地消失；当乡村旅游景点成为一个热门地区时，理论上说能够极大地提高乡村居民的收入，但是这个时候乡村居民对旅游发展的态度却是一种不满的态度，原因就在于乡村旅游发展所带来的一些弊端开始暴露，例如当地的生态环境遭到破坏、民俗文化开始异化等，对于收入已经提高的乡村居民而言，这种变化是难以接受的，因此对乡村旅游开始不满；随着游客数量的进一步增加，乡村居民的态度则逐渐地上升到厌恶层次，游客与居民之间的关系也逐渐恶化，这种厌恶将逐步导致乡村旅游进入下滑期。法国的巴黎居民就是一个典型的代表，每年的旅游旺季，法国巴黎都会遇到交通堵塞等问题，给当地居民的工作生活带来极大的影响，也由此引发了居民阻止游客进入市区的行为。

（五）乡村旅游产品

乡村旅游产品是旅游经营者通过开发和利用旅游资源为旅游者提供的旅游吸引物与服务组合。乡村旅游产品是一种综合性产品，乡村旅游产品的生命周期是客观存在的，受到各种主客观因素的影响。这些主客观因素，包括吸引力因素、需求因素、效应因素和环境因素。

一是吸引力因素。吸引力是乡村旅游产品发挥应有作用，推动乡村经济发展重要动力的关键因素。旅游产品归根结底是一种商品，而商品只有出售才能够发挥价值，吸引力对商品的销售有着十分重要的影响作用。一般来说，吸引力越强的旅游产品销售量也就越大。从乡村旅游的角度来看，要想增强旅游产品的吸引力，需要从旅游地的人文景观和自然景观两个方面挖掘。

二是需求因素。社会经济发展程度、消费观念变化、人均收入水平、时尚潮流变化、旅游地环境质量等因素将影响旅游消费者需求的变化，从而引起客源市场的变化，进而影响乡村旅游地的生命周期。比如，乡村旅游地环境污染和生态破坏，会使生态旅游成为旅游者青睐的乡村旅游产品。

三是效应因素。乡村旅游产品对乡村旅游地生命周期的影响，主要表现在旅游活动所引发的旅游地的经济、环境和社会文化效应。持续和积极的经济效应，不仅可以维持旅游地的繁荣，还可以促进旅游地的发展。乡村旅游产品因管理不善而带来严重的环境问题，必然会导致乡村旅游产品迅速衰亡。乡村旅游社会文化效应足以影响旅游地的旅游发展，乡村旅游发展对乡村文化的猛烈冲击将引发社会摩擦，由此将加速旅游地旅游业的衰亡。

四是环境因素。乡村旅游产品的经营环境既包括内部组织环境，也包括外部经营环境，这些环境因素影响着旅游地的生命周期。当前旅游业市场竞争日趋激烈，为此，乡村旅游地必须改变经营观念，加大促销与宣传力度，实施正确的产品组合策略和市场细分战略，才能扩展客源市场，才能延长旅游产品的生命周期。

（六）乡村旅游规划

旅游规划是对旅游地长期发展的综合平衡、战略指引与保护控制，从而有序实现旅游地发展目标的一套法定规范程序。乡村旅游规划对于旅游发展的价值和意义在于从系统整体出发，正确处理旅游系统的复杂结构，促进旅游规划对象的综合整体优化，为乡村旅游地的旅游可持续发展提供宏观的战略指导方针。所以，旅游规划的性质对乡村旅游地的旅游可持续发展具有至关重要的作用。乡村旅游规划应遵循旅游规划开发的原则：

第一，市场原则。乡村旅游属于市场经济的一部分，在对乡村旅游进行规划时也要充分依照市场规律进行，这样才能够保证乡村旅游的持续发展。

第二，形象原则。千篇一律的旅游项目是很难吸引游客的，在进行乡村旅游规划时必须要具有属于自身的特点。

第三，保护原则。对乡村旅游的规划不能以损害乡村的"乡村性"为代价，否则乡村旅游的生命力就会大打折扣。

第四，效益原则。乡村旅游规划应当以乡村的整体利益为目标，这样才能够保证乡村旅游与农村经济相互促进。

（七）市场营销策略

"酒香不怕巷子深"的时代早已过去，当前乡村旅游能顺利发展与科学的市场营销策略有着十分密切的联系，如果缺少市场营销，那么无论旅游资源如何丰富、旅游环境如何好都无法顺利发展乡村旅游。市场营销策略大致可以分为价格策略、产品策略、渠道策略和促销策略等种类，对此乡村旅游地需要结合本地区的实际情况灵活采取不同的营销策略。在价格策略的制定上，乡村旅游价格并不是越低越好，事实上，对于大多数能够外出旅游的游客而言，他们的收入较高，因此价格并不是其考虑的第一要素，有时候过低的价格甚至会遭受怀疑，因此在制定旅游价格时要根据客源地的收入情况，同时参照其他乡村的旅游价格进行适当地降低，以此来获取竞争优势；在产品策略上，乡村旅游需要重视赋予旅游产品以统一的品牌，包括包装、设计、颜色等都要充分体现出旅游地的文化和自然特色；在渠道策略上，乡村旅游地不能只限于实体广告来拓展客源，而是要充分利用互联网的优势来增加旅游地的影响力；在促销策略上，乡村旅游地可以采用折扣、返现、抽奖、免费体验等方式实现销售产品和增加销售额的目的。

市场营销策略对于旅游地的发展是至关重要的，乡村旅游地市场营销策略的正确与否将直接影响乡村旅游地的发展。我国大多数旅游企业在营销方面仍然存在许多问题，其主要表现为：一是盲目降价；二是很多乡村旅游地忽视售后，没有一个较好的旅游产品售后服务体系；三是一些乡村旅游地法制淡薄，提供虚假的旅游服务信息，以贿赂手段拉拢顾客等；四是一些乡村旅游地没有将网络技术充分运用于旅游市场营销；五是很多乡村旅游地追求的是短期销售目标，而没有长期的营销目标；六是一些乡村旅游地不能根据市场需求，科学设计具有鲜明特色和吸引力的旅游形象。这些问题的存在严重影响着乡村旅游地旅游的可持续发展。

（八）旅游地形象定位

旅游地形象是人们对旅游景区及其所在地的总体、抽象、概括的认识和评价，是对旅游地的历史印象、现实感知与未来信念的一种理性综合。在乡村旅游地的开发规划过程中，旅游地形象的塑造具有非常重要的价值和意义。旅游地旅游形象鲜明、独特和富有感召力与否，成为乡村旅游地吸引力大小的关键之所在。模糊混乱的旅游地形象不仅使现实的旅游者回头率低，而且很难对潜在的旅游客源市场产生吸引效应。个性鲜明的旅游地形象有助于形成庞大的旅游市场，并且具有长久的生命力。乡村旅游地旅游形象涉及内容繁多，由旅游地理念识别系统、旅游地行为识别系统和旅游地视觉识别系统三部分组成。其中，乡村旅游地理念识别系统是指乡村旅游地独特的文化个性和精神内涵；乡村旅游地行为识别系统主要表现为乡村旅游地的政府行为、民众行为和企业行为；乡村旅游地视觉识别系统包括旅游地的建筑造型、公共标志牌、交通工具、员工制服等，是乡村旅游地最直观的形象识别系统。

形象定位差异主要由主体个性、传达方式和大众认知等要素决定。其中，主体个性是指乡村旅游地品质和价值内涵的独特风格；传达方式是把乡村旅游地独特风格有效准确传递至目标市场的渠道和措施；大众认知是指旅游者对乡村旅游地形象的认识和感受程度。乡村旅游形象可以通过领先定位方法进行定位，比如，"天下第一瀑""五岳归来不看山，黄山归来不看岳"。领先定位适用于独特的乡村旅游资源。可以通过比附定位方法进行定位。比如，将牙买加表述为"加勒比海中的夏威夷"，这样就可使牙买加从加勒比海区域众多的海滨旅游地中脱颖而出。还可以通过逆向定位方法进行定位，以消费者心中第一位形象的对立面和相反面对乡村旅游地的形象进行定位。可以通过空隙定位方法进行定位，全然开辟一个新的形象阶梯，树立与众不同和从未有过的乡村旅游地主题形象。还可以通过重新定位方法进行定位，让乡村旅游地的新形象替换旧形象，使其在旅游者心中重新获取一个有利的位置。

第四章 乡村旅游模式与规划创新

第一节 乡村旅游发展模式概述

乡村旅游在国外可追溯到 19 世纪工业革命时期，但乡村旅游的大规模开展却是在 20 世纪 80 年代以后，目前欧美发达国家的乡村旅游已具有相当规模，开发模式多样化，显示出现代乡村旅游文化的极强生命力和发展潜力。20 世纪 80 年代初，国内乡村旅游开始普遍发展，主要推动力由政府转向市场，在城市周边和景区周围形成依托型乡村旅游，以农户独立经营为主要模式。从 20 世纪 90 年代开始，由于受到政府和市场的双重推动作用，国内乡村旅游进入快速发展阶段，依托于景区、城市、高科技农业、度假、休闲、科普等，形成了多种经营模式并存的发展局面。

随着乡村旅游在全国范围的迅速开展，国内学者对乡村旅游的研究越来越多，并且取得了较多成果，特别是在乡村旅游发展模式方面。但是较多学者只针对该研究领域的某一方面进行研究，至今未有学者对乡村旅游发展模式进行全面的总结。鉴于此，本章从不同方面对乡村旅游发展模式进行概述，旨在推广先进的、成功的发展模式经验，以期促进中国乡村旅游的全面、快速、可持续发展。关于乡村旅游发展，国外有许多成功的模式，如欧美的"度假农庄"模式、新加坡的"复合农业园区"模式、日本的"绿色旅游"模式等，都有一定的借鉴意义，但是国内明显不同的旅游消费特色，督促我们必须探索适合中国乡村旅游发展的本土模式。根据不同类型景区的发展特点，分析归纳了国内乡村旅游发展的七大模式，并对各种模式在实际操作中的指导意义进行深入探讨。

一、民俗风情型发展模式

（一）民俗风情型发展模式简述

民俗风情乡村旅游具有文化的原生性、参与性、质朴性及浓郁的民俗风情的特点，独具一格的民族民俗、建筑风格、饮食习惯、服饰特色、农业景观和农事活动等，都为民俗旅游提供了很大的发展空间。我国民俗旅游开发资源基础丰富，特点鲜明，区域性和民族个性较强，发展优势明显。同时由于投资少、见效快，逐渐成为少数民族聚集区经济发展中新的增长点和旅游亮点，得到当地政府的大力支持，也受到国内外游客的推崇。但随着民俗旅游的蓬勃发展，民俗文化在旅游当中受到了冲击，甚至消亡，面对民俗文化保护和旅游开发的矛盾，面对当地居民与旅游经济的博弈，民俗风情乡村旅游未来应该如何发展？如何实现利益共享？寻找发展这二者之间的平衡点对于推动我国乡村旅游发展具有积极的实践意义。

民俗风情旅游是一种高层次的文化旅游，主要包括物质风俗、社会组织风俗、节庆风俗、人生仪礼和精神文化民俗五部分，由于它满足了游客"求新、求异、求知"的心理需求，已经成为旅游行为和旅游开发的重要内容之一。乡村民俗文化旅游是以乡村民俗、乡村民族风情以及传统民族文化为主题，将乡村旅游与文化旅游紧密结合的旅游类型。它有助于深度挖掘乡村旅游产品的文化内涵，满足游客文化旅游需求，提升产品档次。例如，匈牙利乡村文化旅游产品使游客在田园风光中感受乡村野店、山歌牧笛、乡间野味所带来的民俗风情，欣赏充满情趣的文化艺术以及体味几千年历史积淀下来的民族文化。

目前，无论是发达国家还是发展中国家，民俗旅游均已蓬勃发展。科特迪瓦利用其独特精巧的人造面具表现其传统文化，举办全国舞蹈节发展民俗旅游；突尼斯凭借本国土著居民的村落古迹、山洞住宅、民族服饰和车马游玩等民俗文化成为非洲和阿拉伯国家中的旅游大国。近几年我国的民俗文化旅游事业也取得了很大进步，以民俗文化作为旅游项目逐步树立了自己的品牌形象，各地旅游管理部门都在大力挖掘本地区的民俗文化资源，使之成为新的经济增长点，民俗风情游、古民居游等具有民族民间文化特色的旅游项目发展迅速，如山西黄河民俗游、昆明云南民族村、内蒙古草原风情游、新疆民俗游等。

（二）民俗风情型发展模式的主要特征

1. 历史性

历史性是民俗发展在时间上或特定时代里显示出的外部特征。这个特征也可以叫作时代标志特征。因为这种特征是在民俗发展的特定历史中构成的，所以叫作历史性。以发式习俗为例，全蓄发、簪发为髻于头顶，这是明代男发式；前顶剃光，后脑梳单辫，是清代男发式；分发、背发、平头、剃光是辛亥革命后的男发式，直至今日。这便展示出几百年间发式的历史特征。同样，服饰习俗中的长衫、马褂、圆顶瓜皮小帽，正是新中国成立前一般商人、乡绅的男装，中华人民共和国成立后被迅速淘汰了。在长期封建统治下，民俗的历史面貌呈现出一种相对稳定的保守状态，这是就整个封建时代的面貌而言；但是，即使是整个封建时期，由于改朝换代、民族交往、生产发展等政治、经济因素的影响，各个阶段也会显示出不同的历史特点。在我国历史上，尽管封建统治制度不变，但是由于某些非前代思潮的影响，各种习俗相应地都打上了新的历史印记。像唐代服饰，经过了五代，到了北宋、南宋时代，便有了较大的历史变化，基本上由宽肥趋于窄瘦了。民俗考察与民俗研究不能忽视民俗的这个历史特征。

2. 地方性

地方性是民俗在空间上所显示出的特征。这种特征也可以叫作地理特征或乡土特征，因为这个特征是在民俗的地域环境中形成并显示出来的。俗语说的"十里不同风，百里不同俗"，正是这种地方性特征的很好说明。民俗的地方性具有十分普遍的意义，无论哪一类民俗现象都会受到一定地域的生产、生活条件和地缘关系所制约，都不同程度地染上了地方色彩。民俗地方性特征的形成与各地区的自然资源、生产发展及社会风尚传统的独特性有关。因此，从鸟瞰角度认识地方性，可以看到，大体上各地区形成的民俗事象，分别构成各种类型的同心圆，千千万万个民俗同心圆的分布与彼此交叉联系，便形成了若干有区分的民俗地域。像我国东北地区，几千年经济文化的影响，形成了一个大的同心圆，使它与我国华北、西北、西南、华东等地区的民俗有很大差异。在这个大地域中又分布着许多小地域或更小地域的民俗同心圆，互有差异，直至最小的自然村落。这种民俗特征显示着民俗事象依附于地方乡土的黏着性。

3. 传承性

传承性是民俗发展过程中显示出的具有运动规律性的特征。这个特征对民俗事象的存在和发展来说，是一个主要特征，它具有普遍性。民俗的传承性在人类文化发展过程中，呈现出一种极大的不平衡状态。在文化发展条件充分的民族、地区，这种传承性往往处于活跃状态，也就是在继承发展中显示了这种传承性；相反，在文化发展条件不充分，甚至文化发展处于停滞、落后的民族、地区，这种传承性往往处于休眠状态，也就是以它固有的因袭保守形式显示了这种传承性。因此，城镇习俗的继承发展较为明显，偏僻村寨习俗的因循守旧异常突出。在当代民俗调查中，传统节日在城镇习俗中远不如村寨习俗更具有古朴色彩。这种不平衡状态在比较过程中，自然寻找出城市民俗与村落民俗的关系及其差异，因此，对传承性特征的认识只能在民俗的发展过程中去获得。

4. 变异性

变异性是在与传承性密切相联系、相适应的民俗发展过程中显示出的特征。它同时又与历史性、地方性特征有着千丝万缕的联系，显示着民俗事象在不同历史、不同地区的流传所出现的种种变化。换句话说，民俗的传承性，绝不可以理解为原封不动地代代照搬、各地照办、毫不走样，恰恰是随着历史的变迁、不同地区的传播，从内容到形式或多或少有些变化，有时甚至是剧烈的变化。因此，民俗的传承性与变异性是两个矛盾统一的特征，是民俗发展过程中的一对连体儿，只有传承基础上的变异和变异过程中的传承，绝没有只传承不变异或一味变革而没有传承的民俗事象。在长期的民俗学理论发展中，传承的特征被摆到主要位置是对的，但是，相对地忽视了变异的特征则是不对的。那些在民俗中访古、考古寻觅遗留物的做法是不可取的，对发展人类文化、推陈出新没有大的作用。只有既研究其继承，又关注其发展变化，才有助于人类社会的进步。

（三）典型案例

1.特色项目

（1）人文环境营造——丽江古城

丽江古城在旅游开发中为了保护原生态的文化氛围和商业生态，政府除了实施文化丽江古城行动外，实行准入制度，把古城保护管理委员办公室核发的《风景名胜区丽江古城准营证》作为进入古城从事经营活动的一个硬条件，尽量规范商业行为，淡化现代商业气息。同时，把现代特征较浓和没有特色的经营项目，如音像店、现代服装店、美容美发、卡拉 OK 厅、网吧等迁出，规范店铺的装潢、招牌等，控制店铺的规模和数量，鼓励经商者经营具有一定地方民族特色的商品，还对外来经商人员进行培训，让他们了解当地的民族文化。例如，没有城墙的古城、完全手工建造的土木结构房屋、周围配套小桥流水、纳西族老人、原汁原味的藏寺——营造了浓郁的人文气息。

（2）演艺产品开发——《印象·丽江》

丽江最具代表性的文化演艺首推张艺谋导演的《印象·丽江》。《印象·丽江》分《古道马帮》《对酒雪山》《天上人间》《打跳组歌》《鼓舞祭天》和《祈福仪式》六大部分，整个演出以雪山为背景，以民俗文化为载体，来自纳西族、彝族、普米族、藏族、苗族等10个少数民族的500名普通的农民参与演出，通过他们的生活、舞蹈等全实景式集中演绎了丽江的多元民俗文化。除了《印象·丽江》之外，丽江还充分开发本地的民俗风情，在古城东大街每天都有独特的纳西族民间音乐《纳西古乐》和云南大型歌舞晚会《丽水金沙》等民俗节目演出。

（3）节庆产品开发——民俗节庆活动遍地开花

丽江是一个多民族聚居的地方，世居着纳西族、傣族、白族、普米族、藏族、彝族、傈僳族等12个少数民族，各个民族有各种不同特色的民间节日，如纳西族的棒棒会、骡马会、三朵节，摩梭女儿国的转山节，彝族的火把节，普米族的朝山节等。这些传统的节日一方面传承着丽江文化，另一方面在这些节庆中通常都有赛马、摔跤、民族舞蹈等大型活动，如纳西古乐、纳西打跳等，也使游客可以积极地参与到当地的文化中，更好地了解丽江文化。因此民俗节庆也是丽江旅游开发的一个重点，如彝族的火把节，由当地民众组成的演员与游客一起载歌载舞，极大地丰富了游客的夜间活动，吸引游客留下来。

（4）美食产品开发——民俗小吃商业街

丽江小吃品种多，有鸡豆凉粉、米灌肠、粑粑、纳西烤肉等，四方街成为游客品尝特色小吃的一个重要场所，也是丽江夜景的一部分。

（5）住宿产品开发——特色客栈展现民俗风情

丽江到处都是比较有特色的民居客栈，至少有上千家，小资的、慵懒的、地中海式的、藏式的、明快的、温情的……不同特色的客栈多为四合院，由纳西人的住屋装修而成，具有浓郁的纳西风味，成为游客体验丽江慢生活和地域文化的最佳场所。

（6）旅游纪念品开发——特色工艺品传承文化

丽江旅游特产主要是螺旋藻、普洱茶、山货等地方特色产品，银器、玉石、木雕、蜡染、皮毛、皮包、披肩、围巾、民族服饰等手工制品，游客不仅可以在这里选购合意的商品，有时还可以看到工艺品的整个制作过程。

（7）娱乐产品开发——"艳遇之都"

丽江为游客营造了一个很好的身心放松的氛围，在这里游客可以完全释放自己，没有城市的束缚和隔阂，让游客的心态都奇妙地趋于一致。丽江的酒吧街是夜晚丽江古城内最有特色的一道风景线，也是丽江古城的一张重要名片。新华街的酒吧一条街、五一街的静吧，还有游离于餐厅和酒吧之间的"餐吧"，可以满足不同风格游客的需求。

2. 经验借鉴

（1）处理好文化保护与利用的关系

丽江的经验就是建立了一个统一、有权威的组织保障机构，制定了比较完善的法规体系，较好地处理了保护与利用的关系，通过合理开发民俗文化资源发展旅游业，开辟了一条稳定、充裕的资金来源渠道，确保了各项保护项目的实施。丽江设有世界文化遗产丽江古城保护管理局，其中专设的文化保护管理科主要负责民俗文化的保护教育培训工作。

（2）创办旅游文化学院

丽江在旅游发展中坚持以人为本，加强对旅游从业人员的教育培训力度，增强其主人翁意识和民俗文化保护意识。在这方面，丽江创办旅游文化学院的做法得到了联合国官员的肯定。

（3）旅游发展实现共赢

保护和利用民俗文化，不论是土著居民，还是经营者、管理者，都要在保护和开发中得到实际利益，实现利益均沾、风险共担。虽然这种模式还有很多不足，但这种尝试也为很多民俗文化旅游提供了一个很好的运营榜样。

二、农村庄园型发展模式

（一）农村庄园型发展模式简述

农村庄园模式以产业化程度极高的优势农业产业为依托，通过拓展农业观光、休闲、度假和体验等功能，开发"农业＋旅游"产品组合，带动农副产品加工、餐饮服务等相关产业发展，促使农业向二、三产业延伸，实现农业与旅游业的协同发展。农村庄园模式适用于农业产业规模效益显著的地区，以特色农业的大地景观、加工工艺和产品体验作为旅游吸引物，开发观光、休闲、体验等旅游产品，带动餐饮、住宿、购物、娱乐等产业延伸，产生强大的产业经济协同效益。

庄园是欧洲中世纪中叶出现的一种以家庭为单位生产经营农业的组织形式。它和传统农业的区别是专业性强、集约化生产、大规模作业。后来逐渐发展成为一种家庭式的产业，并多与休闲旅游度假相结合。在我国改革开放之后，特别是鼓励农业开发的法律法规出台和一部分人先富起来之后，使庄园这种模式在我国开始有了生存的条件。庄园模式作为一种集约化经营管理，并且能够在短时间内聚集大量闲散资金用于农业开发的组织形式，若能规范管理和健康发展，的确能够成为一种迅速促进农业发展，同时带动旅游业、农产品加工业及其他行业发展的新的组织形式。在传统农业的劣势逐步凸显的当下，庄园旅游以"1+3"产业模式，很好地结合农业与旅游，为未来农业发展摸索到一条新路子。就北京地区而言，就已建立了许多具有休闲"庄园"特征的休闲场所，比如意大利农场、蟹岛绿色生态度假村、鹅和鸭农庄等都是非常典型的依托乡村性（rurality）和地方性（placeality）而形成的一种都市休闲旅游产品。依托传统贵族庄园、休闲农场和葡萄酒庄，通过拓展农业观光、休闲、度假和体验等功能，开发"农业＋旅游"产品组合，带动农副产品加工、餐饮服务等相关产业发展，促使农业向二、三产业延伸，实现农业与旅游业的协同发展。特色庄园模式适用于农业产业规模效益显著的地区，以特色农业的大地景观、加工工艺和产品体验作为旅游吸引物，开发观光、休闲、体验等旅游产品，带动餐饮、住宿、购物、娱乐等产业延伸，产生强大的产业经济协同效益。

（二）农村庄园型发展模式的主要特征

1. "农＋非"的土地运作模式

农村庄园的开发，其占用的土地开发根据功能可分为两大类，即非农业用地和农业用地。非农业用地一般为庄园的建设用地，住宿、服务等设施或是休闲活动场所用地；农业用地则为庄园的农业生产用地、农业展示用地等。农业用地主要通过庄园投资者租赁农民的土地或是农民以土地作为资金入股的方式进行运作获得。农民和庄园投资者在协商一致的基础上签订租赁合同或股份受益凭证，将农村土地的承包权和使用权进行分离，是农村土地产权多元化的一种有效形式。非农业用地的土地来源主要为本地区一些可利用的荒山荒坡、可开发的沙荒地，以及农村居民点集聚后原自然屯的节余村庄建设用地等。庄园投资者通过租赁农村集体所有的这类土地，获得开发和经营权，农村集体则可利用这些租金进行农村公共服务设施的建设。

2. 多元化收益形式

农村庄园是劳动联合与资本联合的复合体，只要经营得当，农民和庄园投资者均可获得可观的收益，实现双赢。对于农民而言，将土地租赁给庄园投资者可以获得租金，以土地入股可以获得分红，在庄园内进行服务工作可以得到固定的工资，参与管理农业生产还可以获得管理费用以及少量的农业收益。对于庄园投资者而言，可以得到绝大部分的农业收益，以及由观光农业所带来的相关旅游收益，如旅游住宿、餐饮、娱乐活动、购物消费等。如果将土地分块转租给他人进行农业体验活动，如市民租种小块庄园农业用地，自己种植自己采摘等，还可以得到土地的租金。

3. 庄园区位选择

庄园布点应该与外部交通有较好的联系，方便游客到达，但并不一定位于交通主干道的旁边，以减少过境交通对度假休闲的干扰，通常以距离大都市车程保持在 1～2 小时为宜。

4. 庄园旅游设计

第一，游憩地规模大，综合服务功能强。"大农场"建立在大都市旅游圈的远郊旅游带，环境优良，乡村气息浓厚，是都市居民逃离强大都市压力生活，休闲度假放松心情的理想场所。第二，体现当地的文化气息。如美国牧场体现"西部牛仔"的文化；英国和俄罗斯的庄园体现欧洲的庄园文化。第三，开展农业教育，建立农业解说系统。

（三）典型案例

台一生态休闲农场位于中国台湾南投县埔里镇，由中国台湾农民张国祯创建于1991年，前身为"台一种苗场"。2001年起开始发展农业观光，2002年兴建了亮眼雅致且温馨舒适的花卉驿栈，2003年设计了充满浪漫与新奇感的水上花屋。2010年3月兴建了南芳花园宴会厅，并推出花餐养生料理。农场的园区占地13公顷并拥有得天独厚的山峦视野，面积达数千公顷。

1. 特色项目

（1）台一枫桦花泉卉馆

台一枫桦花泉卉馆兴建于2010年，整体建筑设计采用环保的绿色建材，精心营造"春露""夏荷""秋枫""冬恋"等季节楼层，客房内精致花泉搭配万千风景，73间花泉客房均有大观景窗，有占约40-72平方米空间大小的各式房型，客房内更是精心准备了环保级精油备品。

（2）花卉餐与水上花园餐厅

台一水上花园餐厅以可食用的花卉为素材，做出香草餐、花卉餐等深具特色的美味菜肴。

（3）主题化景区

农场精心规划特色主题，如雨林风情馆、蝶舞馆、绿雕公园、绿茵广场等。雨林风情馆利用自然材质打造出原始风味，令人仿佛置身于热带雨林中。馆内的路径用漂流木设计配置，通过闯关营造馆内探索神秘的情境。绿雕公园则种植数百棵的枫树，并且利用该园区生产的花草配置平面图案，让访客有他乡遇故知的感动。另外，农场发挥创意将废铁雕塑出绿色奇迹，创造出了点石成金的风味。蝶舞馆利用多种农业废弃有机质，种植了多种蝴蝶所需要的食草及蜜源，游客既可以欣赏馆内及馆外数百只蝴蝶翩翩飞舞的美景，又可以亲身感受蝴蝶炫丽变身的过程。

（4）自然生态教育

台一生态教育休闲农场宗旨是以自然生态教育为主，近年来，农区内也增加了有着庞大蝴蝶群的蝴蝶园、昆虫生态馆、水上花园餐厅、花屋、光合广场、仙人掌生态区等休闲、生态区。

2. 经验借鉴

中国台湾的休闲农场布局合理，大多数都分布在旅游线路上，每个景区的景点都能与旅游结合起来，这就有了客源的保证。板块化、区域化整合已经有了相当的成效。例如，苗栗县南庄乡休闲民宿区，拥有近80家乡村民宿，依托这些民宿，乡里将具有百年历史的桂花小巷开发成特色旅游街，带动了客家特色餐饮、特色风味小吃、特色手工艺品等相关行业的发展，使游客来到这里之后，在体验不同的农家风貌的同时能够全方位地感受当地特色的客家文化。宜兰县也形成了梗坊休闲农业区、北关休闲农业区等区域化的乡村旅游目的地，达到一定的产业规模，具有区域特色。事实证明，休闲农业必须有一定的规模才能形成景观效应和产业集聚效应，才能连点成线、成片，为城市旅游者提供一日、两日乃至多日的旅游产品组合，从而提高经济效益。以"农＋旅"的形式为主，各种农庄旅游采取差异化的战略，纷纷取得一定的市场。

（1）特色产业主导，精加工，深挖掘

台湾的生态农庄，多以"小而精"取胜。他们不刻意追求农庄的面积、规模，不一定非要种植多少作物，获得多高产量，产品有多大的批量，但非常注重精细管理，精深加工，融入创意，提升品质。有的产品甚至限量供应，量少质精，坚持以质取胜，以特色取胜。例如，种植茶叶的农庄，有的只采一道春茶，然后将其精心加工、制作、包装，使其成为茶叶中的"极品"。其他时间则搞好茶园管理，让茶树健康生长，养精蓄锐，确保春茶品质上乘。有的农庄利用溪流养殖虹鳟、银鳟或其他观赏鱼类，游客可以在农场购买饲料喂食、嬉戏、体验、观赏，鱼却并不对外出售。如此做法，反倒吊足了游客的胃口，吸引了众多游客慕名而来。

（2）鲜明的主题与创意

中国台湾休闲农庄从一开始就非常注意生态环境的保护，在建设与经营过程中，不断融入创意与主人的情感，故而台湾的农庄可以让游客强烈感受到设计者的情感与追求。在主题选择上，水果采摘、竹、香草、茶叶、各种名花异草观赏，昆虫收藏，奶羊、奶牛、螃蟹、鳄鱼、鸵鸟养殖等各种体验创新不断，使游客始终充满新奇感。比如，位于桃园观音乡的"青林农场"，一年四季都栽种着向日葵，且免费开放参观，还有专门种植食虫植物的"波的农场"，种有猪笼草、捕蝇草、毛毡苔、瓶子草等。很多农庄一看名字，就知道农庄的特色，如以香草为主的"熏之园"，以奶牛为主的"飞牛牧场"，以兰花为主的"宾朗蝴蝶兰观光农园"，"花开了农场"则栽植了大量珍贵的树木与奇花异草。

（3）重视口碑与网络营销

由于规模不大，所以中国台湾的生态农庄，非常注重产品的"口碑"而不是"品牌"。他们认为，"口碑"比"品牌"更重要，因此他们宁可将更多的精力，放在保证产品质量上，放在让顾客满意上。为保证产品安全营养，他们严格控制化肥、农药、除草剂的使用，宁可增加投入、牺牲产量，也要保证产品质量。为了让游客品尝到口感最佳的产品，中国台湾很多生态农庄免费对游客开放，目的是吸引游客自己到农庄购买最新鲜、成熟度最适宜的农产品。中国台湾的生态农庄大多建在偏远的郊区，吸引游客自己到农庄购买产品，实现产品就地销售，不仅有利于保证产品的质量，还有一大好处就是农庄可以免掉一大笔销售费用。除了宣传手册、广告路牌、电视报纸等传统宣传手段以外，休闲农业要加强网络营销，运用科技整合资讯，通过网页、搜索引擎以及运用手机网络服务等对休闲农业区域的地图、路线等进行迅捷引导。网络平台在中国台湾休闲农业中发挥着重要的作用，据台湾民宿协会的"u-fun民宿达人网"的统计，80%的客人通过网络预订。

（4）寓教于乐，深度体验

台湾休闲农庄都设有可供多人同乐的设施，如烤肉区、采果区、游戏区，农耕体验区等。有的还设有充满台湾农村乐趣的烘烤区，给游客提供享受土窑烤地瓜、烤土窑鸡的乐趣；有的不定期举办与农业有关的教育活动、趣味比赛；有的提供与场内动物接触的机会，游客可以借喂养小牛、挤牛奶、喝生奶的过程，体会牧场农家的生活。

（5）官方与非官方组织保障

发育较为成熟的民间组织和完善的服务体系是产业健康发展的保障，无论是从中国台湾还是大陆的发展经验来看，在休闲农业发展的初期，都离不开政府部门的大力促进和引导，但是政府不能包办一切，最终产业的进步要靠行业组织和良好的服务体系作为保障。服务体系包括营销体系、培训体系、行业自律体系等，关键是发挥农会、农业推广学会等群众组织的作用，帮助农民转型。

（6）从体验到分享的理念转变

中国台湾休闲农业在主推"体验经济"之后，还出现了"分享经济"的理念，即休闲农业经营者与游客分享乡村生活，变"顾客是上帝"为"与客人成为志同道合的朋友"，倡导"拥有不如享有"的消费理念。

三、景区依托型发展模式

（一）景区依托型发展模式简述

成熟景区巨大的地核吸引力为区域旅游在资源和市场方面带来发展契机，周边的乡村地区借助这一优势，往往成为乡村旅游优先发展区。鉴于景区周边乡村发展旅游业时受景区影响较大，我们将此类旅游发展归类为景区依托型。景区周边乡村与景区本身存在着千丝万缕的联系，在文脉、地脉以及社会经济等方面具有地域一致性，为乡村旅游发展提供了文化土壤。而乡村目睹了景区开发、发展历程，易形成较强的旅游服务意识，为旅游发展提供相对较好的民众基础。同时，发展景区依托型乡村旅游既有乡村自身经济发展的主观需要，也有景区开放化、休闲化的客观需要。近年来，我国"黄金周"的景区拥堵现象充分暴露出封闭型景区的弊端，景区与周边区域配套发展成为必然趋势。

景区依托型乡村旅游发展模式是在乡村自身发展需求和核心景区休闲化发展需求的共同推动下，景区周边乡村探索出来的旅游发展模式。风景名胜区优美的自然景观和厚重的历史层次，携手周边恬淡的田园风情，实现了乡村和景区的携手共赢，带动了区域的大旅游发展。

（二）景区依托型发展模式的主要特征

景区依托型乡村旅游是指在成熟景区的边缘，以景区为核心，依托景区的客源和乡村特有的旅游资源发展起来的乡村旅游活动。

1. 区位优越，共享风景

景区依托型乡村旅游由于临近成熟景区的辐射圈，在地理区位上有显著优势，为乡村旅游发展提供了地域上的可能性。成熟景区拥有相对较好的交通条件，而乡村与景区构建起交通联系后，形成了良好的旅游通达性。而且文化、环境、旅游线路等区域上的一致性，也使乡村与景区之间更容易达成一体化发展。

2. 市场优越，客流集聚

乡村的农家菜、农家院等"农家乐"设施可以承担景区的部分服务接待功能，成为景区天然的后方配套旅游服务区。依托景区的人气和客流，乡村成为天然的游客集聚地，并在发展中逐渐拥有属于自己市场的顾客群，为乡村旅游开发提供了市场前提。

3. 资源优越，互补发展

同区域旅游发展一个重要的内容就是"互助"和"求异"，乡村在生态风光和文化渊源上与初始景区具有一定的延续性，但是其主要方向是田园风、民俗情，又与景区的发展特色具有方向上的差异，因此其发展是对景区旅游产品功能的有机补偿，与初始景区形成差异化互补发展的格局。

（三）典型案例

黄山翡翠居隶属于黄山中海假日旅行社有限公司黄山风景区分社，翡翠居地处黄山翡翠谷景区，属黄山风景区所辖范围，距离黄山南大门4千米。翡翠新村别墅于2003年新建，2004年被安徽省列为"农家乐"旅游接待示范点，是一片私营休闲生态农家乐度假村，占地面积500亩，可一次性接待游客500余人，总投资约5 000万元。

1. 特色项目

这是一片别墅式生态休闲农家乐，各种名贵花木，造型各异，争奇斗艳，周边环境十分优美，梨桃掩映其中。客房按星级宾馆标准设计，温馨、浪漫、自然、舒适；餐饮以四季农家菜为主，清新可口，野趣横生。入住其间远离了城市的喧嚣烦躁，尽享鲜氧，与大自然共同呼吸，令游客仿佛置身于"桃花源"里的人家。翡翠居农家乐有各式古徽州名菜、农家菜、山珍野菜和各地游客喜爱的川菜、粤菜等，最受客人欢迎的特色农家土菜有土鸡、石耳石鸡、小河鱼、臭鳜鱼等。

2. 经验借鉴

黄山翡翠居与临近的知名旅游景区黄山有着优越的地理优势，依托景区（点）的客源以及知名度、景观、环境，充分利用当地的休闲农业与乡村旅游资源，着眼于"游、购、娱、食、住、行"六大旅游产业要素，采取多种多样的形式，为游客提供具有价格优势、凸显当地特色的产品与服务，能够积极为游客游览所依托的景区提供细致周全的服务，而且也方便游客前来入住与往返景区。

四、度假休闲型发展模式

（一）度假休闲型发展模式简述

休闲度假的乡村旅游在中国还是个新事物，也是一种新的社会生活方式，现在很受关注。目前已经到了中国休闲度假产业发展的一个关键点，所以旅游行业也普遍关注休闲度假问题。中国的休闲度假市场达到了一个临界点，旅游行业对这个市场有充分的认识，都在积极研究和把握机遇。

（二）度假休闲型发展模式的主要特征

1. 一地时间长

典型的是西欧、北欧的度假者，比如到泰国的普吉岛，坐着飞机直接抵达，到了那儿在海滩上待一个星期，闲到无所事事的程度，这才叫真正的休闲，是非常典型的一种休闲方式。这种休闲方式在国内还没有普遍产生，只是少数人有这样的趋向。处于过渡阶段就意味着国内的休闲在一定意义上、一定时期之内，还是要和观光结合在一起。

2. 散客和家庭式组织方式

现在休闲度假在方式上主要是散客和家庭式组织方式，而不是观光旅游的团队性组织方式，这对现有旅游企业的经营提出了更高的挑战。自驾车旅游主要就是散客方式，在环城市旅游度假带接待的游客中，家庭式也占了很大的比重，尤其是在双休日期间。

3. 复游率高

复游，就是人们所说的回头客。度假旅游有一个特点，客人认准了一个度假地，甚至一个度假酒店，其忠诚度就会非常高。比如，有个德国客人，一生度假可能就只到印尼的巴厘岛，一辈子去20次，不去其他地方。因为他认准了这个地方，觉得熟悉、亲切，这样外出度假的感觉和家里生活的感觉就能够内在地联系到一起。再如，墨西哥的坎昆度假区，全世界很多富翁每年都要去那里度假。

4. 度假加观光

度假加观光是目前市场一个比较独特的特点。市场还处于过渡时期，有些时候还必须研究度假加观光的方式。一般来讲，满足大周末的需求不存在这个问题，大周末基本上是度假加娱乐。可是要满足中假和长假的需求就要有一个适当的度假加观光的模式，但是这个方式只能是过渡性的，从长远来看基本上是比较单一的度假趋向。

5. 文化需求

观光的客人成熟到一定程度会产生度假需求，度假的客人成熟到一定程度就一定会产生文化需求。游客不只是到森林度假区呼吸新鲜空气，或者去温泉度假区洗个温泉，游客一定会要求这个度假地有文化、有主题、有比较丰富的内涵。如果度假地的经营能够达到文化的层次，那么基本上就算到位了。

（三）典型案例

北京蟹岛绿色生态度假村位于北京市朝阳区金盏乡境内，紧临首都机场高速路，距首都国际机场仅 7 千米，是一个集生态农业与旅游度假为一体的大型项目。总占地面积为 3 300 亩，以餐饮、娱乐、健身为载体，以让客人享受清新自然、远离污染的高品质生活为经营宗旨，以生态农业为轴心，将种植业、养殖业、水产业、有机农业技术开发、农产品加工、销售、餐饮住宿、旅游会议等产业构建成为相互依存、相互转化、互为资源的完善的循环经济产业系统，成为一个环保、高效、和谐的经济生态园区。包括大田种植区、蔬菜种植区、苗木花卉种植区、养殖区、休闲旅游服务区等功能区。

1. 特色项目

吃：现场消费是销售绿色的关键，绿色食品重"鲜"，蟹岛实现了肉现宰现吃、螃蟹现捞现煮、牛奶现挤现喝、豆腐现磨现吃、蔬菜现摘现做。提供的农家菜有菜团子、糊饼、清蒸河蟹、葱烤鲫鱼等，还开发了蟹岛特色菜蟹岛菜园（什锦蔬菜蘸酱）和田园风光（蔬菜拼盘）。"开饭楼"餐厅同时可容纳千人就餐，二楼雅间的名字别具一格，"柿子椒""嫩黄瓜""蒿子秆"等比比皆是。海鲜、粤菜、农家风味、盘腿炕桌，自由选择。

住：投资 6 000 万元兴建的蟹岛仿古农庄以展现中国北方自然村落为宗旨。"蟹岛农庄"是复原老北京风情、展现 50 年前农村各阶层生活情境的四合院群落，豪华宅邸、书斋雅室、勤武会馆、茅屋草堂、酒肆作坊等，古钟亭、大戏台、拴马桩、溪水、小桥、辘轳以及房前屋后的绿树、菜园、鸡鸣狗叫。

玩：采摘、垂钓、捕蟹，温泉浴、温泉冲浪以及各种球类娱乐项目，逛动物乐园。冬天嬉雪乐园可以滑雪、夏天水上乐园可以戏水，常规娱乐、特色娱乐兼备。如果您想考验勇气、耐力和韧性，可以来攀爬横跨百米宽水面的 12 座铁索桥、臂力桥、软桥、独木桥、秋千桥等。

游：园内采用生态交通，可以体验羊拉车、牛拉车、马拉车、狗拉车、骑骆驼。尽可能地使用畜力交通工具，或者以步代车，不用有害于环境和干扰生物栖息的交通工具。同时对道路交通网要求生态设计，合理的道路设计及绿化屏障是生态交通的重点之一。

购：销售的都是游客自己采摘与垂钓的农产品，或者是绿色蔬菜盒，虽然价格往往是市场价的 4 倍以上，却很受游客青睐。

2. 经验借鉴

项目理念特色：以开发、生产、加工、销售农产品为本，以旅游度假为载体，集生态、生产、生活——"三生"理念于一体的绿色环保休闲生态度假村项目。

项目功能布局特色：实现"前店后园"的功能布局，园内塑造大面积的绿色旅游环境，提供丰富的消费产品，店是消费场所，虽然规模有限，但为园内的产品提供了客源，保证了农业旅游的互补与融合。

项目规划设计特色：与乡村特有的自然生态风格充分融合，还原独特的乡村风味，让游客能够真正地脱离城市的束缚，充分投入对乡村生态、生产、生活的体验。

项目经营特色：通过"吃、住、玩、游、购"等方面全方位打造乡村体验，并通过"农""游"两条渠道实现收益的叠加与放大；"前店"以专业人士和专业公司进行运营，保证运营的专业性以及收益，而"后园"则以承包责任制分配到个人，充分调动其生产积极性，并能使其充分参与到项目整体中，增加其收入。

五、特色产业带动发展模式

（一）特色产业带动发展模式简述

近年来，随着人们生活水平的不断提高，旅游休闲成为人们消费的热点。"农家乐"也随旅游业的兴起而呈现，它是以农民利用自家院落以及依傍的田园风光、自然景点，以绿色、环保、低廉的价格吸引市民前来吃、住、游、玩、购的旅游形式。它既是民俗旅游又是生态旅游，是农村经济与旅游经济的结合。生活在现代都市的人们最关心的是生态、环保、健康，在工作之余都会选择离开喧闹的市区到郊区，回归自然，体验一种纯朴、天然的生活情趣，这就决定了"农家乐"旅游不仅是都市人追逐的一种时尚，也是一种朝阳产业。目前，人们对精神文化生活需求的范围进一步拓展，层次进一步提升，内容进一步凸显，使其具有多样性、人性化、个性化特征。现代旅游业作为一种文化生活得到快速发展，并被赋予了"文化经历、文化体验、文化传播、文化欣赏"等更为丰富的内涵，满足着人们心理和精神以及多方面发展自我的需求。在这样的大背景下，以"吃农家饭、住农家屋、干农家活、享农家乐"为特色的"农家乐"旅游得到了市场的广泛认同，引起了社会各界的极大重视和关注。成都市郫都区作为"中国农家乐旅游发源地"，不仅为游客提供了一种新型的休闲方式和消费空间，而且还作为一个特色产业让当地的农民走上了致富的道路。

（二）特色产业带动发展模式的主要特征

突出以"农"为基本的经营理念，包括农业、农民、农村，其中农民是经营的主体，农家活动是主要内容，乡村是大环境。只有充分利用"三农"资源，发展以"农"字为核心的农家乐，才能使乡村旅游具有"农"味。

依托以"家"为基本的经营单元，农家乐一般应以家庭为单位，利用自家的房屋、土地、产品、人员发展农家旅游。所以，农家乐应体现家的形态，家的融合，家的温馨，家的氛围。

提供以"乐"为经营的根本目的，农家乐应为游客提供"乐"的产品，它不仅包括打牌、卡拉 OK、唱歌等，还应包括采摘、垂钓、参与农事和节庆活动，还包括农耕文化、民俗风情的展示和欣赏，让游客乐在其中。

以迎合大众的心理为经营目标，随着工业的大规模发展，城市雾霾严重，空气质量差，在紧张的工作之余，人们渴望乡村大自然的清新空气，而农家乐可以提供在城市里享受不到的惬意与放松，不需要背起行囊出远门，说走就能走，轻松易实现。

（三）典型案例

成都市郫都区是中国"农家乐"乡村旅游发展的典范，通过旅游兴村，走上了一条一、三产业有机结合，自主经营与本地务工相互补充，依靠发展特色产业推动乡村全面建设的新路。郫都区农科村位于成都平原腹地，最初是一个从事花卉养殖的村庄。1979 年，村支部书记税国扬带头在自家的田坎上种植花木，每棵花木卖到 4 元钱，比种植粮食利润高很多，随后村里人纷纷效仿，几乎每家都种花木。1986 年，全村人均收入达 950 元，这在当时成为农民致富的榜样，吸引附近及全国各地人士参观考察，刚开始都是免费招待，后来随着人数的增多，农民市场意识的觉醒，开始收少量伙食费，农家乐的雏形也就形成了。20 世纪 80 年代农科村的农家乐旅游是一种自发状态。进入 20 世纪 90 年代以后，农科村农家乐旅游是政府主导下的自觉发展，随着人们生活水平的提高，消费追求逐渐由物质层面向精神层面提升，旅游成为人们精神消费的首选。面对市场的巨大需求，省市旅游部门和各级政府充分发挥主导作用，积极引导农科村的花卉种植业大户率先接待游客，带动其他种植户开展旅游接待，由点到面，全面开展农家旅游接待，使农科村成了一个农家乐旅游专业村。2000 年以后，为实现农家乐旅游突破式发展，壮大乡村集体经济，扩大产业规模，实现产业转型和升级，在县、镇政府统一规划指导下，农科村形成县和镇的新村建设合力。一方面，县镇投入一定资金，用于改善农科村基础设施建设，完善旅游功能；另一方面，成立县旅游局，加强对乡村旅游产业发展的宏观指导。农科村在多方建设下，从一个默默无闻的小乡村成为中国乡村旅游的典范。

1. 特色项目

（1）天府玫瑰谷

天府玫瑰谷占地 1 000 亩，属于成都现代农业创业园一期项目。园区内种植了玫瑰、薰衣草、迷迭香、千层金等千种花卉苗木，组成了以"现代农业观光、玫瑰花海休闲、浪漫文化度假、风情小镇体验"为代表的四大旅游休闲产业。

（2）郫都区农科村

农科村是中国农家乐的发源地，是郫都区"国家级生态示范区"和"中国盆景之乡"的核心地带，曾先后获得"省级卫生村""省级文明单位""省级移动电话第一村""全国精神文明创建工作先进单位""全国农业旅游示范点""全国文明村镇"等省部级、国家级称号。2006年4月，农科村获得"中国农家乐旅游发源地"称号。2012年9月，农科村通过国家旅游局4A级景区验收，为旅游业增添了一张新名片。

（3）妈妈农庄

妈妈农庄是郫都区第一个创4A级的景区，被称为成都的"普罗旺斯"，是四川第一家规模化薰衣草基地，目前有薰衣草花田300亩，一期薰衣草等花卉基地600余亩，二期2000余亩，极具特色，填补了四川花卉生态旅游空白，是乡村生态旅游的新品牌。

（4）郫都区花样食府

花样食府是一家集餐饮、娱乐、休闲为一体的特色休闲食府，主营特色火锅鱼、特色中餐，承接各种宴席，坐落于四川省成都市郫都区南门外观柏路78号。花样食府承接生日宴、结婚宴、亲朋宴请等各种宴席，配有特色火锅鱼、特色干锅、特色菜品等。食府内设施配套齐全，设有休闲茶座、超大停车场、无线WIFI等设施，为游客出行提供"美食驿站式服务"。

2. 经验借鉴

（1）坚定方向，打响"农家乐"乡村旅游品牌

郫都区要爱护这个品牌，丰富这个品牌，发展这个品牌。坚定"农家乐"这个品牌意识，不能因为当前一些农家乐发展中存在的问题，而动摇"农家乐"这个乡村旅游的品牌和发展方向。

（2）积极引导统筹规划，使其走上规范经营、有序发展的道路

政府应帮助制定"农家乐"发展规划，积极引导，政策支持，改变农户分散经营、单打独斗的状态，而应在农家的基础上，实行统一领导，联合经营，设计适合游客需要的旅游产品，完善农家基础设施，改善乡村生态环境，制定规范管理和发展措施，为发展农家乐提供科学依据。

（3）搞好培训，加强经营管理

农家乐作为一项新兴产业，主体是农民，必须提高农民的业务素质，加强对他们的业务经营培训，让他们学习一些基本的旅游服务和管理知识，提高他们从事农家乐的管理水平和服务质量。同时抓好管理，制定农家乐旅游的地方行业标准；对符合行业标准的农家乐办理相关证照，合法经营；制定农家乐质量评定标准，按照标准进行质量评定，规范市场秩序。

（4）注重宣传，扩大影响

一是建立农家乐网站，在网上促销；二是利用电视、报纸等新闻媒体促销；三是制作宣传标语牌、采用办宣传栏等方式宣传促销；四是举办农家乐主题论坛；五是借助名人效应开展促销；六是采取多种优惠措施吸引广大青少年，可以开辟成为青少年农村社会实践基地。

六、现代农业展示型发展模式

（一）现代农业展示型发展模式简述

现代农村的乡村旅游是一个新概念，乡村旅游发源于100多年前的欧洲，是工业化发展创造的需求，兴起于40多年前，是工业化后期的普遍需求，鼎盛于现代，是后工业化时期的刚性需求。中国现在已经进入工业化中后期，所以中国人对乡村旅游的需求基本上可以界定为一种刚性需求。生活里不可缺少，这就是刚性的概念。我们现在大体上进入第二个阶段——城乡一体化。城市长大的孩子没有乡愁可言，所以首先有乡村才能培育乡愁，然后是城市来感应乡村，来激发乡愁。几十年的改革开放，工业化城市化，培育了现代中国乡村旅游，但是我国和西方发达国家起点不同，基点不同。西方国家的乡村休闲很发达，也很精致，但是从业者很多是城市里的年轻人，他们是要换一种活法，是为了生活，可是我国人民开发乡村旅游首先是为了生存，这就是我们的基点和起点。回想以前的传统乡村旅游，单体规模小，对应市场难；基础设施不足，公共服务少；卫生条件差，产品供应不足；经营单一，同质化强；恶性竞争，质量不高，所以最终形成市场效果不佳。当然，因为乡村旅游建设成本低，而且农民的经营基本没有成本概念，收到手里的就是利润，这也是乡村旅游的优势，可是如果这一系列的问题，不能有针对性地加以解决，就会演变成比较大的问题。因此要想办法改善乡村贫困状态，促进调整农业经济结构，丰富农业功能，提高产品附加值，增加就业渠道，形成系列服务设施，推动农民观念转化，培育农村市场机制。

（二）现代农业展示型发展模式的主要特征

1. 城市化

经济发达地区总体已经进入工业化后期阶段，现存的主要问题是当今的理念仍然是工业化中期发展时的理念，由此形成的情况表现为以下四个方面：第一，太急了。还在强化经济增长率，社会心态急躁。第二，太挤了。人口过多且过度集中，建筑过密。第三，太忙了。车流滚滚，人流匆匆。第四，太脏了。高碳发展，空气污浊。从需求来看，城市第一缺生态，第二缺健康，第三缺人文，第四缺快乐。按照实际生活水平来说，现在的生活水平比以前高了很多倍，可是幸福指数并没有增长，快乐感觉也没有增加。

这正是对乡村旅游的长期且持续增长的市场需求。但是市场不能笼统而论，要分层、分时、分地、分项进行研究。

2. 模糊化

城市化的发展产生一个模糊化的现象，一方面城市日益扩张，边界逐渐模糊，城区成为核心区，近郊区成为城区，远郊区纳入城市带或城市群；另一方面又形成城中村。这种边界的模糊就产生一些新的概念，比如城际乡村、乡村小城，家园一体，休闲发展。美丽中国，美丽自然，美好心态，美好生活，就需要不断地在具体国情条件下，探讨中国特有的发展模式。

3. 便利化

交通格局决定旅游格局，第一个便利是乡村旅游的便利化，只要追求大交通顺畅就够了，小交通则要特色，如景观路、文化路、交通路等，保留了特色，就保留了乡村旅游的精髓。第二个便利不仅是乡村旅游，而且是一个生活格局的变化，所以就需要强化新热点，培育重点项目、优势项目、聚集项目。第三个便利就是智慧乡村旅游，需要网络覆盖，信息全面，市场联通，现在这一条在市场的力量之下正在迅速地变化和发展。

4. 新统筹化

一方面是农村，应当用景观的概念看待农村，用综合的理念经营农业，通过旅游提高土地利用率，提升农产品的附加值；用人才的观点发动农民，使农民也成为文化传承者、工艺美术师。另一方面是城市，要用抓旅游的理念抓城市，突出人本化和差异性；用抓饭店的理念抓景区，突出精品化和细致化；用抓生活的理念抓休闲，突出舒适性和体验性。这些年沟域、山域、水域、县域，这种域的乡村旅游的发展开始兴起，这是从传统的小区域治理开始，但是只治理小区域作用不大，必须得培育产业。

（三）典型案例

台农（厦门）农牧有限公司系台商独资企业，创办于1995年，公司占地300多亩，总投资1 500万美元，是一家集奶羊、奶牛养殖，乳制品加工生产、销售，旅游观光休闲为一体的现代农业企业。公司位于厦门市同安区北辰山风景区旁，有得天独厚的自然资源，风景秀丽、气候宜人，非常适合人居及养殖业的发展。

1. 特色项目

公司拥有三个牧场，其中奶羊场一个，奶牛场两个，从中国台湾及国外引进先进的奶羊奶牛养殖技术、挤奶技术及设备，有力地保证了奶源的安全性和高品质。目前，已经建立了500多个营销网络，覆盖了福建全省各地、市，产品有巴氏杀菌鲜羊奶、巴氏杀菌羊奶口味奶、羊奶酸奶、巴氏杀菌鲜牛奶等十几个品种，口感纯正新鲜、品质优良，深得消费者的信赖。

2.经验借鉴

在生产加工上，公司先后从日本、中国台湾引进了先进的乳制品加工生产设备，并高薪聘请台湾的乳品专家，对生产加工工艺进行规范指导，建立了一套完整的乳品加工工艺流程、管控流程，对产品加工的每一个关键环节都做到有据可查，基本实现按照 ISO9001、HACCP 模式导入管理；公司具备独立的品牌中心和产品研发中心，对每批次产品按出厂检验要求进行严格检验，检验合格后才放行上市，产品的研发充分依托台湾的食品开发技术优势，全面保证了乳品的营养性和适口性。

七、旅游小城镇型发展模式

（一）旅游小城镇型发展模式简述

从广义上来说，旅游小城镇是小城镇的一种类型，但不一定是建制镇。目前，学界对其还没有统一的学术定义，在各地的旅游开发实践中，得出的比较普遍的认识是：旅游小城镇是指依托具有开发价值的旅游资源，提供旅游服务与产品，以休闲产业、旅游业为支撑，拥有较大比例旅游人口的小城镇。它不是行政上的概念，而是一种景区、小镇、度假村相结合的"旅游景区"或"旅游综合体"。旅游小城镇对于旅游产业来说，有利于转变旅游业发展思路，创新旅游业发展模式，完善城镇基础设施和旅游接待服务设施建设，构建旅游发展的新载体。目前在我国 A 级景区中，发展相对成熟的旅游小城镇类景区达 40 多个。这些景区型小镇大多以门票作为其主要的经济来源，以休闲、度假、商业运营来支撑景区发展。就我国目前的发展形势和发展趋势来看，旅游小城镇的数量要远大于景区型小镇的数量。

（二）旅游小城镇型发展模式的主要特征

旅游小城镇不同于一般小城镇，具有自身鲜明的特征。从业态结构角度讲，旅游小城镇以旅游服务业、休闲产业为主导。从空间形态角度讲，旅游小城镇以休闲聚集为核心。从景观环境上讲，旅游小城镇本身就是一个文化气息浓郁、环境优美的景区。从旅游角度讲，旅游小城镇具备旅游十要素——食、住、行、游、购、娱、体、疗、学、悟。从文化角度讲，旅游小城镇是文化旅游的重要载体，城镇风貌及建筑景观体现了一定的文化主题。从城镇化角度讲，旅游小城镇围绕休闲旅游，延伸发展出常住人口及完善的城镇公共服务配套设施。

（三）典型案例

洛带古镇地处成都市龙泉驿区境内，是四川省打造"两湖一山"旅游区的重点景

区、国家 4A 级旅游景区、全国首批重点小城镇、成都市重点保护镇、成都文化旅游
发展优先镇、省级历史文化名镇、全国"亿万农民健身活动先进镇"。据考证，客家
人的先民原居中国中原一带，因社会变动及战争等原因，曾有 5 次大规模的南迁，于
中国南方逐渐形成客家民系，成为汉民族 8 大民系中重要的一支。至清末民初，奠定
了客家人分布的基本范围，主要分布在广东、江西、福建、四川、湖南、湖北、贵州、
台湾、香港、澳门等地区，人口数达 5 000 万以上，占汉族人口的 5%。如今居住在
镇上的 2 万多居民中，有 90% 以上的居民为客家人，至今仍讲客家话，沿袭客家习俗。
全镇辖区面积 20 平方千米，以老街为中心，而洛带镇周围十几个乡（镇、街道办）
还聚居着约 50 万客家人，约占当地人口总数的八成以上。目前，洛带古镇是"中国
水蜜桃之乡""中国国际桃花节"主办地，其属亚热带季风气候，年平均气温 16℃—
17℃，冬无严寒、夏无酷暑、气候宜人，水质、空气均达国家标准，全年均适宜旅游。
洛带古镇是成都近郊保存最为完整的客家古镇，有"天下客家第一镇"的美誉，旅游
资源十分丰富，文化底蕴非常厚重。镇内千年老街、客家民居保存完好，老街呈"一
街七巷子"格局，空间变化丰富；街道两边商铺林立，属典型的明清建筑风格。"一街"
由上街和下街组成，宽约 8 米，长约 1 200 米，东高西低，石板镶嵌；街衢两边纵横
交错着的"七巷"分别为北巷子、凤仪巷、槐树巷、江西会馆巷、柴市巷、马槽堰巷
和糠市巷。

1. 特色项目

客家美食系列：伤心凉粉、芫蒿饼、石磨豆花、李天鹅蛋。街边美食还有玫瑰糖、
姜糖、张飞牛肉、酿豆腐、盐卤鸡、洛带供销社饭店的油烫鹅等。

客家菜品系列：客家菜最出名的有九斗碗、酿豆腐、盐卤鸡、油烫鹅、面片汤。

特色旅游产品：状元福蚕丝被为 100% 纯天然桑蚕丝被，选自本地优质桑蚕茧，
并在挑选、煮茧、抽丝、拉套等各个环节设置了质量监督，保证了蚕丝棉的品质。

特色景点：一街七巷子和客家人的四大会馆（江西会馆、川北会馆、湖广会馆、
广东会馆）。

特色节庆：每年 7 月 26 日、27 日一般会举行水龙节，场面热闹，极具客家特色。

2. 经验借鉴

凸显旅游小城镇的文化内涵。洛带古镇的名字是因三国时蜀汉后主刘禅的玉带落
入镇旁的八角井而得名。同时，湖广填四川时将客家人的客家文化带入洛带，因此洛
带古镇被世人称之为"世界的洛带、永远的客家""天下客家"的定位也得以确立。
如今旅游资源丰富，文化底蕴厚重，客家土楼博物馆、岭南街区、客家美食街区的博
客小镇一期共有 2 万多平方米，有 30 余商家入驻，其中由年画、泥塑、竹编、香包
等非物质文化遗产组成的洛带民间艺术保护发展中心扎根土楼博物馆。游客可以走进

土楼，除近距离接触非物质遗产、观看非遗传人的精彩工艺表演外，还可在客家美食街区品尝种类繁多的客家美食和来自天南海北的特色小吃，并可走进古典生活家具生活馆、画廊等文化艺术区，感受艺术文化魅力。

第二节　乡村旅游模式创新

一、乡村旅游产业融合模式的动力机制

对于乡村旅游产业融合升级的动力，本书根据动力来源分为四个方面，分别是产业内部的驱动力、市场需求的拉动力、技术创新的推动力和产业环境的影响力。

（一）产业内部的驱动力

从经济学的角度来说，利润最大化是投资者的根本目标。无论哪一个行业，只要这个行业显示出远大的发展前景，总能够吸引大量的投资者前赴后继地涌入，随之而来的就是行业内部竞争日趋激烈，在激烈的竞争环境中，投资者的收益将会逐步降低，如此一来部分投资者就会主动进行融合，将不同的因素纳入行业中，试图通过差异化来提升竞争力。乡村旅游亦是如此。随着乡村旅游的不断发展，越来越多的投资者涌入到乡村旅游产业开发中，而激烈的乡村旅游市场竞争促使投资者不断地将乡村旅游产业与其他产业融合在一起进行发展，通过差异化来获取竞争优势。

（二）市场需求的拉动力

根据马斯洛的需求层次理论，人的需求并不是一成不变的，而是在不断地升级。人的最初需求是基本的物质需求，如衣、食、住、行等需求。当人的基本物质需求得到满足时，人的需求就上升到发展需求上，如教育、医疗等需求。再往后，人的需求开始朝着个性化、分散化的方向发展，重视个体的体验满足感。而从乡村旅游的角度来看，在乡村旅游发展的初期阶段，能够满足人的基本物质与服务需求即可，但是当游客的需求呈现出碎片化、小众化、个性化的特点之后，这种模板化的供给方式就很难满足游客的需求，如此乡村旅游必须升级，而产业融合则是能够保证乡村旅游升级之后满足游客不同需求的重要保证。

（三）技术创新的推动力

产业融合理论认为技术创新是模糊产业边界、推进产业融合的主要动力。但是在

当前乡村旅游发展中，可以发现技术创新的推动力在乡村旅游产业融合上的作用体现并不是很明显。这固然与乡村旅游的特性有着密切的关系，但是我国乡村旅游发展时间较短也是一个不容忽视的因素。随着乡村旅游产业化日益显著，技术创新的推动力将会逐步凸显，在乡村旅游产业管理、市场开发、工程基础建设等方面得到表现。

（四）产业环境的影响力

任何行业的发展都不是孤立存在的，而是与其他行业有着十分密切的联系，受到宏观经济环境的影响。经过几十年的经济建设，我国的经济发展已经基本上实现了工业化模式，正式进入到转型期，这一阶段国家倡导发展第三产业服务业，而乡村旅游作为第三产业的重要组成部分，在国家支持的宏观环境中，必将迅速地与其他产业进行融合。

二、乡村旅游产业融合发展的演化路径

客观上讲，旅游产业本身就是融合了不同产业的一个综合性、边界模糊的产业。本书依据旅游要素的内容把旅游融合分为产业内部融合和产业外部融合。

（一）产业内部融合

近年来，产业内部融合是我国旅游业的一个主要发展趋势。所谓的产业内部融合指的就是投资者不断地拓展旅游产业链的内在要素，采取各种手段来促进旅游产业链各个内在要素的融合。产业内部融合所带来的一个直接影响就是催生了大量的综合性旅游集团。例如，广州开发的长隆旅游度假区包括了长隆欢乐世界、长隆国际大马戏、长隆野生动物世界、长隆水上乐园、长隆酒店等公司，各个公司经营业务重点不一，形成互补，从而增加了企业的整体竞争优势。从这个角度来说，乡村旅游的产业融合也可以走上内部融合道路，在允许的空间范围内，将各个乡村组织起来，构建大型的乡村旅游区，形成优势互补，提高市场竞争力。

（二）产业外部融合

据不完全统计，旅游业的相关产业已经达到110多个。除去基于旅游产业内部要素的融合发展路径，可以看到更广泛的是来自旅游产业外部的融合。

在分析整理相关资料的基础上，可简单地把旅游产业外部融合划分为以下几种融合路径：基于资源共享的融合、基于市场共建的融合、基于技术推动的融合、基于功能创新的融合等。

1. 基于资源共享的融合

基于资源共享的融合模式相对来说比较普遍，主要体现在原来的产业形态以第一、

第二产业为主，从旅游的视角进行分析，可以发现工业生产、农业耕作、林业、渔业等都可以作为旅游资源出现。在这样的融合模式下，出现了许多新的旅游业态，与传统意义上的依靠自然景观的观光旅游差异很大。每种旅游形式均具有很强的原生产业的价值表现。这恰恰是其吸引游客的地方。

2. 基于市场共建的融合

如果说建立在资源共享基础上的旅游产业融合主要是从旅游资源、旅游吸引物的扩大考虑，那么基于市场共建的融合则是从市场出发，着重分析细分市场需求的多元化，从而把不同类别的产业及其产品进行叠加，在相同的实践、空间里进行与消费者的对接。比如，地产旅游、旅游综合体、创意文化旅游等产品形式，就是在对市场细分之后，把不同的产业与旅游业进行合作创新，打造的新的旅游业态。

3. 基于技术推动的融合

技术推动是产业融合中的一个主要的推动力，信息技术的发展在旅游产业的融合中具有重要的作用。

4. 基于功能创新的融合

传统意义上的旅游注重离开居住地多长时间，然而现在随着消费者理念的改变及闲暇时间的增加，赋予了旅游更多的意义。在我国，养老问题已经越来越社会化，许多区位、环境适宜的乡村开始开发以养老、康体旅游为代表的老年人度假旅游，这就是典型的基于不同产业功能创新的融合模式。

这种融合模式需要建立在社会发展大背景之下，顺应潮流，开发乡村旅游新的价值与吸引点。

基于旅游产业的外部融合，总体来看，发生在旅游产业与其他产业之间。不管是出于什么模式的融合发展，客观来看，就是通过一种新的价值创造来形成一种新的旅游形式。

三、我国乡村旅游产业融合的意义

（一）为新型城镇化提供产业依托，促进就业

从古至今，人们一直强调"安居乐业"，从这个词也可以看出，"乐业"是建立在"安居"的基础之上的，即人们只有具有了稳定的工作与居住环境才能够追求"乐业"。而从国内的大环境来看，乡村居民的工作与居住环境并不稳定，外出务工是绝大部分乡村居民的选择，原因就在于乡村的就业机会较少，在这种情况下新型城镇化建设也就失去了动力。而乡村旅游产业融合能够催生出更多的新型产业，对于新型城镇化建设而言，这些新型产业能够提供大量的就业岗位，如此一来乡村居民就不需要

通过外出务工的方式来获得经济收入，真正实现"安居"。此外，乡村就业岗位的增加带来的是乡村居民经济收入的增加，而经济收入则会对市场经济产生刺激，活跃市场，从而加速新型城镇化建设。

（二）促进相关产业的发展，优化产业结构

1994年联合国世界旅游组织将旅游定义为：只要是为户外活动提供服务的行业都属于旅游业。从该定义中可以看出，旅游产业的一个主要特点就是边界十分模糊，与其他产业的关联性较强，很多产业在特殊的环境下摇身一变都可能成为旅游业的一部分。因此，旅游业的发展能够有力地促进相关产业的发展，例如与旅游业息息相关的交通运输业、娱乐业、饮食业等。

（三）刺激基础设施的改善，促进精神文明的发展

为促进乡村旅游产业一体化建设，新的城市在产业化时必须以乡村旅游为核心，系统、科学、合理地规划和布局。在旅游业整合的同时，也将伴随着资金和技术的投入，对新型城镇化建设的区域基础设施建设起到很强的推动作用。在达到想要实现的目标时，伴随着竞争和择优，在压力的驱使下，村民需要提高自身的文化素质，改善文化氛围，加强精神文明建设。

四、我国乡村旅游产业融合模式分析

（一）资源共享融合模式

资源共享融合模式，借助于其他行业的旅游资源，进而形成乡村旅游，其他行业为满足乡村旅游的多元化需求，精心进行组织规划、开发利用、产品创新，多种类丰富乡村旅游产品类型。乡村旅游资源的延伸，也正是由于不断扩大这些创新产业的融合，丰富了乡村旅游资源。例如，乡村旅游是指在农业生产过程中，以乡村景观、农村劳动生活场景作为乡村旅游的主要吸引力，以乡村工业生产、工厂式工作生活场景为主要旅游景点的乡村旅游活动。乡村旅游与乡村工业旅游相结合，使其具有农业、工业和乡村旅游的特点。通过农业与乡村旅游业有效融合，既符合旅游市场多样化，又符合乡村旅游的内涵和发展空间，也拓宽了渠道建设的效益，使传统的农村农业和工业的未来发展有了更大的可能性，传统产业焕发出新的活力。此外，还有一些是通过整合资源，以乡村旅游产业的形式来展开的，如农村文化节活动，依托农村旅游节庆的发展，以乡村林业资源为基础的乡村森林旅游。

（二）技术渗透融合模式

技术渗透融合模式指的是在技术创新和管理创新的推动下，原本属于不同行业的

价值链逐步地渗透到另一个行业，两者相互作用，从而形成一个全新的产业链。在现代社会市场经济环境中，创新是保持竞争优势的根本路径，对于乡村旅游而言，虽然乡村旅游产品并没有涉及现代化生产技术，但是作为现代市场经济的一部分，乡村旅游也必须遵循时代发展的潮流，不断地进行创新才能够保持旺盛的生命力。

在日益激烈的市场竞争中，只有以满足市场需求的行业秩序，使乡村旅游不断创新和发展，创造出新类型的乡村旅游产品，才能够立足于行业市场。新型旅游业态要求乡村旅游业积极整合其他行业的相关技术，如果一些行业具有突出的技术优势，也可引入到乡村旅游产业中去促进其发展。例如，在发展过程中，旅游业积极与动漫产业、文化创意产业等相结合，形成了一种新型的旅游产品，产生了新的旅游形式。此外，信息化是旅游业最突出的特征之一。现代信息技术广泛应用于乡村旅游，如乡村旅游资源、基础设施建设、项目开发、市场开发、企业管理、咨询服务等领域。旅游信息化使乡村旅游发展战略、经营理念和产业结构变化，更加适合现代企业发展的步伐，由此产生的产业体系创新，管理创新和产品、市场创新，使乡村旅游产业发展模式发生转变。乡村旅游产业的科技含量不断提高，为旅游业增添了新的内容，注入了新鲜活力和动力，加快了乡村旅游产业融合和结构优化的进程，提高了乡村旅游产业的整体素质，使其发展提高到了一个新的水平。总之，技术整合，提高乡村旅游的技术含量，使乡村旅游业充满了新的活力。

（三）市场共拓融合模式

在日益激烈的市场竞争背景下，旅游业发展迅速。具有相当规模的乡村旅游目的地、相关产业的经营者为保持和提高自身的核心竞争力，有针对性地在农村旅游市场寻找发展机遇，使市场成为相关产业进入乡村旅游的有效路径。例如，历史悠久和具有深厚文化底蕴的古镇，将乡村民俗的发展和文化旅游相结合，不仅完全保留了古村镇的历史风貌，还传承了古村落的文化基因与历史文脉。此外，旅游业和房地产业相结合，如三亚房地产行业与旅游业密切合作，紧跟旅游业的前进步伐，三亚房地产行业迅速崛起，形成崭新的追赶，甚至呈超越旅游业的形势。旅游房地产逐渐成为三亚旅游市场的独特行业。房地产行业和旅游业共拓市场、相互渗透和融合，为三亚带来了新的发展机遇和利润空间。

（四）功能附属融合模式

功能附属融合模式指的是每一个行业都具有多种社会功能，部分行业所具有的社会功能在某种程度上是一致的，那么就可以将这一功能作为切入点来进行融合。

将功能作为切入点进行产业融合不仅有利于突出各个行业的社会功能，更能够增加行业的功能效益。例如，体育的主要社会功能之一就是帮助人们锻炼身体，放松心情，而旅游行业的主要功能之一也是为了消除人们的疲劳，使人们放松心态，如此一来两者就有了共通之处，可以将这一社会功能作为切入点进行产业融合，从而形成一种新的乡村旅游形式，发展乡村体育旅游等项目。这种旅游形式不仅加强了体育与乡村旅游在促进人们身心健康发展方面的作用，更拓宽了乡村旅游与体育产业的范畴。

上述模式是其他产业与乡村旅游产业整合的结果。但在实践中，乡村旅游的新业态发展，各种融合模式是互动的，甚至有时是多模式共同推动的结果，只是在某些方面占据主导地位的因素显示出更突出的作用。

五、我国乡村旅游产业融合步骤分析

我国乡村旅游产业融合，需要按照以下两个步骤进行：

（一）摸清市场

随着经济的发展，在新的乡村旅游产品必须满足市场需求和产业发展的条件下，新的市场需求形成了新的旅游业态。在相关产业与旅游产业的融合中，它们与经济活动的交叉、渗透和需求的互补性，能够降低交易成本，实现互惠互利，在竞争中实现双赢。因此，我国乡村旅游产业的融合不仅要满足市场在乡村旅游和乡村旅游产业发展中的需要，而且必须适应和满足融合产业的各方面的需要。

基于这个问题，探索乡村旅游产业融合应该遵循这样一个过程：首先，扩大旅游市场调查，摸清市场形势，掌握需求变化，分析和预测旅游市场的发展趋势。其次，分析市场进入行业的特点，了解行业的优势等。找出准确的两个行业的市场趋势是发展新型的以满足市场需求的农村旅游产品的关键，使产品更具活力。因此，充分摸清市场，是探索乡村旅游产业融合的关键步骤之一。

（二）找准"融点"

只有充分了解市场需求，准确判断乡村旅游产业发展导向，才能减少乡村旅游产业融合的盲目性。从这个推断可以知道，确定"融点"更重要。所谓"融点"是指因为经济、资源、技术、市场的原因，乡村旅游业与其直接、间接相关或非相关产业产生的相互关联点。找准"融点"需要从乡村旅游业的产业入手并展开相关产业的分析。应侧重于分析乡村旅游业各个方面的组成要素、功能、资源配置、市场需求与发展和管理，以及与其相关产业的联系。例如，能否为乡村旅游资源提供良好的环境，为发展乡村旅游业和企业管理、产品开发提供技术支持，为乡村旅游业提供新的市场发展空间，突出和加强乡村旅游业的功能等。从多个方面分析乡村旅游产业的衔接，找到乡村旅游与相关产业的交融，就是掌握了产业融合点，找到了乡村旅游产业整合的入口路径。

六、乡村旅游产业融合发展的途径

（一）优化丰富乡村旅游产业形态

当前国内经济发展的热点之一就是供给侧结构改革。推动乡村旅游产业融合发展首先要做的就是丰富乡村旅游产业形态，否则乡村旅游产业融合也只是空谈。对此可以从以下三个方面进行把握：

第一，将旅游业之外的其他产业通过旅游资源的形式表现出来，从而达到丰富旅游资源外延、扩大旅游产品范畴的目的。例如，传统的手工业生产工具与农业生产工具本不属于旅游业，但是可以将这些纳入到旅游资源的范畴中，有针对性地开展手工生产体验与农耕体验的乡村旅游项目。

第二，利用现代化信息技术对传统的乡村文化进行创新融合，将不同的乡村文化融合在一起通过现代化信息技术表现出来，形成一种新的乡村旅游形态，即演艺旅游。

第三，通过功能的融合丰富乡村旅游产品业态。不同的活动内容，其社会功能往往会有异曲同工之妙，旅游对于游客来说，放松、休闲、猎奇、社会交往等都是目的，同样也可以借助于其他活动来达成。因此，可以借助这种功能融合的路径进行新业态创造，如把乡村旅游和游学、养老、康体、教育、医疗等进行结合。

（二）优化乡村旅游需求市场模式

传统的乡村旅游市场营销不外乎迎合游客的需求，进行简单的推销，但是这种营销方式明显是站在乡村旅游的角度进行考虑的，并不适合产业融合模式下的乡村旅游。因此，对乡村旅游需求市场模式进行优化势在必行，这就要求乡村旅游地区在对旅游市场需求进行分析和整合时充分地将其他产业融入其中，创造出新的旅游产品。例如，将乡村的房地产行业与旅游业结合在一起形成房产旅游，将乡村的手工业与旅游结合在一起形成会展旅游等。

（三）优化乡村旅游产业运营形式

从本质上说，任何对市场进行优化的行为其实解决的都是市场上供需之间的问题。对于乡村旅游产业融合模式的实现而言，优化乡村旅游产业运营模式是必要的，以往的乡村旅游模式是独立发展的，与其他产业的互动性并不是很高，这就制约了乡村旅游产业与其他产业的融合。在产业融合之后，乡村各大产业将会逐步形成一个整体，一个产业的发展将会带动乡村旅游以及其他产业的发展，具体而言，优化乡村旅游产业运营模式对于乡村旅游产业融合模式的实现所带来的好处主要集中在以下两个方面：

第一，不同运营主体之间的优化组合，从单纯的农户单打独斗的模式，发展为农户、公司、合作社、政府、中介组织等相互之间的组合，可以看作是不同优势资源的组合。

第二，旅游信息化在乡村旅游发展建设过程中的作用不断强化，资源整合、信息共享、市场推广、现场促销、管理模式等都在发生着很大的改变。

第三节　产业融合模式下乡村旅游发展思路

一、多元化的政府角色界定

（一）决策规划者

在乡村旅游发展过程中，政府应该扮演好"决策规划者"的角色。政府在主导旅游和旅游产业融合的规划发展方向方面，更多的是处于战略性质。政府应立足于乡村旅游和谐可持续发展的宏观层面，用战略眼光来引导和规范本国、本地区的乡村旅游产业融合发展，保护乡村旅游资源，有效防止乡村旅游在产业融合发展过程中的盲目行为和短视行为，要更加关注乡村旅游发展的和谐以及可持续发展，进而制定科学的、长远的发展规划。

若从战略布局来看乡村旅游规划，是基于乡村旅游的和谐发展目标的制定，整合资源以实现该目标的整体部署过程。一个好的乡村旅游规划，必须考虑系统性、全局性、整体性，建立一个发展目标体系，分别从经济效益、社会效益、环境效益、文化效益等着眼，致力于综合整体优化，从动态发展的视角处理问题。乡村旅游系统的结构比较复杂，牵一发而动全身。第一，政府需要在观念上、概念上明确乡村旅游及融合的界定，不能孤立地对待乡村旅游，要清晰明确其地位、目标和作用等，这样能对乡村旅游的发展有宏观的把控。第二，政府应该凸显市场的主体地位，做好政府职能服务，把握市场需求趋势，做好乡村旅游产业融合发展规划，市场运作要放给市场主体，合力去促进乡村旅游产业融合的发展。政府可以运用合理的宏观调控手段，尽量避免政府运营管理。第三，不管是战略规划还是具体的战术执行，作为政府，乡村的和谐可持续发展必须是出发点。

（二）市场开拓推动者

很多学者在界定乡村旅游的概念时明确指出，乡村旅游是产业融合的产物，最先表现为农业与旅游业的融合，如农家乐、渔家乐、农业观光园、民族村落等。

这个阶段的游客的出游动机相对简单，主要表现为对城市生活的逃避、为了孩子的乡村教育等。游客具备一定的消费能力，并且有消费的欲望，来自于城市游客的消费，往往能够对农民的经济、文化生活产生一定的影响。

在发展的初级阶段，往往会存在很多问题。从国家管理层面来讲，包括相关的法律法规制度建设有待完善、政府监管范围与力度不够、基础设施设备匹配不足、严重落后于消费者的需求、配套资金缺乏、融资困难等；从乡村旅游产品开发供给层面分析来看，不同地方的旅游项目建设缺乏创新，往往简单重复、旅游资源的开发比较低端、缺乏精品与特色、旅游开发盲目性较强；从乡村旅游管理运营方面来讲，这个阶段因为多以农户的自发成长为主，所以管理混乱，短期行为比较严重，几乎很少有长远规划，同时企业主体营销手段落后等，这一系列的问题可以总结为缺理念、缺资金、缺专业人才，靠市场的力量无法有效解决诸如此类的问题，因此必须由政府行为进行解决。

扮演好"市场开拓推动者"的角色。政府在乡村旅游产业融合发展中要重点做好发展规划的编制、相关产业的引导、发展政策的制定、整体环境的优化、全域旅游氛围的营造、良好有序的秩序维护等工作。这些工作多为外部推进性工作，针对一个区域的发展，具有准公共产品的性质，若是全部放到市场，则很难使资源配置健康发展。在诸多工作中，要重点把握四个"大力主推"，即"推动产业、推广经验、推向市场、推行标准"。首先，通过鼓励政策的引导，推动产业可以提高农民的积极性，大力发展乡村旅游产业融合；其次，通过培育典型、重点示范、以点带面、推广经验，对广大农民而言，既有发展的动力，又有学习的榜样，提升了广泛参与乡村旅游发展的可行性；再次，市场观念的培育，让农民在经营中学会把目光放在需求分析上，而不再埋头按照自己习惯的方式发展，市场意识和服务意识的建设与普及进一步提升了乡村居民的市场适应能力和服务能力；最后，对于政府来讲，引导规范化建设，推行相关标准，进行规范化管理，如此发展，乡村旅游方能大有所为。

为了更加有效地推动乡村旅游产业融合发展，政府应该发挥市场的主动性，与市场进行配合。依据客观分析，乡村旅游业若想长足发展以及进行良好的产业融合，要对其根本动力——市场需求有清晰明确的认知。在我国，政府在旅游业管理中一直发挥着重要作用，政府的主导在一定程度上可以维持旅游业的稳定发展，但是从长期看，政府的主导不利于旅游业的长久和谐可持续发展。政府在乡村旅游产业融合发展中，应该起到推动配合的作用，应该与市场进行良性互动、相互配合。在乡村旅游产业融合发展中，政府与市场不可或缺。一方面，政府应该避免因层级间的障碍造成的上下级之间的沟通不畅，上级部门及时将相关政策传达解读，地方政府则应及时将本地乡村旅游产业融合的实际情况反映到政府中去，并采取一些积极合理的措施。另一方面，还需要大力发挥市场在乡村旅游产业融合发展中的作用，根据市场机制来推动资源匹配，优化产业结构，促进乡村旅游产业融合的发展。

（三）规范管理实施者

目前，我国针对乡村旅游而制定的相关政策和法律法规还远远不够，甚至在有些乡村旅游景区，经营管理方面存在无法可依、无策可循等混乱现象，对游客的乡村旅游体验影响很大。如"黑社""黑导""乱收费""强迫购物"等问题，皆与缺乏规范的管理有关。因此，政府应该做好乡村旅游产业融合的规范管理，出台相应的管理条例，对景区经营活动和服务人员进行规范有效的管理。同时加大执法力度，对景区中的"黑社""黑导"等进行严格管制，树立好的乡村旅游形象。

政府在进行乡村旅游规范管理时，应当更加关注管理的目的与过程。我国现有的乡村旅游管理中存在着一种现象：政府部门往往忽略管理的目的与过程，而比较看重管理的结果，这就会导致出现乡村旅游发展中治标不治本的问题，从而忽视对于根源问题的治理。我国政府每年都会投入大量的人、物、财在全国各地的乡村旅游管理上，若是用投入产出比进行衡量的话，可以发现效果非常不理想。究其原因，是一些根源性的问题没有达成共识，在乡村旅游管理当中还存在很多分歧，甚至很多地方的领导以及政策往往很短视，注重短期业绩，而忽略了乡村旅游的内涵及本质属性。就一些可以预见的问题而言，没有备选方案，没有提上日程，在方案设计上往往只有唯一提案，因此，在乡村旅游业发展的过程中，问题日益积累。目前在我国的一些乡村旅游景区就出现了很多有代表性的问题：当地政府为了政绩，不顾实际发展情况，一些项目盲目上马、过度开发等；破坏了旅游资源的可持续发展，甚至对一些乡村文明造成不可挽回的破坏性开发，抑制了乡村旅游业的和谐发展。

由于乡村旅游业与其他产业的融合发展会涉及多个产业领域，关系到不同的部门，因此在乡村旅游产业融合的实践中，政府需要理顺方方面面的关系，使其综合化、常规化，而不是局限于旅游部门单方面的监管。

（四）政策支持者

在乡村旅游产业融合发展中，政府应该制定相关的法律政策，使乡村旅游开发建设、管理运营能够有法可依。只有制定了相关的法律法规，人们才会意识到乡村旅游市场的发展需要遵守规则、需要各方维护发展秩序。我国乡村旅游产业快速发展，诸多的问题曾出现或者正在出现，一如当年欧美发达国家的乡村旅游所经历过的一样。比如，在旅游景点，生态资源破坏严重，环境严重被污染，而当地政府往往只注重旅游地的经济发展，衡量指标也是硬性的经济指标，如年接待游客、年旅游收入等直观的经济数据，而忽略了环境的可持续发展问题。随着生态环境的破坏性开发，从整体层面上看，我国大力倡导的全域旅游受到极大的限制，在对很多旅游景点的可持续发展评价上，评级甚至已经列为极度不可持续发展，过早地进入了旅游目的地生命周期里的衰退期。有鉴于此，为了未来的发展，政府应着眼于未来的可持续发展，制定相关的法律法规政策，为乡村旅游发展保驾护航，同时强化法律法规政策的落地。在执行过程中，与地方旅游行政部门密切配合，进一步推动我国旅游业的可持续发展，实现全域旅游的美好愿景。

在乡村旅游的成长阶段，乡村旅游作为一种特殊的旅游形式已经被大众认可接受，各类投资主体纷纷加入进来，因此乡村旅游的经营主体日益丰富，并呈现多元化。随着交通条件、基础建设的日益改善，乡村旅游目的地的有效辐射范围逐渐扩大，从周边城区逐步外延，有的甚至打入国际市场，形成了一定的市场规模。乡村旅游带来的直接和间接收入不断增加，受益人口规模逐渐扩大。在该阶段，因为企业行为的增多，带来经济收益增加的同时，对乡村的生态环境以及乡村文化遗产等也带来很多负面影响，而且在以游客为主体的城市文化面前，乡村文明受到很大冲击，原住民心里往往会对城市文明产生趋同感，长此以往，一部分农村传统文化可能会衰减甚至消失。

为推动乡村旅游发展，政府还应该为乡村旅游产业融合出台相应的扶持政策，如各种优惠政策、财政支持等，还要重视产业规模和产业结构的协调发展，提升效率和效益；在政府管理层面，要加强行业管理，使之制度化、规范化、常规化，形成健康有序的市场秩序。

二、产业政策整合，保障乡村旅游

（一）产业开放政策

引进和借鉴国内外的管理方法与经验，提高服务能力和管理水平，改革管理体制和经营组织。可探索多种途径，引进专业管理公司，实行所有权与经营权分开、特许经营制度、政企分开等。

（二）产业优先政策

在区域整体发展背景下，选择优先发展区和重点旅游区，进行优先开发，建立并完善旅游产业优先发展保障制度。基于可持续发展的战略目标，建立生态旅游示范区、旅游扶贫试验区和旅游度假区，享受同类开发区政策。

（三）财政倾斜政策

增加财政投入，主要用于旅游形象宣传、宏观管理、规划开发、奖励促进、加强旅游基础设施建设等。

（四）招商引资政策

制定旅游开发招商引资优惠政策，创造最佳的投资环境，鼓励企业、乡镇、个人参与投资。给予税收、土地等方面的优惠政策。

（五）奖励促进政策

对在乡村旅游品牌创建中，取得不同级别荣誉称号的进行奖励；对在组团、促销等方面做出突出贡献的旅行社和企业予以奖励。

（六）其他相关政策

制定优惠政策，积极引进不同层次的旅游专业管理人才；开展专业研究、信息咨询、人员培训等方面的交流合作，学习其他地区的先进技术和经验，为旅游业发展提供保障。

三、产品集成，调整乡村旅游产品供给

（一）旅游体系内部融合：将乡村旅游融入城市休闲体系

长期以来，城市旅游与乡村旅游从概念界定、市场开发、产品挖掘等方面，一直是不相关的两个概念。如何把城市旅游资源和乡村旅游资源整合起来，形成区域旅游市场的连接，是当下发展旅游业区域联动的一个重要问题，具有很强的现实意义。我国城乡经济二元化的突破也需要一个带动性强的切入点，而旅游产业的边界模糊性、旅游市场的一体性对于统筹城乡经济发展具有不可替代的重要作用。要消除这种城乡旅游开发的阻隔，必须努力构建连接城市与乡村的旅游产业链条。

（二）利用融合推动乡村全域旅游创意产品开发

要树立乡村全域旅游的开发理念，将整个乡村作为旅游吸引物，促进城市和乡村旅游发展的一体化，对资源和要素进行整合，努力挖掘资源的传播点，挖掘与旅游呈现的立足点。突出旅游产业的主导性，不是简单地做加法，而是需要融合发展，社会资源和生产要素的优化配置紧密围绕旅游业展开，发展成为一个布局合理、形象突出、要素完备、魅力十足的旅游目的地。

（三）推进乡村旅游产品开发的集群化

在乡村，单个景区的吸引资源往往比较单一，吸引留住游客的能力有限，要用产品组合的观念打造旅游产品的集体概念，突破靠单一景区来发展的既有模式。因此，可以通过合理设计，将一定区域内的景区由点状分布形成网式结构，如成都市三圣乡的"五朵金花"，就是一个典型的乡村旅游集群化发展的经典个案。通过这种设计，

既可以提升旅游区域的产品开发、品牌传播，又可以提升游客的满意度。

首先，应该充分体现政府的力量，加强基础建设，加强景区间的交通建设，提高各景区间的交通便利性，降低游客的时间成本和交通成本；其次，在各景区间，建立一个共同的管理平台加强联系，同时不断创新各自特色，形成"一村一品"，降低旅游产品的同质化；再次，通过联合营销的方式推广一个主题，形成大乡村旅游的概念；最后，针对不同诉求的群体，合理设计旅游路线，真正体现当地乡村旅游的特色，着力提高游客的停留时间，增加游客体验的空间与感觉。

依据乡村旅游所涉及的不同环节，也可以从田园风光、民俗文化展示、乡村旅游服务企业以及乡村旅游支撑机构几个方面来界定乡村旅游产业集群。

四、路径通融，创新乡村旅游产业融合方式

乡村旅游具有旅游行业的一般特征，可以提供比较灵活的就业方式，对劳动力的素质要求不高，产业关联性强。旅游者的要求也在不断发生变化，越来越关注旅游产品多样性，日益关注旅游活动的代入程度带来的体验，这就给乡村旅游的发展提出了要求，即在把握乡村旅游本质属性的基础上进行提质升级。结合当地的产业发展实际情况，就如何依托本土优势资源，进行产业链的延伸以及农业与旅游业结合、工业与旅游业结合、文化创意产业发展等，提出如下思路：

（一）依托农副产品，实现产品整体概念的挖掘

建设好特色旅游商品生产基地，是带动开放、挖掘潜力、培育核心竞争力的重要途径，是促进就业、建设新农村、构建和谐社会的重大举措，是加快追赶型、跨越式发展的必然要求，是提升对外形象、树立旅游品牌、促进经济又好又快发展的迫切需要。

（二）依托特色农产品基地，实现"农业＋旅游"的融合

以市场为导向，以结构调整为主线，努力培植资源有优势、产品有特色、生产有规模、销售有市场的主导产业和主导产品。同时按照"区域化布局，规模化发展，产业化经营"的思路，全力推进乡村旅游产业融合发展。

（三）依托当地现代农业，开发健康有机餐饮，拉长产业链

以现代农业基地为平台，各类有机农产品为主体，如借助龙阳绿萝卜、界河马铃薯、姜屯大葱等已有知名品牌，结合旅游餐饮提倡健康饮食，以"体验有机生活，享受健康饮食"为主题，根据各地特色开发健康有机餐饮，提出"有机鱼鲜汇""有机果蔬宴"等有机餐饮品牌。

（四）依托现有土地民居，实现"养老＋地产＋旅游"的融合

实施完善的土地流转政策，大力发展规模化农业，生产要素集约化、农业生产过程标准化以及引进现代产业化经营，建立健全农村土地流转机制，发挥政府和市场各自的作用，尊重农民的意愿，促进农业增效、农民收入增加，促进农村经济健康稳步发展。发展乡村旅游，能够创造就业岗位，合理安置农村富余劳动力，使其离土不离乡，还能够有一份收入，拓宽了农民增收渠道。同时，应积极发展特色旅游地产，以休闲度假为目的，以旅游项目为依托，以优美的景观和良好的配套为支撑，尤其是针对当下的老龄化以及养老问题，可以有选择地打造城市老人的第二居所，发展老年的休闲度假旅游市场。

五、管理模式创新，优化乡村旅游产业链

乡村旅游特色化、品牌化、规范化和规模化是乡村旅游最终走上产业化的必由之路。乡村旅游的组织管理模式应关注以下内容：

（一）组建大的旅游企业集团，提高组织化程度，全要素发展

旅游服务涉及面广、产业链长，因此其分工不宜过细过窄，适宜培育多要素乃至全要素企业。为了保证乡村旅游的高层次发展，提高组织化程度非常关键。

（二）统筹安排、科学规划，实现优势互补

经营针对地方政府，尤其是政府主导型的乡村旅游开发，主要包括：制定规划，制定支持发展乡村旅游的地方政策，建立乡村旅游地方标准，多方筹措资金，不同乡村进行"一村一品"开发建设，公共基础设施的建设维护，开展乡村旅游业从业人员培训，加大乡村旅游产品的供给等，以及城乡之间的联动，都离不开政府的统筹安排、科学规划。

（三）建立利益连接机制，培养联动发展模式

乡村旅游产业化若想健康发展，关键和核心在于建立利益连接机制以及联动发展模式。以旅游业为龙头的价值链的形成与完善，需要通过发挥乡村旅游的乘数效应，大力发挥旅游产业的拉动功能，促进关联产业的发展。联动发展模式的建立主要围绕不同的产业，形成广义上的产业价值链，如旅—农—工—贸，从而促进农村产业结构调整。围绕乡村旅游，就旅游构成要素而言可以包括以下行业与实体：吃、住、行、游、购、娱可以延伸到美食、餐饮、宾馆、民宿、农业、产品深加工、运输、房地产、体育业、创意文化等。因此，围绕乡村旅游结合不同产业开展不同的活动，进而会带

动生产要素市场，如信息、资金、技术等的发展。长远来看，通过利益联动，对农业产业化的进程定能起到加速作用。

（四）乡村旅游业态和模式创新

在乡村和乡村旅游的发展中，市场经济的规律和要求始终是基本原则，在现实发展中，客观存在着部门、区域、相关者的各自利益和诉求，因此需要突破局限，站在大区域、大市场、大旅游的高度，实行政府主导、企业经营的创新战略，全面推进乡村旅游的发展。

目前，乡村旅游产品形式普遍比较单一，很多地方乡村旅游缺乏特色和个性，为了改变这种现状，需要对乡村旅游发展业态与模式进行丰富和创新，在满足不断发展变化的旅游需求的同时，推进普通农户通过业态和模式的改变，扩大规模、形成规模效益，提高品质、打造精品，形成品牌、树立差异性。

在发展乡村旅游经济的道路上，发展路径很多，如依托传统村落建设旅游村镇、与生态农业结合营造生态农业新村、在政策扶持下开发旅游扶贫区、以高科技农业为主题打造观光园等，建设依托知名景区、民族民俗文化村落、历史文化村落、农业产业集聚区发展等不同类型的乡村旅游集聚区或综合体；在乡村旅游业态上，要因地制宜，构建多元业态；在乡村旅游模式上，在依据共性的理论基础上，凸显个性的原则，围绕当地独具特色的资源和主要的目标市场需求，不断探索，发展乡村旅游的模式。乡村旅游发展模式详见表4-1。

表4-1　乡村旅游发展模式规划汇总

产品类型	发展模式建议	举例
农户型	"农户＋农户""公司＋农户""政府公司＋农户"	各种农家乐、农事参与等
村落型	"公司＋社区＋农户""股份制""政府＋公司＋农户""政府＋公司＋农村旅游协会＋旅行社"	主题文化村、乡村博物馆、民俗村、生态养生农庄等
农场型	"公司制""公司＋社区＋农户""股份制""政府＋公司＋农户""个体农庄"	观光农园、乡村营地等
企业庄园型	"公司制""公司＋社区＋农户""股份制"	乡村俱乐部、企业庄园
产业庄园型	"公司制" "公司＋社区＋农户""政府＋公司＋农户""股份制"	产业庄园等

六、全方位营销模式创新，加速乡村旅游产业融合

（一）品牌营销策略

目前在市场营销实践与理论体系中，品牌战略居于主导地位，品牌之所以如此重

要是因为品牌的作用。首先，通过品牌建设和传播，可以突出旅游产品或服务的特色，与竞争者相比有良好的传播点；其次，品牌传播对于旅游形象的树立具有不可替代的作用；再次，通过品牌传播，可以加深消费者的认知，进而提高旅游者的购买率和重购率；最后，通过品牌构建与传播，形成企业的品牌资产，体现旅游企业的综合竞争力。

对于乡村旅游目的地来说，区别于一般的实体产品和服务。首先，一个优秀的乡村旅游目的地需要依托丰富的旅游资源；其次，乡村旅游知名品牌的打造，同样离不开优质的服务。因此，在乡村旅游品牌建设与传播中，要有清晰的认知，如自身资源、市场需求偏好、竞争企业等。在市场选择上，要注意发展先后顺序。往往是由近及远，先易后难，先省内市场，再周边省份，后国际市场。通过选择不同的平台，不断地宣传促销，树立旅游形象，加大市场影响力，提升旅游品质，保证乡村旅游品牌的市场影响力。

（二）整合营销传播策略

源于美国的整合营销传播理论被广泛流传应用，在开拓发展市场、提升旅游品牌形象、促进规模发展、提升消费者购买意愿等方面具有重要的作用。

1. 同一地理空间内的不同乡村旅游产品之间的整合营销

在同一区域范围内，乡村旅游产品之间要形成一种良好的竞争与合作的关系。目前，很多乡村旅游产品存在着严重同质的现象，尤其是像以农家乐为代表的最初的乡村旅游产品开发，在相对集中的地理范围内，难免会发生恶性竞争。从长远的发展来看，无论对游客还是对业主，都存在很大的风险。

因此，在开发乡村旅游的时候，主张"一村一品"，在同一区域范围内，形成可以互补的合作关系，往往以政府主导推进，强调整体形象和品牌，实行整合营销，共同培育开发市场。既降低了经营风险，避免了恶性竞争，又增强了对游客的吸引力。

2. 不同区域间的联合营销

乡村旅游产品的行政区划以县市区一级为主，乃至于乡镇一级，其拥有的资源有限、资金不足，传播的影响也极其有限。因此，营销还应考虑主动纳入市、地区等更大区域的联合营销中去，尤其是考虑与主要景区进行联合，形成联动模式，也可以考虑寻找成熟的旅游市场进行依托，进行游客引导开发乡村旅游市场。

以泰安市岱岳区和泰山区的乡村旅游景点为例，因为这两个区具有明显的地理空间优势，环泰山分布，泰山就是最好的可以捆绑的平台。而且在市场宣传的过程中，泰山的知名度和美誉度为这两个区的乡村旅游做了良好的背书。

除了依托知名景点以外，还要善于挖掘整体的历史空间感，就滕州市而言，环微山湖、大运河一线，就是非常好的历史空间的载体再现。

3. 不同的营销传播手段的综合运用

在市场营销传播的概念里面，传播的手段多种多样，其中比较经典的手段有这样几种：广告、人员推销、公共关系和营业推广。目前，越来越多的地方政府，开始关注旅游目的地形象广告的打造，在不同的营销传播手段里面，他们所起的作用、花费的成本以及影响的范围是有差别的。因此，在营销传播的过程中，要进行深入系统的分析，针对当地乡村旅游目的地的定位和目标市场，进行有针对性的营销传播手段的组合。

4. 不同传播媒介的综合运用

随着互联网、移动通信手段和网络技术的飞速发展，各种新型的信息获得方式越来越普及、便捷。这就给乡村旅游的传播提出转变思路的要求。在关注传统优势媒介的同时，还要关注各种各样的新媒体信息传播。

（1）传统媒体

①借助目标客源地的传统媒体。借助目标客源地报纸、杂志、电视、广播、户外广告等传统媒体宣传旅游区的旅游形象及旅游产品，不断扩大宣传推广范围和提高旅游区知名度。

②分发旅游宣传册等材料。积极参加旅游推介会和说明会以及各种旅游会展，向当地旅游业界和游客派发旅游宣传册、促销单张、旅游地图等各类宣传资料。

③与专业旅游杂志合作，形成营销软文。在专业策划的基础上，与国内重要旅游杂志合作，形成一定量的营销软文，营造正面舆论规模，不断传播新的乡村旅游形象。

（2）网络媒体

网络营销方式可以充分发挥新媒体的作用，应对不断变化的市场要求。新媒体在选择上主要分为三类：网络新媒体、移动新媒体和数字新媒体，重点实施微博、微信、微电影、微视频和微图画、微营销。

①网络新媒体。主要包括各大门户网站（如携程、艺龙、新浪、搜狐），电子邮件／即时通信／对话链、博客／播客、网络文学、网络动画、网络游戏、网络杂志、网络广播、网络电视等。重点关注微博及社交网络的"病毒式"传播的口碑宣传方式，对旅游区进行"病毒式"传播。

②手机新媒体。在选择上可以有智能手机应用程序软件、手机短信／彩信、手机报／出版物、手机电视／广播等。

③数字新媒体。数字新媒体广告投放包括数字电视、IPTV、移动电视、楼宇电视、城市多媒体终端等。在一级目标客源市场的火车站、飞机场、饭店大厅、大型购物中心、重要的景区景点和旅游咨询中心等地，开展旅游营销宣传。

（3）公共关系渠道

①公关营销。整合社会资源，分析贴近目标市场的各种社会活动、政府公关活动、

有关的专业组织会议等进行品牌植入。

②名人营销。明确分析当地的文化资源、自然资源等，把握其特质，遴选聘请具有共性的名人进行相关的市场推广活动；或者根据实际情况安排名家名人参与活动，利用名人效应，进行旅游目的地的营销。

③会展营销。会议展览因其影响效果越来越被地方政府部门接受，尤其是高规格会议，会议效应往往可以形成旅游宣传的亮点；而且会议效应的融入性与持续性比较可取。除了主动举办会议以外，还要主动走出去，通过选择主要市场，精心准备参加国内外重要的旅游交易会。

④文化营销。文化与旅游具有天生的渊源，可以走官方渠道，如申报世界文化遗产或者非物质文化遗产等。文化营销难在历史文化的物化与实体转化。

（4）专项营销渠道

①旅行社营销。与国内重大旅行社进行合作推广精品线路，借助知名旅行社的渠道，分销旅游区的旅游产品；与目标客源市场的旅行社建立良好的合作关系，定期组织认知之旅，让其了解旅游区的特色，同时针对不同目标市场的旅行社提供不同的优惠套餐，以求最大力度地吸引当地游客。

②行业协会营销。建议乡村旅游点加入不同的行业协会，利用行业协会的渠道进行精准销售。

③旅游大篷车促销。面向大众市民，在城市中心区和人流密集的商业广场、商业街，采取旅游大篷车的方式开展宣传促销活动。

④社区促销。深入社区，拓展周末休闲市场，针对主要客源市场，组织旅游区营销小分队直接深入其中的大型社区，特别是高端住宅区和高端酒店区等，开展促销宣传活动。

（三）有效区分市场，采用多维营销策略

在市场营销中，基于市场细分、市场定位和目标市场选择的目标市场营销战略是非常有效的。在乡村旅游的市场发展中，该理论同样适用。很多研究从地理空间分布和有效辐射范围着眼来研究乡村旅游的市场发展，因此，在乡村旅游的市场发展过程中，有必要结合市场的细分和产业的生命周期，进行当下、中期和长期的市场开发布局。

（四）节庆活动发展策略

近些年来，大部分地方政府以"节庆"为由头，通过传统节庆或者人造节庆，用节庆活动气氛刺激消费者，开展一系列的营销活动。具有当地特色的节庆文化活动，有效地吸引目标市场的关注，在营销表现上逐渐成为亮点。

节庆活动除了本身是一种独特的旅游资源外，还是当地的品牌形象的外化，进行

传播的发力点。因此，在设计节庆活动时，除注意凸显与本地旅游结合以外，还要尽可能打造新民俗。同时，淡季错峰举办时效性较差的活动，可以有效激活淡季旅游市场。

七、保障乡村旅游社区利益，稳定乡村旅游融合发展

（一）建立社区居民参与机制

1. 建立农民旅游合作社

由合作社对其境内的资源进行统一管理，对其拥有的果树、农田进行统一规划、综合开发，农民以自家的土地、果树和现金等多种方式加入合作社，设置灵活的股权，在不改变原土地承包关系的前提下实现土地的集约利用。

2. 全程参与景区规划与建设

客观上讲，旅游景区（点）真正的主人是社区居民，就旅游规划发展和如何实施旅游发展决策他们应该有发言权。倘若旅游发展决策缺少社区居民的参与，那么很难保证社区居民在旅游开发中受益。

3. 对社区进行旅游教育与培训

随着农村青壮年劳动力的流动，社区居民老人和妇女居多，旅游服务的意识比较淡薄，旅游知识与技能相对匮乏，若想让他们从旅游开发中受益，必须引导其参与到旅游开发中，因此，必须对他们进行培训，补充相关知识。

（二）建立规范的利益分配机制

建立利益分配机制，一是兼顾效率、公平。旅游开发商、地方政府、社区居民进行利益分配时，需要按照生产要素的贡献，如资本、土地、技术、资源、管理、劳动等，保证开发各方的应有收益。二是体现公正、人本。旅游开发所带来的社会成本应该在利益分配时被重视起来，应该充分考虑资源耗减和环境损失，并对之进行生态补偿。

1. 明确旅游资源产权，并进行资产评估

旅游资源产权界定是合理分配旅游开发利益的先决条件，必须客观公正地进行，资本和各种旅游资源作为基本要素，应建立有偿使用制度。根据规定的评估体系，为显示旅游资源资产价值，必须由专业的评估机构进行综合评估。

2. 形成多元化补偿机制

对资源与环境的影响是旅游开发不可避免的，作为影响的直接承担者，社区居民有权利获得一定的补偿，作为开发者、经营者等直接受益者有义务对此给予补偿。

政府作为主管部门，应该完善征地补偿制度。被征地以后，农民失去了主要的收入来源，因此，在旅游开发后，确保农村居民的基本生活水平是政府部门应该慎重考

虑的。

环保部门应该对旅游开发进行全方位的监管，建立环境资源补偿机制。旅游承载力是一个旅游可持续发展的重要考核指标，一旦超过旅游规模，对旅游资源造成的破坏就不可能挽回，所以，非常有必要对环境资源进行补偿。

（三）鼓励社区居民积极参与，转变为旅游从业者

1. 社区居民直接参与

针对景区建设和管理，鼓励全面参与。旅游区的部分建设项目，可以优先承包给社区居民；旅游区建成后的卫生清洁、绿化、民俗表演可以雇用当地社区居民来做。

从事旅游商品零售业。在旅游区内，各种零售摊位、超市商店、停车场以及部分简单游乐设施等，对社区居民个人可以相对优惠的价格招租，这样可以帮助社区居民从事经营活动，从而使其参与进来。

为旅游区提供物质，如新鲜蔬菜、肉食、水果等，开展旅游餐饮住宿接待。

2. 社区居民个人入股

为了强化旅游开发过程中社区居民的合理收益，以及旅游与社区居民战略同盟关系，社区居民可以多种形式入股参与旅游开发，获得股份收益。

3. 建立集体性质的旅游公司

建立集体性质的旅游公司，社区居民入股，从事与旅游产业相关的行业，如交通运输、餐饮、接待、商品销售等，也可承担景区的经营项目，实现规模经营、集约经营，发挥集体的力量。

（四）提升社区产业结构层次

立足于自身产业结构现状与经济发展水平，以旅游产业为核心，积极发展配套产业，以旅带农，以农促旅，优化社区的产业结构，带动社区产业结构的升级。

首先，发展旅游产业的后向关联产业，优先发展高产高效农业，促进农业生产生态化、生态环境景观化，提高经济作物比重，实现农业内部结构优化。

其次，以农产品深加工产业为龙头，发展旅游商品加工业。对本地著名的、独特风味的土特产品进行加工、包装及标准化生产，便于游客购买携带。

最后，充分发挥旅游区的依托地功能，积极拓展旅游前向关联产业，特别是与景区相配套的服务业，包括餐饮、住宿、导游服务以及交通运输等产业。

（五）健全旅游保障机制

1. 理顺管理体制

转变政府职能，地方政府要发挥其管理监督职能以及协调、服务职能。建立社区

管理机构。

2. 社区参与意识的着力培养

政府主管部门和社区通过专题宣传和教育培训，帮助社区居民提高对旅游发展的认识。从思想上接受相关理念，若想实现旅游可持续发展，那么社区参与旅游开发是必不可少的因素。因此，要引导、尊重、保证社区居民的参与行为。

3. 制定相关政策

地方政府要制定相关政策，并从财政上（如帮忙筹措经营资金、提供低息贷款）予以扶持，保证社区居民从旅游开发中获益。

（六）完善旅游监督机制

由专家、政府官员、各方代表及公众共同组成，作为社会性执法和监督机构是专门的、独立的，监督、控制旅游开发整个过程以及各方行为，目的在于确保实现各方利益和环境的健康可持续，在监督和管理的同时，也可以作为沟通和反馈的平台以促进信息的沟通交流与反馈。

第四节 乡村旅游规划创新的基本理念与主要内容

一、旅游规划、乡村规划概述

（一）旅游规划

旅游规划指的是为了实现旅游产业经济效益、社会效益和环境效益的统一，而对某地区旅游产业未来发展状况的构想和安排。对于一个地区而言，旅游业的兴起或许具有很强的偶然性，例如一处遗迹的发现就可以催生一个地方的旅游业，但是旅游规划却能够保证旅游业的可持续发展。因此，近年来，旅游规划开始逐步成为旅游发展的纲领和蓝图，成为地方发展旅游产业不可或缺的重要组成部分。具体而言，旅游规划的内容主要包括以下三个方面：

1. 资源评价和开发利用现状评价

地区旅游资源的丰富程度对于旅游产业的发展有着直接的影响，旅游资源越丰富，开发潜力越大，说明旅游产业的生命力也就越持久，对当地经济做出的贡献也就越大，因此对旅游资源进行评价是旅游规划的一个重要内容。一般来说，关于旅游资源价值的评价主要是从资源的科学价值、历史文化价值、景观美学价值和生态环境价值四个角度进行的。此外，除了对旅游资源的价值进行评估之外，也要对旅游资源的开发利用现状进行评估。例如，部分地区的旅游资源虽然十分丰富，但是一直以来都只是一个旅游景区，旅游资源基本上已经被开发殆尽，那么进行旅游规划时就要考虑到这一点。

2. 旅游服务设施规划

服务设施是旅游产业发展的一个重要影响因素。拥有独特历史文化底蕴和自然景观的地区很多，但是成为旅游热门景点的地区却寥寥无几，原因就在于服务设施不够完善，很难满足现代游客的需求，因此对服务设施进行规划是旅游规划的一项重要组成部分。在规划服务设施时要从旅游地的环境保护、为游客提供最大的便利等角度出发，制定科学的旅游服务系统。

3. 旅游活动组织规划和资源保护规划

对于绝大部分的游客来说其旅游时间十分有限，能够在有限的时间内欣赏到更多的旅游景观是十分重要的，因此旅游规划也要对旅游活动组织进行规划，例如安排合理的旅游路线等，这样一方面能够充分凸显出旅游区的特色，发挥景区的最大效益；另一方面也能够帮助游客欣赏到更多的旅游景观。此外，旅游资源作为旅游产业的基础，并不是取之不尽的，因此在进行旅游规划时要对旅游资源的保护进行规划，根据旅游资源的重要程度来划分出核心保护区、重要保护区和景观保护区，以此来延长旅游地的生命周期，同时也有利于旅游地的生态环境保护。

（二）乡村规划

乡村规划指的是对乡村地区的社会、经济等进行长期的部署，指导乡村地区的社会经济发展。具体来说，乡村规划主要包括以下四个方面的内容：

（1）对乡村的自然资源与经济资源进行综合评估，然后分析这些资源的开发现状，为乡村社会经济发展奠定基础。

（2）对乡村的特色进行宏观把握，确定乡村社会经济的发展方向，例如具有独特民俗风情的乡村可以把乡村旅游作为发展方向。

（3）对乡村各个部门的发展规模、发展速度等进行评估，确定其在乡村社会经济发展中的地位和作用。

（4）综合以上来制定详细的乡村社会经济发展措施与步骤。

乡村规划的制定要建立在实事求是的基础之上，要根据乡村现有的生产生活与资源条件，结合国家给出的经济发展政策，以长远发展为宗旨。

当前，做好乡村规划是社会主义新农村建设的重要组成部分，也是我国乡村建设走上规范化和科学化的一个重要表现，对于乡村经济的良性可持续发展有着十分重要的意义。

在进行乡村规划的过程中，需要坚持以下三个基本原则：

（1）乡村规划一方面要有利于农业生产，另一方面也要有利于为村民提供更大的便利。

（2）乡村规划要以经济建设为中心，但是也要做到经济效益、环境效益与社会效益的统一。

（3）乡村规划的主要目标是改变以往村民自发地发展经济导致农村经济布局凌乱的现象，因此乡村规划必须要充分采取群众的意见，得到群众的支持。

值得注意的是，乡村规划不同于旅游规划。旅游规划是一种全新的规划，即对本来没有任何人工设施的地区进行规划，因此旅游规划往往很少遭到反对。而乡村规划则是对现有农村的一次推倒重建，在规划中必将涉及农村基础设施的改建甚至存在的合并与搬迁，涉及许多村民的直接利益，因此乡村规划必须详之又详，这样才能够获得村民的支持。但是从当前我国所进行的乡村规划来看，绝大部分乡村规划都比较粗糙，只是简单地对乡村规划进行描述，如此一来就很难得到村民的认可，导致乡村社会经济建设难以进行下去。

二、乡村旅游规划的界定

综合上述关于旅游规划和乡村规划的定义，我们可以将乡村旅游规划界定为：根据某一乡村地区的旅游资源、旅游发展规律和旅游市场的特点来制定目标，并为实现这一目标来进行统一的部署。

在对乡村旅游规划的内涵进行把握时，需要注意以下三点：

（1）乡村旅游规划不仅仅是一项技术过程，更是一项决策过程。在进行乡村旅游规划时我们既要采用科学的手段进行规划，更要注意规划的可行性，否则乡村旅游规划也就失去了存在的价值。

（2）乡村旅游规划不仅是一项政府活动，也是一项社会活动，更是一项经济活动。政府虽然在乡村旅游规划中扮演了十分重要的角色，但是这并不意味着政府能够承担乡村旅游规划的全部职责，考虑到乡村旅游规划是为乡村旅游产业、乡村社会经济的发展服务的，因此在进行规划中必须要有一定的经营管理人员参与，只有这样才能够保证在乡村旅游规划指导下的乡村旅游产业能够充分发挥其对社会、经济的巨大作用。

（3）乡村旅游规划不是静态的蓝图式描述，而是一个不断反馈的动态过程。即乡村旅游规划必须具备一定的弹性，规划文本对于乡村旅游发展有着指导价值，但是这种价值随着社会环境的变化必然逐步地削弱，这种情况下就要对乡村旅游规划进行不断地调整，使之与乡村社会经济发展更加契合。

三、乡村旅游规划的对象和任务

乡村旅游规划是区域旅游规划的特殊类型，除兼具区域旅游规划的特点和属性外，还具有其自身独有的规律和特征。受彭华对旅游发展动力系统的研究成果的启发，结合乡村旅游的特点，这里认为乡村旅游规划的对象——乡村旅游系统由需求系统、中介系统、吸引系统和支持系统四大子系统构成。

乡村旅游需求系统是乡村旅游的主体系统，也就是乡村的客源系统，即乡村旅游市场。在对其规划时应包括对乡村客源市场的主观和客观需求分析。其中，主观需求涉及旅游需要、出游倾向、个人偏好、消费观念等；客观需求包括经济能力、闲暇时间、职业和政策导向等多种因素。乡村旅游中介系统是联系乡村旅游主体和客体的桥梁，是保障乡村旅游得以顺利进行的中间系统。它主要是乡村旅游企事业系统，同时涉及乡村旅游营销等多种因素，诸如乡村旅游地的口碑宣传、广告效应、旅行社、旅游交通、旅游服务引导系统等。乡村旅游吸引系统是乡村旅游的核心系统，包括物质吸引系统和非物质吸引系统。概括来讲，在乡村旅游规划时必须注意乡村旅游形象（乡村意象）、乡村旅游活动、乡村旅游设施、乡村景观与环境、乡村旅游氛围和乡村旅游服务等主要内容的建设，以营造乡村强大的旅游吸引力。而乡村旅游的支持系统则是指乡村旅游的环境系统，包括硬环境系统和软环境系统两个方面，涉及复杂的内容体系，诸如乡村建设、环境卫生、道路交通、公共设施建设，还有社会风气、经济发展水平、乡村文化环境、乡村旅游发展政策等因素。乡村旅游规划必须注意旅游大环境的营造。

乡村旅游规划的任务与其规划对象相匹配，主要是通过改善乡村旅游系统的结构有序性、功能协调性和发展目的性之间的关系，使乡村旅游系统按照服务旅游者的要求实现优化组合。具体来说，乡村旅游规划迫切需要解决的任务就是在适应旅游竞争的前提下，首先，设计出富有乡村地方文化、特色鲜明的乡村旅游总体形象（乡村意象）；其次，在市场、资源和形象综合导向下合理配置乡村旅游吸引系统；再次，努力提高乡村旅游产品质量，加强与相关部门的合作；最后，以保持乡村生态系统、乡村环境系统和乡村传统文化完整性为前提，切实保障乡村旅游的可持续发展。

四、乡村旅游规划的特点

（一）战略化

乡村旅游规划的制定对于乡村旅游的发展有着决定性的影响，可以说是乡村旅游发展历程中最为重要的一个文件。因此，在制定乡村旅游规划时不能只着眼于眼前的利益，要从战略的角度对乡村的长远利益与眼前利益进行协调，从而在促进乡村地区社会经济发展的同时也保证乡村旅游的持久性。

（二）多元化

乡村旅游规划的多元化特征主要表现在以下两个方面：一方面，乡村旅游规划的制定人员、制定方法的多元化。单纯依靠一个专家来进行乡村旅游规划毫无疑问是不现实的，因此需要诸多不同学科的专业人员合作对乡村旅游进行规划，在规划过程中也要根据需要灵活采取不同的技术手段。另一方面，乡村旅游规划内容的多元化。乡村旅游规划并不是简单地对旅游进行规划，而是要综合考虑到乡村的社会因素、文化因素等，只有这样才能够保证乡村旅游与乡村融为一体。因此，在内容上乡村旅游规划呈现出多元化的特征。

（三）系统化

乡村旅游规划并不是一项独立的工作。作为农村精神文明建设与经济发展的主要推动力，乡村旅游与农村社会的各个因子都有着十分密切的联系，因此在进行乡村旅游规划时要将其视为一项系统工程，综合考虑乡村旅游与其他社会因子之间的关系，如此方能保证乡村旅游与其他社会因子之间的协调性，实现最终的目标。

五、乡村旅游规划的指导思想

（一）可持续发展思想

在规划哲学理念上，可持续发展已经成为全世界的共识。可持续旅游开发可以满足经济、社会和文化的需求，在强调为当前的游客和东道主提供旅游和发展机会的同时，保留并强化后人享有同样的机会。可持续开发同时还包括与复杂的社会、经济和环境有关的切实有效的政策。对于可持续旅游开发，世界旅游组织在 1990 年曾经提出过八条原则，可以概括为：区域整体性原则、生态性原则、可持续原则、公平原则、充分的信息与沟通、地方公众主导、规划分析优先、良好的规划监测。在规划理念上，可持续旅游开发强调文化的完整性和生态过程，强调对自然和文化生态的保护和延续。

在乡村旅游规划中，更应该倡导可持续发展思想，因为乡村环境和乡村文化本身的脆弱性特征，要求在可持续发展原则的指导下，有效地开展乡村旅游规划工作，以便对乡村资源进行科学的开发、培育性开发，从而保障乡村旅游的持续性健康发展。

（二）动态发展思想

乡村旅游规划动态发展的思想主要表现在以下两个方面：

（1）乡村旅游规划目标和内容要具有一定的弹性。乡村旅游规划固然对乡村旅游发展有巨大的指导价值，但是这种价值是建立在规划与乡村社会经济发展现状相契合的基础之上的，而社会环境的迅速变化决定了乡村旅游规划也是随时紧跟社会环境的变化进行调整的。

（2）乡村旅游规划要保证近期规划的稳定性、中期规划的可行性以及长期规划的发展性。

（三）社区参与思想

社区参与是体现社区因素和居民意志的有效机制。在乡村旅游规划中实施社区参与能够协调社区居民与当地政府、开发商、旅游者等之间的关系，实现各方的利益诉求，也有助于规划设计与当地环境、社区和文化协调一致的产品，从而有利于实现旅游业的可持续发展。

为了实现乡村旅游的可持续发展，社区参与应在以下三个方面得到加强：

（1）乡村旅游规划的制定。社区参与规划的制定，一方面，有利于培养居民的东道主意识；另一方面，可增强乡村旅游规划的可操作性。

（2）加强对乡村环境的保护。旅游地资源和环境保护对社区居民具有更为重要的意义，通过参与环境的保护来敦促旅游企业在开发和经营活动中减少对环境的破坏，有利于形成良好的保护环境的社会氛围。

（3）加强对乡村传统文化的维护。这样有利于强化乡村居民的文化认同感和社会认同感，减少社会张力，促进社区文化的整合。

（四）生态旅游思想

生态旅游观念兴起于20世纪80年代。近年来国内外研究者开始对生态旅游进行整合，将生态旅游视为一种特殊的旅游形式，即乡村旅游、度假旅游等可能属于生态旅游的一部分，但也可能不是，而这完全由旅游区的旅游发展理念所决定。随着人类对自然环境保护的日益重视，生态旅游开始受到很多旅游者的追捧，西方的乡村旅游事业开始逐步朝着生态旅游的方向靠拢。事实上，乡村旅游与生态旅游本身就有异曲同工之妙，只是在发展乡村旅游的过程中由于忽视了对生态环境的保护，乡村旅游与生态旅游渐行渐远，这对于乡村旅游的可持续发展有害无利。因此，在进行乡村旅游规划时要始终秉持生态旅游的思想，一切乡村旅游规划行为都不能与生态环境保护背道而驰，只有这样才能够确保乡村自然景观与人文景观对游客的吸引力，保证乡村旅游持久的生命力。

六、乡村旅游规划创新支撑理论

（一）旅游规划三元论

刘滨谊人为，旅游规划追求的基本核心和最终目标是为旅游者创造时间与空间的差异、文化与历史的新奇、生理与心理上的满足，其中均蕴含着三个层面不同的需求：

其一，旅游活动以及与之相关的文化历史与艺术层面，包括潜在于旅游环境中的历史文化、风土民情、风俗习惯等与人们精神生活世界息息相关的文明，即关于人们行为活动以及与之相应的经营运作的规划需求。

其二，景观时空层面，基于景观空间布局的规划，包括区域、总体、景区、景点的时间与空间上的布局、设计，即关于景观时空布局的规划需求。

其三，环境、生态、资源层面，包括土地利用、地形、水体、动植物、气候、光照等人文与自然资源在内的调查、分析、评估、规划、保护，即生态环境大地景观的规划需求。这些构成了旅游规划需求的三元。

与需求对应，现代旅游规划的内容同样包含三元：以"旅游"为核心的群体行为心理规划和项目经营；以"景观"规划为核心的优美的旅游景观环境形象创造；以"生态"为核心的旅游环境生态保护。

（二）景观生态学理论

1866年，德国海克尔在其著作《普通形态学》中第一次提出了"生态学"的概念，从这一刻起，生态学就成为研究生物与环境、生物与生物之间关系的一项重要内容。

景观生态学是生态学的一个重要分支，它的主要研究对象是在一定的区域范围之内，许多不同生态系统所构成的景观之间的相互作用以及未来动态变化趋势。随着景观生态学研究的不断发展，目前景观生态学的研究重点主要集中在一个较大的空间范围和较长的时间尺度内，由多个生态系统构成的生态景观的演变过程。

邬建国和余新晓认为，景观生态学的研究具体包括以下四点内容：①景观空间异质性的发展和动态。②异质性景观的相互作用和变化。③空间异质性对生物和非生物过程的影响。④空间异质性的管理。

景观生态设计顾名思义就是指"具有生态学意义的设计"。据西姆·凡·德·赖恩（Sim Van Der Ryn）和斯图尔特·科恩（Stewart Cohen）的定义：任何与生态过程相协调，尽量使其对环境的破坏影响达到最小的设计形式都称为生态设计，这种协调意味着设计尊重物种多样性，减少对资源的剥夺，保持营养和水循环，维持植物生长环境和动物栖息地的质量，以有助于改善人居环境及生态系统的健康。这种理性人居环境应包括人类与地理环境、代谢环境、生物环境、社会环境、经济环境和文化环境的生态关系。

（三）生态美学理论

生态学与美学的有机结合构成了生态美学理论。从广义的角度来说，生态美学理论主要指的是人与自然、人与社会的生态审美关系。景观生态美学是以当代生态存在论哲学为基础理论，反对"人类中心主义"，主张"人—自然—社会"协调统一；反对自然无价值的理论，提出自然具有独立价值的观点。同时，又提出了环境问题和可持续生存道德原则。此外，生态美学的产生促进了生态文学的发展，即绿色文学，以人与自然的关系为题材，歌颂人与自然的协调和谐、共生共存。

在人居环境创作中，生态美学强调自然生态之美，欣赏质朴、间接而不刻意雕琢；它同时强调人类在遵循生态规律和美的法则前提下，运用科学技术手段改造自然，创作人工生态美，带给人们的不仅仅是一时的视觉震撼而是永久的可持续发展利用。人工与自然的互惠共生，使城乡景观建设与生态系统特性各有所得，相得益彰，浑然一体，这就造就了人工和生态景观的和谐之美。

中国古代的"天人合一"观念开启了人们质朴无华的自然审美观，包含了丰富的景观美学思想。老子通过对天地万物、自然物象的洞察，通过对人与自然关系的体悟，认识到保护自然生态环境的重要性，告诫人们不要自恃灵明而高高凌驾于天地万物之上，不要凭仗强大有力而妄为滥施。如我国园林艺术多追求的正是"天人合一"的美学境界。园林艺术作为我国传统文化和现代文化的物质载体，所特有的园林文化现象，使得景观中的一草一木、一山一水都具有人的灵性和感情。

人类社会进入 20 世纪 90 年代后，以个人心理感受为主要诉求的体验理论逐渐兴起，并逐渐渗透到观光休闲活动规划设计中。运用自己的感官，引导视觉、听觉、味觉以及触觉，形成个人整体心理感受，以获得感性的愉悦及知性的充实，已成为观光休闲体验活动设计的最高准则。人类向往自然，乡村旅游为人们提供了一个最适当的体验机会。

（四）闲暇游憩理论

现代休闲是一种生活常态，人们在这段时间内按照自己随心所欲的意愿所从事的各种活动都称作休闲活动。休闲所注重的是人们对时间的使用、安排，以及由此而引起的对人们自我发展和完善的影响，从社会发展的过程来看，只是人们具体消费休闲时间的一种样式、一种手段。我们所熟知的休息、游憩、娱乐、运动、旅游等活动都毫无例外地从属于休闲的范畴。著名经济学家凯恩斯预言，人类将面临一个真正的永久的问题是："如何度过闲暇"。未来学家托夫勒在《第四次浪潮》一书中预言，未来社会的闲暇与旅游将成为"第五次浪潮"。

游憩，英译为 recreation，意思为更新、恢复。游憩的本义是轻松、平静、自愿产生的活动，用于恢复体力和精力。

闲暇游憩理论，被公认为属于生活行为理论范畴。其实际研究内容十分广泛，主要内容有闲暇历史与发展、闲暇与生理和心理、环境与闲暇行为、闲暇与休闲产业、休闲价值与社会发展五大方面。在闲暇与游憩理论研究领域，目前已经形成的基本理论命题至少有如下七点：①闲暇史是与人类伴生的历史，并且具有美好的发展趋势。

②闲暇与游憩是维持人类生理、心理健康的充分必要条件。③具有游憩潜力的事物是一种资源。④闲暇是一种前景广阔的现代产业。⑤闲暇是人类的基本权利，是社会发展的重要方面，需要政府介入。⑥闲暇类型具有地域、文化和发展阶段的差异。⑦闲暇与可持续发展具有较密切的相关性。

（五）RMP 理论

1.RMP 理论的提出

RMP 理论是我国旅游规划管理专家吴必虎提出的一个全新的观点，是指导区域旅游发展的一项重要理论。所谓 RMP 理论指的就是 R——Resource 资源、M——Market 市场、P——Product 产品理论，其中 "R" 主要研究的是将旅游资源转化为旅游产品。随着旅游业的迅速发展，旅游业已经逐渐成为一种高投入、高风险、高产出的产业类型，这就需要在发展旅游业之前对旅游资源进行科学的评估，确定将旅游资源转化为旅游产品的有效路径。"M" 主要研究的是旅游市场中对旅游产品的需求，这一研究包括两个内容：一个是旅游产品需求的弹性，即在一定时间内游客对旅游产品的需求变化；另一个则是旅游者的旅游动机。根据这一研究成果可以有针对性地制定旅游营销策略。"P" 主要研究的是旅游产品的创新，即根据消费市场的变化以及旅游资源的特色，采取产品的创新或者组合等方式来打造新的特色旅游产品，从而保证旅游业旺盛的生命力。

2.RMP 理论和乡村旅游规划

旅游资源、旅游市场、旅游产品从本质上来说是相辅相成的，旅游资源是打造旅游产品的基础，而旅游市场是将旅游资源转化为旅游产品的基本目标，旅游产品是实现旅游市场价值的基础载体，因此在实践中我们要同时兼顾旅游资源、旅游市场与旅游产品。具体来说，RMP 理论应用于乡村旅游规划中需要注意以下三个问题：

（1）旅游资源问题。一般来说，关于旅游资源的把握主要是通过调查与评估完成的，其中旅游资源的调查指的是对旅游地区进行综合的考察、测量、分析与整理，从而准确地把握旅游区的资源现状。但是在对旅游资源进行把握的过程中需要注意以下两点，一是要即时对旅游资源进行对比，包括同地区的旅游资源对比以及不同区域的旅游资源对比，从而寻找出具有特色的旅游资源；二是建立旅游资源档案，以便能够根据旅游资源的消耗来确定旅游资源的保护章程，实现旅游资源的持续利用。

（2）旅游市场问题。从市场经济的角度来看，乡村旅游资源规划与开发的主要目的是促使乡村旅游产品能够顺利进入旅游市场，这也就意味着在进行乡村旅游规划时应当准确把握住旅游市场的脉搏，否则乡村旅游资源与产品也就失去了存在的价值。对此需要注意两个问题，一个是旅游业的发展趋势，另一个则是旅游者的行为特征，只有这样才能够开发出具有前瞻性、符合旅游者需求的产品。

（3）旅游产品问题。旅游资源的特色、旅游市场的定位最终都是通过旅游产品来实现的，可以说旅游产品是旅游资源与旅游市场的直接载体。好的旅游产品在满足市场需求的同时也能够极大地提高资源的价值，因此在开发设计旅游产品时要以旅游资源与市场为参照。

七、乡村旅游规划创新的原则

乡村旅游规划所要考虑的内容包括乡村的旅游市场需求、资源约束、社会宏观条件分析（主要是经济条件）等几个方面。由于"乡村"的特殊性，决定了其规划必须遵循以下五个基本原则：

（一）自然环保原则

随着工业生产对生态的破坏日益严重，生态环境保护受到越来越多人的重视，旅游规划作为一种技术产品，也应当紧跟时代的潮流，具备生态文化的特征，承担起保护生态与文化多样性的重任。具体来说，就是在乡村旅游规划中科学应用景观生态学、生态美学等理论来实现乡村旅游与生态的协调发展，最大限度地降低发展乡村旅游对生态环境所造成的破坏。

坚持自然环保原则也就意味着在乡村旅游规划中要因地制宜，尽可能地保留自然特色，没有绝对的必要就不对乡村的自然原貌和建筑物进行更改。国内当前很多地方将乡村旅游与普通的观光旅游等同起来，为了迎合游客的口味，不顾原先遗存的自然资源和人文景观，随意地对乡村进行改造，这种做法不仅对乡村的生态环境造成了极大的破坏，同时也与乡村旅游的本质特征背道而驰。

（二）乡土特色原则

对于旅游而言，特色也就意味着生命，没有特色的旅游景点是难以有持久的生命力的，有特色才有吸引力，才能够在激烈的旅游市场竞争中占据优势。而对于乡村旅游而言，其最大的特色就是乡土文化，五千多年的历史造就了中国璀璨的乡村民俗文化，复杂的自然地理环境则决定了每一个乡村都有自己的特色。因此，乡村旅游规划的一个重要内容就是充分地将乡土文化凸显出来，从而在诸多的旅游形式中"鹤立鸡群"，吸引游客的注意力。

坚持乡土特色原则指的就是在乡村旅游规划上要有别于城市的公园绿化，尽可能体现出野趣天成、返璞归真；在植物配置上注重适地适树，强调多样性和稳定性；所展示的也应该是当地的农耕文化和民俗文化。

（三）和谐生态原则

从美学的角度来看，在地球表面，土地格局、岩体、动植物之间存在着明显的和谐关系，形成了完整的统一体。大自然造就的景观特征的完整性越是统一、彻底、明显、强烈，对观察者的感官冲击就越大。而且，景观地段不同要素的和谐程度"不仅是获得快感的量度，也是美的量度"。因此，对自然景观和历史文化景观在设计时，要运用整体论的观点，保护和加强内在的景观质量、剔除不应该保留的要素，甚至是引进要素以加强自然特征，尽量地保持景区的原始性、完整性、统一性、和谐性。

乡村旅游是第一产业——农业与第三产业——服务业的有机集合，因此乡村旅游要同时兼顾经济效益、生态效益和社会效益。要用生态学原理来指导乡村旅游的建设，建立良性循环的生态系统，产生好的生态效益。生态性主要指两个方面：一方面是生态平衡，另一方面是生态美学，即从审美角度体现出生命、和谐和健康的特征。生命力主要体现在规划设计的旅游区应具有良好的生态循环再生能力。和谐则要求人工与自然互惠共生、相得益彰，即人工构筑物与生态环境形成一种和谐美。健康是指在争取人工与自然和谐的前提下，创造出无污染、无危害，使人生理、心理得到满足的健康旅游环境。

（四）良性互动原则

良性互动原则主要是针对乡村旅游与村民居住环境而言的。众所周知，人类居住环境良好很容易获得游客的认可，从而推动旅游的发展，同样的道理，旅游的发展又会不断地改善人类的居住环境，因此在乡村旅游规划中要坚持良性互动原则。

坚持良性互动原则就是要求乡村旅游规划在尊重自然的前提下充分考虑到人类的活动需求与心理诉求。由于乡村旅游中人们的身份大致分为原住居民和游客两种类型，而他们的活动与心理需求是不同的，其中原住居民的需求主要以生产和生活需求为主，游客的需求则以休憩、娱乐需求为主，因此乡村旅游规划要同时兼顾这些需求。从投资回报的角度来说，游客的休憩、娱乐需求占据主导地位，因此应当将提高游客的舒适度作为规划的重点。但是考虑到村民是乡村旅游的主体之一，也应当不断改善村民的聚居环境，帮助村民建设美好家园，从而使得乡村居民生活环境与乡村旅游相互促进，共同发展。

（五）社区参与原则

作为乡村旅游的主体，乡村居民能否认识到自身的文化价值，是否支持乡村旅游对于乡村旅游的发展有着十分重要的意义。而社区参与是实现乡村居民全面参与到乡村旅游中，避免权利与利益分配不均问题出现的重要举措，因此在实践中要坚持社区参与原则，保证所有村民都能够参与到乡村旅游规划中。

社区居民参与旅游发展的内容必须渗透到各个层面，从个别参与到群体参与、组织参与，逐步实现社区的全面参与。一方面，社区居民要参与旅游经济决策和实践、旅游规划和实施、环境保护和社会文化进步；另一方面，社区居民不仅仅局限在谋求经济发展的层面，而是要重视环境保护与社会传统文化的维护与继承的层面，参与森林资源的管理，参与规划和决策的制定过程。乡村社区的参与要能在规划中反映居民的想法和对旅游的态度，以便规划实施后，减少居民对旅游的反感情绪和冲突，从而达到发展乡村社区旅游的主要目的，即：①要有效地进行经济发展和资源保护；②在社区内创造公平的利益分配体系；③发展当地社区的服务员，增强他们保护资源的责任感，自觉地参与到旅游中来。

八、乡村旅游规划的技术路线

（一）规划阶段划分

虽然乡村旅游是一种特殊的旅游形式，但是乡村旅游规划也应当遵循一般旅游规划的原则和技术路线。当前国内还没有专门针对乡村旅游规划的技术路线，而关于一般旅游规划的技术路线却是众所纷纭。对此，本书在对国内相关研究进行梳理的基础上大致将乡村旅游规划分为五个阶段，即规划准备阶段、调查分析阶段、确定规划思路阶段、制定规划阶段和组织实施阶段。

（二）规划阶段内容

第一阶段：乡村旅游规划的准备阶段。工作内容主要包括：①明确乡村旅游规划的基本范畴；②明确负责乡村旅游规划的责任人，组织乡村旅游规划小组；③设计社区参与乡村旅游规划的基本框架；④建立乡村旅游规划保障机制。这些都是乡村旅游规划顺利进行的重要保证，如果准备阶段的工作不到位，那么乡村旅游规划很可能会因各种意外状况，例如因社区参与不健全导致村民反对、发生突发问题找不到负责人等而夭折。

第二阶段：调查分析阶段。工作内容主要包括：①对乡村的整体现状进行分析，包括乡村自然地理环境、社会人文环境等；②对乡村潜在的旅游资源进行挖掘，确定哪些资源能开发成旅游产品，并对这些资源做出定性和定量分析，为后续的旅游资源的保护奠定基础；③对乡村旅游目标市场进行分析，分析的内容包括潜在游客的旅游倾向、收入、市场规模大小等；④对乡村旅游发展进行 SWOT 分析，即详细地对该乡村发展旅游的优势、劣势、机遇、挑战等进行分析。

第三阶段：确定规划思路阶段。该阶段的主要工作是通过对以上乡村旅游发展的背景和现状进行整体的联系性剖析，结合乡村的历史、社会、经济、文化、生态实情，综合确定乡村旅游发展的战略定位，在宏观上确定乡村旅游发展的方向定位，在此基础上，确定未来乡村旅游的具体发展目标。

第四阶段：制定规划阶段。这是乡村旅游规划工作的主体部分，是构建乡村旅游规划内容体系的核心，主要工作就是根据前几个阶段调查和分析到的结果，并依据发展乡村旅游的总体思路，提出乡村旅游发展的具体措施，包括乡村旅游产业发展规划和乡村旅游开发建设规划等。需要注意的是，在制定详细的规划内容时，必须考虑规划区域的乡村社区建设和社区居民的切身利益。

第五阶段：组织实施阶段。主要工作内容就是将乡村旅游规划落实。值得注意的是，在落实的过程中并不能盲目地依照规划文件进行，而是要结合乡村社会经济现状进行微调，确保乡村旅游与乡村社会经济更加契合。同时也要做好乡村旅游规划的综合评价工作，及时进行信息反馈，为后续的规划提供参照。

九、乡村旅游形象规划

旅游形象指的是旅游者对旅游地的认识和评价，它是旅游地在旅游者心中的一种感性存在。旅游形象对于旅游营销和发展有着十分巨大的影响。对于很多潜在的游客而言，旅游形象的好坏与否直接决定了他们是否具有旅游的兴趣。随着国内旅游产业的迅速发展，旅游业开始从卖方市场进入买方市场。对于游客而言，同类的旅游产品众多，在必要的情况下完全可以找到一个新的旅游产品，这种情况下旅游形象的重要性就凸显出来。在同样的条件下，旅游形象越好，给游客留下的印象毫无疑问也就越好，对游客的吸引力也就越大。从某种意义上说，旅游产业发展到今天，已经从最初的产品竞争时代进入到形象竞争时代。

乡村旅游形象属于旅游形象中的一种。它是旅游者对乡村旅游目的地总体、概括的认识和评价，包括乡村旅游活动、乡村旅游产品及服务等在其心目中形成的总体、概括的认识和评价。乡村旅游形象的确立在乡村旅游发展中同样具有举足轻重的地位。

（一）现状问题分析

我国乡村旅游形象设计目前主要存在以下两大问题：

（1）不重视旅游形象的塑造和传播。我国绝大部分乡村旅游区都没有进行过专门的形象设计，在对外宣传时很多乡村旅游区都是以"全国农业旅游示范点"为口号的。事实上，农业旅游与乡村旅游有很大的区别，并且"全国农业旅游示范点"也绝没有想象中的那么多。通过这种宣传手段我们就可以发现我国乡村旅游在旅游形象塑造上的缺失。有的乡村旅游没有属于自身的标徽，有的乡村旅游没有独具特色的旅游纪念品，这些导致乡村旅游很难给游客留下深刻的印象。对于大部分游客而言，选择这个乡村进行旅游和选择另一个乡村进行旅游并没有根本性的区别，如此乡村旅游发展较为缓慢也就不难理解了。

（2）形象定位模糊。乡村旅游形象的确定需要与当地的人文资源和自然资源结合在一起，如此方能给游客留下直观的感受，让游客看到这一旅游形象就能够想象旅游经历。但是目前国内乡村旅游要么没有专门的旅游形象，要么虽然确定了旅游形象，但是却和实际现状不符。例如，部分乡村的建筑风格、道路、饮食、服饰、农具等并不协调，给游客留下一种虚假的印象，在游览中游客很难真正体会农家生活。

（二）形象定位前提研究

乡村旅游地旅游形象的规划过程，主要包括前期的基础性研究和后期的显示性研究。基础性研究主要包括地方文脉分析、市场调查分析以及旅游地竞争分析三个方面。

（1）地方文脉分析。地方文脉主要指的是乡村旅游地区的特色资源和民俗文化。对于任何一个旅游地区而言，独特的资源与人文景观都是旅游产业迅速发展的重要保证，乡村旅游也不例外。此外，有别于其他地区的旅游资源和人文景观先天就能够成为一个旅游地区的形象符号。

（2）市场调查分析。游客对于不同的旅游形象接受力度是不同的。例如，一些可爱的卡通形象和美丽的自然风光总能够更容易地获得游客的认可，反之一些比较粗糙、有悖于传统审美观念的形象却很难受到游客的认可。因此，乡村旅游形象的规划也要对市场进行详细的调查分析，这样才能够保证最终确定的乡村旅游形象能够满足潜在游客的预期心理目的。

（3）旅游地竞争分析。随着旅游产业的不断发展，很多地方政府将乡村旅游视为经济发展的核心动力，这种情况下越来越多的乡村开始涉足旅游业，但同时也带来了乡村旅游形象的同质化问题，在乡村旅游中多个乡村采用同一旅游形象的事件屡见不鲜。因此，在进行乡村旅游形象规划时要对旅游地的竞争进行分析，避免出现乡村旅游形象与其他旅游地区一致的现象。

（三）形象定位确定原则

乡村旅游的形象定位是乡村旅游形象塑造的前提与核心。乡村旅游地旅游形象定位应该在遵循整体性和差异性总体原则的基础上，反映市场需求，体现乡村自然与文化资源价值，同时应与乡村旅游产品的策划相结合。

（1）满足乡村旅游的市场需求。旅游地形象是影响目标市场购买决策的主要驱动因素，作为旅游企业运营的一个环节，其本质是一种旅游市场营销活动，而旅游地旅游开发一般是以其整体形象作为旅游吸引因素推动旅游市场的，因此，旅游地整体形象的塑造也必须紧扣旅游市场的发展趋势和需求。此外，乡村旅游地形象定位除了把握定位的目标市场以外，还必须做进一步的市场细分，目的是与共享相同目标市场的乡村旅游地在市场方面实行差异化策略，以分流竞争力。

（2）体现资源的自然与文化价值。乡村旅游形象的规划必须与当地的自然与文化价值保持一致，这是发挥乡村旅游形象对乡村旅游促进作用的一个重要前提。但就旅游形象而言，能够选择的旅游形象很多，名人、文物、自然风光、独特的建筑等都可以成为旅游形象，但是对于乡村旅游形象而言，必须要考虑该形象与乡村的契合性。例如，以休闲旅游为主的乡村旅游地区便不能随意选择一个当地名人作为旅游形象。一方面，该当地名人在全国乃至全世界范围内不一定具有足够的知名度；另一方面，将名人作为旅游形象与休闲旅游的主题不相符合。因此，在选择乡村旅游形象时要对旅游区的自然与文化价值进行深入研究，可以针对其中的一点，也可以宏观上把握自然与文化价值，将其在旅游形象中综合体现出来。

（3）与旅游产品策划紧密结合。对乡村旅游形象进行规划的主要目的是吸引更多的潜在游客，推动乡村旅游的发展，而旅游产品作为乡村旅游的主体，乡村旅游形象的规划必须与旅游产品紧密结合，两者是相辅相成的。一方面，乡村旅游形象规划的好坏与否对于旅游产品在旅游市场上的认可度有着极大的影响，好的旅游形象能够在潜移默化中提高游客对旅游产品的认同感；另一方面，好的旅游产品也有助于扩大旅游形象的影响力，越好的旅游产品就越受到市场的欢迎，而产品上的旅游形象的影响力也会随之不断提高。

（4）使乡村旅游者的心理可接受。旅游地形象的传播对象是旅游者，在定位旅游地形象时，受众调查和市场分析是必不可少的环节。旅游地形象的构建，其目的也是更大限度地开发潜在旅游市场，让游客更清晰、方便地了解旅游地的特点及其独特之处，从而诱发旅游动机。乡村旅游地形象定位应当考虑旅游者是否能够接受的心理。

（四）形象识别系统设计

乡村旅游形象识别系统的设计是旅游形象的具体表达，主要包括理念识别系统、视觉识别系统和行为识别系统的设计。

（1）理念识别系统。从乡村旅游的角度来说，理念指的就是乡村旅游发展所需要遵循的思路与方向，而最能够体现乡村旅游理念的莫过于经典的宣传口号。分析国内比较成功的乡村旅游区，不难发现，一个好的宣传口号是必不可少的，这也是区别于其他乡村旅游区的一个重要标准。例如，苏州吴中区旺山生态园的宣传口号是"吴中生态绿园，旺山诗梦乡里"，而同地区的树山村的宣传口号则是"真山真水真天堂"，简单的两句话就将两个乡村旅游地区分开来，塑造了鲜明的旅游形象，增强了对游客的吸引力。

（2）视觉识别系统。视觉识别主要是在视觉上让游客意识到乡村旅游地的特殊之处。一般来说，视觉识别主要是通过旅游地的形象标识、户外广告、旅游纪念品等来完成的。当然，如果有的旅游地的自然景观或者人文景观也能够给人留下深刻的印象，那么这些也可以作为视觉识别系统的一部分。

（3）行为识别系统。行为识别系统的建立可以从以下两个方面着手：①服务行为形象设计。乡村旅游属于第三产业服务业，因此服务行为对于乡村旅游有着极大的影响，这就需要进行专门的服务行为形象设计，通过良好的服务行为来加深游客对旅游地的认同感。对此可以分类从交通运输服务、导游服务、住宿餐饮服务、购物服务等角度进行。②感知形象设计。感知形象设计包括听觉、味觉、嗅觉等设计。听觉形象设计主要指旅游地的语言、方言、地方民歌、旅游景区的主题曲和背景音乐等。味觉形象设计主要指发展本地餐饮业，建立适量的农家菜馆，提供有当地特色的农家菜肴。嗅觉形象设计主要指种植具有地方特色或反映四季变化，具有芳香气味的花草树木。

十、乡村旅游设施规划

乡村旅游设施包括乡村旅游基础设施和乡村旅游服务设施。其中，乡村旅游基础设施包含交通设施、给排水设施、电力通信系统、供暖与空调系统，以及卫生设施；乡村旅游服务设施包含乡村旅游住宿设施、商业与餐饮设施、游憩与娱乐设施，以及旅游辅助设施。从广义上讲，乡村旅游设施包含了所有满足旅游者需要的内容，这些从各个方面为旅游者提供服务；从形象上看，乡村旅游设施是乡村旅游区景观最重要的组成部分；从功能上，乡村旅游设施承载着各种旅游活动，是各种乡村旅游产品的载体。

（一）认清主要矛盾

目前我国的乡村旅游在设施规划上主要存在以下两个方面的矛盾，这些矛盾使得乡村旅游的发展并没有真正成为新农村建设的推动力，反而引发了一系列的不必要矛盾。

（1）居民与游客的矛盾。在乡村旅游设施的使用过程中，居民与游客产生矛盾并不稀奇。原因就在于乡村旅游设施的服务界限过于模糊，很多设施同时服务游客与居民。例如，商店、道路、公共卫生间、停车场等，在旅游淡季，居民与游客的矛盾尚不突出，但是随着旅游旺季的到来，设施开始紧张，游客与居民在设施的使用上矛盾开始凸显。

（2）设施的配置与乡村用地之间的矛盾。乡村的用地都是根据本村村民的数量来进行配置的，但是乡村旅游的发展意味着需要占用一部分土地来建设新的设施，而占用哪一户村民的土地则成为矛盾的焦点。对于很多村民而言，将土地用于设施的建设获得的赔偿远不如自己做点小生意收入高，因此设施的配置与乡村用地之间一直存在着巨大的矛盾。

（二）基础与服务协调配套

完善的乡村旅游基础设施可以保证对乡村旅游资源进行有效和科学的开发。因此，在开发规划时，需要对其进行全面而深入的研究和思考。在交通上，应当对乡村旅游地及其周边的道路、出入口、停车场、游览步道等进行合理布局，使游客进得来、留得住、出得去。在给排水方面，最重要的是需要保证给水的质量和安全，保证乡村旅游地的排水设施在暴雨时不会妨碍旅游者的通行以及污水不会危及乡村的环境质量。在电力通信、供暖与空调、卫生设施等方面，也都应该相应配套，保证足够的容量和使用方便。需要注意的是，为了适应网络时代的到来和方便通信和联系，有条件的乡村还应当积极促进互联网的建设，如建设自己的旅游门户网站。另外，所有的基础设施之间应当统筹考虑，协调安排和弹性规划。

在乡村旅游基础设施已经完善的基础上要考虑到旅游服务其他设施的配套问题。例如，在乡村旅游的住宿上，要综合考虑客源市场的社会经济状况，建设不同等级的住宿设施，以便更好地满足不同收入游客的住宿需求；在商业购物与餐饮设施上，两者不能过于集中，要结合人流量留出足够的公共空间来供游客休闲购物，同时商业购物设施旁要尽可能地配备餐饮设施，以便游客在购物之余能够享受到乡村饮食趣味。此外，一些相关的辅助性设施也是必不可少的，例如安全保障设施、行政组织设施等，这些设施看似与游客没有直接的联系，但是对于塑造乡村旅游地良好的形象却有着十分重要的意义，同时也能够为游客提供更为便捷的服务。

（三）分散与集中有机结合

一般来说，乡村旅游设施的空间布局大致可以分为两种类型，一种是分散式布置，另一种则是集中式布置。在规划乡村旅游设施时需要根据设施的特点来灵活地采用不同的方式，例如农家乐等接待设施比较适合分散式布置，原因在于两个方面：一方面，农家乐等接待设施过于集中将会直接导致游客的集中，而游客的集中又会给乡村的旅游服务带来巨大的压力；另一方面，农家乐等接待设施过于集中很容易出现恶性竞争现象，不利于乡村旅游的健康持续发展。再比如商业区等服务设施，这种类型的服务设施应当采取集中式布置，发挥其规模效应。例如，太湖西山的明月湾就是一条沿着太湖布置的以乡村美食为主题的商业街。

值得注意的是，乡村旅游游客服务中心需要综合采用分散式布置和集中式布置两种形式。一方面，旅游地需要在与乡村保持一定距离的地方建立独立的建筑来统筹负责售票、购物、咨询、导游、展示等服务，这属于集中式布置。另一方面，考虑到旅游地随时可能存在突发状况，因此在旅游路线的关键点要采用分散式方式布置承担购物、咨询、导游等部分职能的小型接待站，以此来保证旅游服务的全面性。

总而言之，分散和集中并不是固定一成不变的，也不是绝对的，它们之间应当是相互补充和配合的关系。集中含有分散，分散内有集中，两者有机结合方为成功之道。

（四）单轨与双轨功能

单轨指的是乡村旅游服务设施只为游客或者村民提供服务，双轨则指的是旅游服务设施同时为游客和村民提供服务。部分旅游设施先天性就具有双轨的功能，例如道路等基础设施，在建设这些设施时既需要考虑到村民的出入问题，也要考虑到游客的进出和集散问题。但是也有部分设施以单轨功能为主，例如村里的老年活动中心就只是为村里的老年人服务的。因此，在对乡村旅游设施进行规划时要着重考虑旅游设施的单轨与双轨功能，如何使更多的设施可以为居民与游客共用，其使用方式上可以是部分使用、错时使用、错空使用以及同时同地使用等。一些如文化娱乐设施、休闲设施、餐饮设施等就可以比较多地共同使用。这样形成的基础和服务设施使用双轨制，既有利于当地居民的生产生活，又有利于游客的旅游活动。因此，为了营造新时期舒适宜人、富有特色的村庄旅游环境与和谐的人居环境，需要尽量对设施功能进行复合考虑。

（五）乡土与文脉完美融合

乡村旅游服务设施是乡村旅游的重要吸引物，因此乡村旅游服务设施的设计应该反映乡土文化，与当地的文脉相整合。

1. 乡村特色餐饮设施

餐饮是乡村旅游的一个重要组成部分，餐饮设施体现出足够的乡土特色对于游客而言极具吸引力。目前，国内在这方面做得比较好的莫过于太湖明月湾的农家乐。明月湾沿着太湖统一建设一条美食街，美食街的建筑全部由各种各样的木屋构成，坐在古朴的木屋当中，吃着太湖独有的农家菜，欣赏着太湖美丽的风光，这对于游客而言毫无疑问是一个巨大的享受。如此，太湖明月湾的农家乐取得成功也就不难理解了。

2. 乡村特色住宿设施

住宿设施应符合本地建筑风格，应与环境相协调。乡村旅游住宿设施是在乡村建设的适合城里人居住而又不失乡土特色的住宿设施。因此，一定要保持原汁原味的乡土建筑特色，与所在地的人文、地理、气候、民俗等相适合。要追求回归自然，文化内涵丰富；讲究淳朴简洁，清新淡雅，赏心悦目，就地取材，其颜色的选择和建筑风格模式应与周围环境相协调、融洽，相映成趣。

（六）技术与生态相互支撑

在旅游设施规划中需要在技术上引入生态的理念，使二者相互融合，相互支撑，以达到保护环境、节约资源、保持生态平衡、促进人与自然界和谐发展的目标。

在乡村旅游设施规划中，技术与生态的相互支撑主要表现在以下四个方面：

1. 建筑功能生态化

建筑功能生态化主要指的是建筑的设计、布局、采光、通风要自然化，而不是简单地依靠现代家电。这就需要对建筑设施进行规划时着重考虑以下两点：一是在设计中重视建筑设施的生态化布局，要结合建筑场地的气候、水文、地质、相貌、植被等特点来对建筑设施进行布局，保证建筑设施在完工之后不仅能够降低对周边景观的影响，更要保证建筑能够最大限度地利用当地的各种水文自然景观，实现建筑与自然的和谐共处；二是建筑的采光与通风要自然生态化，建筑内部的采光要尽可能地利用明媚的自然阳光，建筑内部与外部环境的交流要保持自然，而不是单纯地依靠空调等现代电器来满足建筑的采光和通风需求。

2. 能源生态化

能源生态化指的是降低对传统火电等污染较大能源的需求，尽可能地使用清洁能源。乡村旅游地的生态环境是极为脆弱的，这种脆弱在能源污染面前更是不堪一击，因此乡村旅游设施在规划时要尽可能地使用太阳能等清洁能源，太阳能不丰富的地区也可以发展生态沼气。

3. 物质循环与再生

随着游客的迅速增加，对于旅游地而言，所面临的一个重要问题就是垃圾的处理。如果按照传统的垃圾处理方式，即建设垃圾处理站—对垃圾进行回收—统一进行焚烧填埋，这种方式不仅需要投入大量的资金，而且对当地的生态环境也有极大的破坏作用。因此，在对服务设施进行规划时不妨从循环与再生的角度着手来建设垃圾处理设施，将生态沼气与垃圾处理设施结合起来。同时，服务设施应尽可能地使用木材、竹材等可循环利用的资源。

4. 水生态化

水是乡村旅游景观的一个重要因素，很多研究证明，有水文景观的乡村更受欢迎，但同时水生态也是极为脆弱的，极易受到破坏。因此，乡村旅游建筑设施的规划应当充分融入水生态理念，高度重视水的生态化使用，从供水环节开始到污水的处理都要保证水生态，从而实现水资源的高效利用。

其中，与乡村旅游结合得比较好的一个应用是人工湿地污水处理系统。人工湿地污水处理系统是目前世界最廉价的低投资、低能耗、行之有效的处理与利用污水的系统工程，是在长期应用天然湿地净化功能基础上发展的水净化资源化生态工程处理技术，脱氮除磷效果明显，可作为污水二级处理的替代技术。它与常规污水处理系统的主要差别之一就是具有生物种群多样性的特点。运用在乡村旅游区中，其自然的景观与周围环境协调一致，成为游客们得以欣赏的另一道风景。

十一、乡村旅游景观规划

乡村旅游景观规划，简言之，就是指对乡村旅游地内的各种景观要素进行整体规划与设计，使旅游景观要素空间分布格局、形态与自然环境中的各种生态过程和人类观瞻协调及和谐统一的一种综合规划方法。

（一）反思：城市化的乡村景观

随着农村社会经济的不断发展以及新型城镇化建设进程的加快，农村居民的现代化生活方式与传统的乡村性之间的矛盾也越来越突出，这一问题在城郊地区体现得尤为明显。大部分城郊地区的农村无论是在规划布局上还是生活方式上都基本和城市没有区别，乡村性开始逐步地消失，出现这种现象的原因主要有以下两个：

（1）农民的收入水平在不断提高，而与城市生活相比，农村生活水平本身较低，因此在农村收入提高的背景下，农村开始追求与城市一样的生活方式也在所难免。例如，越来越多的农村居民开始将自己房屋的建造向城市建筑靠拢，装修也基本上和城市保持一致。这种生活方式固然提高了农民的生活质量，但是从乡村旅游的角度来看，当游客进入农村之后发现与其在城市生活并无区别时，旅游的性质自然会大幅度下降，如此乡村旅游自然难以得到发展。

（2）社会主义新农村建设是农村社会经济发展的一个重要目标。但是很多地方政府对新农村的认识却出现了偏差，认为整齐排列的住宅与宽阔的道路就是新农村的表现，却忽略了这种新农村建设方式所造成的直接后果就是"千村一面"，毫无乡村性可言，乡村旅游的发展潜力遭到破坏。

基于以上原因，为了避免乡村旅游在发展中出现城市化现象，必须要对乡村旅游景观进行科学规划，以此来保证乡村旅游持久的生命力。

（二）乡村旅游景观之结构规划

对景观的空间结构规划，可以引入景观生态学原理。景观生态学将景观的空间形态结构归纳为三个元素：斑块（patch）、廊道（Corridor）和基质（Matrix）。乡村旅游的景观生态单元、功能及原则因规划区域的范围大小而有所不同，一般来说分为宏观和微观两种尺度。在宏观尺度，斑块往往是指耕地、园地、林地、疏林地、水库、湖泊、村落、工矿等；廊道一般指河流、道路等；基质一般指成片分布的农田，大面积的山林等。而在微观尺度，斑块代表乡村旅游的产品单元即游客的消费场所（农舍、景点、宿营地等）；廊道代表景点之间的路径；基质代表除此之外的生态背景。乡村旅游区的景观结构规划是基于宏观层面考虑的。

乡村旅游景观的结构设计就是以斑块为乡村景观主题与游憩项目开展的主载体，以廊道为游客流动以及乡村旅游区内能源与物质流动的主渠道，将各斑块、廊道、基质和谐地交织起来，形成一个浑然天成的乡村旅游景观格局。

1. 斑块的规划

斑块的规划要点在于斑块属性的选择、实体设计和空间布局三个方面。选择具有代表性意义的乡村景观类型和活动区，然后以巧妙的空间布局为辅助是斑块规划的关键所在。其中，对斑块属性的选择其实就是乡村旅游景观的选择，这方面需要根据乡村旅游资源以及乡村潜在旅游市场需求来进行规划。例如，林地资源比较丰富的地区可以规划登山、野营、探险等熟悉的斑块，而平原地区则可以选择农事活动的体验、乡村文化探秘等斑块。

2. 廊道的规划

廊道规划可以从区间廊道、区内廊道和斑内廊道三个方面着手。其中，区间廊道主要指的是不同旅游景点之间的通道，区内通道指的是同一旅游景点之间的通道，斑内廊道则指的是各个斑块之间的通道。在对廊道进行规划时要尽可能地使用天然的自然通道，同时也要避开生态比较脆弱的地带，选择生态恢复功能较强的地带，只有这样才能够保证乡村旅游在发展中不会对当地的生态造成太大的影响。同时廊道的规划也要兼顾趣味性，不能简单地将其视为一种旅游通道，水资源、奇石资源等都可以用于廊道规划中。

3. 基质的规划

基质作为生态旅游区的背景具有普遍性，如热带雨林、亚热带阔叶林、高山草甸、红树林等。当其背景性消失而特征性突出时，就可转化为新的旅游吸引物（斑），因此，基于"斑"与"基"的递变性，生态背景（基）具有旅游意义，如通过树种花卉等植被的重复出现和园林雕塑造型的设计，可构成具有明显旅游意义的视觉单元（斑）。

对基质的研究有助于认清旅游地的环境背景，有助于对生态斑（生态敏感区）的选择和布局的指导，也有利于分析、确定与保护旅游地的生态系统特色。

（三）乡村旅游景观之功能分区

乡村旅游区的功能分区规划是为了使众多的规划对象有适当的区划关系，以便针对对象的属性和特征进行分区，既有利于突出规划对象的分区特点，又有利于体现规划区的总体特征。

不同的乡村旅游区，因其现状条件及发展目标不同，在分区组成上也有所区别。一般综合性的乡村旅游区分区组成较为复杂，而观光农园的分区组成则较为简单。规划时可根据实际情况确定组成各个分区的内容，不求大求全。

1. 功能分区的一般性规划原则

（1）既要通过各种廊道来解决不同功能斑块区之间的分隔、过渡、联络问题，更要保证乡村景观的相对完整性。

（2）对于功能斑块区的划分要根据旅游项目的类别和用地性质进行，如此方能够确保分区之后不仅便于管理，而且不会因季节的变化失去美感。

（3）坚持科学、生态、艺术的原则，构造优美乡村旅游景观格局，在构建的过程中以路网为骨架最为理想。

（4）在对功能斑块区进行划分时不仅要突出各个分区的特点，保证旅游产品的特色，更要控制各个分区的规模。

2. 分区类型

由于地理环境等因素的不同，乡村旅游区的划分也不尽相同。但是一般来说，绝大部分的乡村旅游区都分为农业生产区、展示区、观景游览区、农业文化区、游乐区及服务区。农业生产区，即将农业生产活动作为该区域的主要旅游产品，为游客提供参与到农业生产中的契机；展示区，即向游客展示各种农业生产工具以及农村的一些特有手工业产品，该区域以参观为主，也伴有一定的实践操作，例如游客可以尝试自己制作手工业品；观景游览区，即以农村的自然风光为主题的游览活动；农业文化区，即向游客介绍本地区的农耕文化；游乐区，即纯粹以娱乐为目的的区域；服务区，向游客提供饮食、住宿、购物等服务，方便游客的生活。

（四）乡村旅游景观之视觉设计

景观美学是通过美学原理研究景观艺术的美学特征和规律的学科。在乡村旅游景观规划设计时，可运用一般景观美学原理来美化乡村景观风貌。

1. 注重景观序列的规划

景观序列指的是将一连串的景观按照一定的顺序进行排列。景观的种类多样，但是如果将这些景观随意堆放在一起，那么很容易产生视觉上的冲突，景观对游客的吸引力也会大幅度下降，因此在乡村旅游中应当科学地对乡村旅游景观进行排序。一般来说，景观的排序方式大致有以下四种：一是将景观视为一个故事，按照序景—展开—高潮—余韵的顺序进行排列，起到层层推进的作用；二是通过对比来凸显某个景观的特点，即将两种同类但又特点不同的景观放在一起进行对比，在对比中加深游客对景观的印象；三是通过并列将景观规模化，即将大量同类主题的景观放在一起，从而起到规模化效应；四是根据时间来对景观进行排列，例如按照春—夏—秋—冬的顺序来布置景观，保证每个季节景观都有其特色。

2. 注重景观的边界和焦点的规划

在景观的规划中，很多人误以为游客能够直接看到的景观规划是最为重要的，但是不容忽视的是游客眼中所能够直接看到的景观给游客留下的印象往往不是很深刻，相反那些肉眼能够看到，但是又看不清的景观边缘，例如水岸线、山水轮廓等因充满无限的想象空间给游客留下的印象反而更加深刻。因此，在乡村旅游景观规划中景观的边界和焦点的规划是十分重要的，这一点对于处于山地丘陵地区的乡村旅游区而言更为重要。对此在乡村旅游规划中可以通过规划来对地形进行一定的改造，加强地势边缘的多变性，也可以在林缘处增加附有层次感的花丛灌木作为过渡地带，对林缘边界进行美化等。

3. 凸显优美景观，控制消极景观

并不是所有的天然景观都是美的。在农村地区由于村民需要进行各种农业活动，农村的天然景观往往显得十分杂乱，这种景观并不优美，这就需要在进行乡村旅游规划时有意地对那些不优美的景观（消极景观）进行控制，着重突出优美景观。例如，通过不同植物的搭配，利用孤植、对植、列植等方式来赋予乡村天然景观更多的变化，丰富乡村天然景观。

值得注意的是，由于喜水是人类的一大特性，很多游客对于带有水体的景观情有独钟，因此在乡村旅游规划中要么尽可能地利用现有的水潭、池塘、小溪等水域景观，要么通过人工来创造水域景观，与植物景观共同发挥作用，增强对游客的吸引力。水体景观的构造要与地形景观相结合，一方面，要保证土方的稳定，避免生态遭到破坏；另一方面，也要利用地形因素来实现水体的自然循环，避免形成死水。同时，在水体景观构造之后也要对水体进行一定的规划，例如将水体用来养鱼或者种植各种水中植物等，这样既能够增加水体的美感，也有利于水体的净化。

4. 注重人造设施的自然风格规划

人造设施是乡村旅游必不可少的一部分。比较常见的人造设施有具有乡村气息的建筑民居、住宿设施、卫生设施、道路设施等。虽然说人造设施是乡村旅游不可或缺的一部分，但是人造设施的规划也要与当地的旅游景观相结合，本书在此主要对民居建筑、住宿设施、卫生设施进行详细的分析。

（1）对于乡村的民居建筑，应当以突出地方文化为基本原则，民居建筑尽可能保持传统风貌，整体的空间布局也应向传统靠拢。

（2）对于新建的住宿设施，应当充分考虑当地的自然环境、人文环境，确保住

宿设施能够与当地的民居建筑融合在一起。

（3）对于卫生设施，设施的外观要尽可能自然化。例如，将公共卫生间和垃圾桶设计成植物样式，避免在自然景观中人工设施给人带来一种突兀感。

第五章　乡村旅游高质量发展理论

　　引用生态经济协调发展理论作为乡村旅游高质量发展理论分析工具，就是要在高质量发展时代语境下，界定乡村旅游高质量发展的概念，剖析其内涵特征，从而为乡村旅游高质量发展实践提供理论指导。

　　同"可持续发展"相比，"高质量发展"是新时代更加具有深刻性、战略性的一种发展策略。可以说，可持续发展是高质量发展的基础和前提，高质量发展是实现可持续发展的根本路径。在高质量发展的时代语境下，我们并不是要否定可持续发展思想，而是要在可持续发展的基础上更加强调领域范围内的"质量"和"效率"。根据当前的社会发展时代需求，高质量的有效供给比"可持续发展"更加契合乡村旅游发展实况，更加具有针对性。因此，乡村旅游应该秉承高质量发展原则，具体从供需匹配、绿色发展、文旅融合、产业高效四个方面发力。

　　在中国乡村旅游发展实践中，也出现了很多典型范例，最具典型意义的就是浙江余村。其实践表明，"绿水青山就是金山银山"理念不仅转变了余村人的行为，从原来的开矿转为封山育林、保护环境，更重要的是推动了余村产业的绿色转型升级，走向了乡村旅游高质量发展之路，在满足人民日益增长美好生活需要的同时，实现了经济发展和农民收入水平的提高。正如习近平总书记所讲：经济发展不能以破坏生态为代价，生态本身就是一种经济，保护生态，生态也会回馈你。

　　通过上面的分析，本文认为，乡村旅游高质量发展是指在习近平生态文明思想指导下，坚持绿色发展理念，全面践行"绿水青山就是金山银山"，基于乡村独特的人文、生态环境资源的利用与质量提升，以科学的乡村旅游规划为引领，以创新乡村旅游产品，增强"乡村性"作为旅游核心吸引物，以"乡村旅游+"实现产业融合发展为途径，为城乡旅游者提供充足、优质、安全、健康的绿色旅游商品，满足其日益增长的美好生活需要，实现生态与经济的和谐发展，以及生态效益、经济效益与社会效益的统一，助力乡村产业振兴和精准扶贫的一种发展模式。

第一节　乡村旅游高质量发展理论分析

环境与经济协调发展是一种全新的经济发展观，也称为生态经济协调发展观。可持续发展，其根本点是经济、社会的发展与资源、环境协调，核心就是生态与经济相协调（刘国光，1996）。经济发展和生态环境协调理论的涵义，就是实现两个子系统及其内部各要素之间，按照一定数量和结构所组成的有机整体，配合得当，有效运转（谭崇台，2000）。生态经济协调发展理论指导实践，逐步向可持续发展领域进行融合和延伸，实质是把经济发展控制在生态环境所能承受的经济增长能力的阈值内，既能兼顾经济增长又能实现生态环境保护，保持良性循环状态。该发展模式的显著特征是以资源优化配置、合理利用为基础，以高水平的协调发展模式，来提升人类对生活的满意度。

本节主要基于经济发展和生态环境协调发展的内涵认知，分析乡村旅游如何围绕高质量主线，从以往的供需错位、粗制滥造、同质模仿、产能低效发展转向供需匹配、绿色发展、文旅融合、产业高效发展，以更好地满足多元、创新、体验的旅游需求。有利于甄别出乡村旅游高质量发展需要关注的关键问题，提出相应的对策建议。

一、乡村旅游高质量发展要求供需匹配

乡村旅游市场的运作是依托旅游需求和旅游供给来实现的。随着经济社会发展水平的提高，旅游消费成为公众的普遍需求，大众旅游活动常态化、大众化、散客化发展态势凸显。从经济学角度来说，公共供给需要适应公共需求的规律。因此为了满足游客休闲旅游需求，在公共供给方面，乡村旅游农家乐、特色小镇、生态农庄等如雨后春笋"遍地开花"，旅游产品"百花齐放"，旅游服务设施建设不断得到完善。进入全域旅游的新时代后，大众旅游群体消费逐渐升级，精神文化需求日益增长，旅游公共需求群体更加多极化，旅游需求个体呈现出差别化和个性化特征，对优质、完善的乡村旅游环境偏好更加强烈。同质化、单一化、低水平的乡村旅游产品和服务供给已不再能够满足旅游群体对高品质、高效率旅游体验的需求。乡村旅游要得到更长足的发展，迫切需要提质增效升级。从满足人们对美好生活需要出发，精准对接游客需求，通过拓展旅游方式、更新旅游内容，提供高质、有效供给以满足旅游群体不断变化的需求，是乡村旅游高质量发展的重要内涵。

二、乡村旅游高质量发展注重绿色发展

新时代，在绿色发展理念的指导下，乡村旅游发展的目的就是通过丰富乡村的发展路径，激发乡村经济发展活力，实现经济、社会和生态的协调和统一。重视绿色发展，是乡村旅游高质量发展的应有之义，也是时势使然。早期乡村旅游大都无视可持续发展，因为一些无序规划、盲目开发行为，致使大量乡村资源被破坏、环境遭受损耗，对生态环境负面影响很大。进入新时代后，国家层面提出的牢固树立绿色发展观，践行"绿水青山就是金山银山"的绿色发展理念为乡村旅游提供了基本遵循，加之，外部市场环境和自身发展优势的凸显，乡村旅游已经基本回归到优先保护资源、用最少的资源消耗换取最大经济效益的状态。乡村旅游高质量发展内涵包括了提供优美的生态自然环境，开发优质的、独具特色的绿色旅游产品，满足游客的物质和精神双重需要。遵循"绿水青山就是金山银山"和"山水林田湖草是一个生命共同体"一系列绿色发展实践理念，把生态经济观、生态技术观、生态文明观等融入乡村旅游发展之中，才能实现乡村旅游的高质量发展。

三、乡村旅游高质量发展追求文旅融合

文化是乡村旅游发展的核心元素符号。乡村的每个人都拥有浓厚的"乡土"情结，即使走出乡村，也有着"乡愁"，于是，乡村旅游发展成了这些人的精神依托，承载起城市人回归田园、返璞归真的重要功能。纵观乡村旅游内容，无论是农耕技术、生活习俗还是民间工艺等，均蕴含着深厚的优秀传统文化，承载着珍贵的历史文化，具有明显的区域性、民族性特色。但是随着城镇化的推进，乡村传统出现了"沦陷"迹象，例如古村落趋于消失，传统技艺丢失，甚至乡村文化衰落，产生了内容变异、形式低俗等问题。此外，乡村旅游景点普遍缺乏创意，旅游产品项目的规划设计背离乡村特色，形式结构趋同、档次低级。乡村旅游高质量发展的使命和责任就是保育和传承乡土文化，用较低的环境资源代价换取较高的经济效益，更好地满足游客高质量精神文化的个性、多元体验要求。根据不同区域的文化特点，充分挖掘旅游地的独特文化价值和旅游魅力，提升乡村旅游的文化融合水平，特别是构筑并展现文化元素符号平台，推动乡村旅游向精品化和品牌化发展，能够增强在市场竞争中的辨识度，从而更好地唤醒乡村记忆，增强文化自信。

四、乡村旅游高质量发展推进产业高效

乡村旅游的高质量发展就是要实现乡村特色资源的良性循环利用。新时代，人类日益增长的物质文化需求能力与生态环境的再生产能力之间的差距正在扩大。基于此，在乡村旅游生态循环系统中，应该尽可能地减少资源投入和环境消耗，引用绿色生产技术来提高生态资源再生产和再利用，培育高效产业的同时，降低废弃物的处理量，进而促进经济社会和自然生态之间物质能量的永续循环发展。达到乡村旅游资源物质多级利用，也是乡村旅游提质升级的动力支撑所在。通过大力发展"乡村旅游+"，充分挖掘优美的自然景观、丰富的农业资源、深厚的文化传统等元素符号，提供丰富的旅游吸引物。游客在旅游过程中产生的娱乐、饮食、购物、考察等消费，也会促进农民增收，逐渐吸引农户向非农化转移就业。另外，人才和技术支撑也能够为丰富旅游产业业态、实现产业结构优化和效能提升提供保障。

第二节　乡村旅游高质量发展的内涵特征

基于乡村旅游高质量发展的概念，可以从如下几个方面剖析乡村旅游高质量发展的内涵特征。

一、乡村旅游高质量发展以绿色发展理念为指导

追求绿色、追求生态、追求健康成为新时代的消费时尚，人口返璞归真、走向乡村、回归自然已是大势所趋。特别是全域旅游理念的提出和推广，更是为乡村旅游向高质量发展提供了良好的发展契机。因此，在发展过程中，应坚持绿色发展理念为指导，践行"绿水青山就是金山银山"，处理好经济发展和生态保护之间的关系，创设一个自然生态保持完好、农村传统习俗纯朴的乡村环境，增强乡村地区旅游吸引力的同时，也能够满足游客对自然优美生态环境的向往。

二、乡村旅游高质量发展以资源的可持续利用为前提

推动乡村旅游高质量发展任重道远，要充分考虑乡村旅游的资源本底，强化生态保护。在绿色发展理念的指导下，科学考量乡村环境承载能力，准确判断乡村资源可持续利用的阈值，在有效保护的基础上科学规划，利用环境友好型技术进行梯次开发，

才能真正留得住绿水青山，推进乡村旅游由数量粗放型向质量精细型转变，实现资源的可持续利用。只有生态环境保护好了，乡村旅游才具备高质量发展的资源与环境基础。

三、乡村旅游高质量发展以产业融合为路径

乡村旅游作为乡村产业振兴的全新业态，也是绿色发展新动能的重要内容，需要从全产业链视角寻求发展的路径。创新乡村旅游高质量发展的模式，通过"农业＋乡村旅游""体育＋乡村旅游""节庆＋乡村旅游""文化＋乡村旅游""康养＋乡村旅游""教育＋乡村旅游"等模式，聚焦聚力产业融合，推进旅游与农业、教育、文化、康养等产业深度融合，拓展乡村旅游发展新空间，加快培育新产业、新业态。同时，借助互联网等信息技术，助推乡村旅游向终端型、体验型、智慧型、循环型发展。

四、乡村旅游高质量发展以提供绿色旅游产品为内核

相比较于其他海滨度假等高消费的休闲旅游形式，乡村旅游越来越备受青睐的主要原因在于，乡村旅游更加经济实惠，可以更好地满足现代人贴近自然、寻根怀旧情结的向往和需要。新时代，推动乡村旅游高质量发展，就是要深入挖掘和保护乡土文化、乡土记忆和乡土特色等，创设特色产品品牌。围绕乡村资源可持续发展，推动乡村旅游多元化、精品化和品牌化发展，提供充足、优质、安全的绿色旅游产品，既能满足游客的物质需求，也能丰富大家精神的需要。

五、乡村旅游高质量发展以农业强、农民富、农村美为目标

新时代，乡村旅游高质量增长坚持"以农为本"，把农业农村视为依托，注重整合未被充分利用的资源，实施规模化、产业化生产和经营。围绕三产融合，实现多种形式"农业＋"，拓宽农业功能，提升产业综合效益，实现"农业强"的目标。

乡村旅游高质量发展能够创造出新的经济增长点，促进农民转移就业创业，增强乡村致富的辐射，农民作为乡村旅游受益主体，共享发展红利，达成"农民富"的目标。生态、宜居、健康氛围是游客在乡村旅游过程中最注重的感受，通过改水改厕、禽畜圈养、拆除违章建筑等措施塑造良好的村容整洁面貌，实现"农村美"也是乡村旅游高质量发展的一个重要目标。

六、乡村旅游高质量发展以生态与经济协调发展为归宿

对乡村旅游发展而言，"绿水青山"无疑是关键因素之一。习近平总书记曾经说过："绿水青山就是金山银山""冰天雪地也是金山银山"。值得注意的是，"绿水青山"只是一种优质资源，是一种潜力，是一种竞争力，也是一种可持续力，但其自身无法转化为"金山银山"。乡村旅游则是连接"绿水青山"与"金山银山"的有效桥梁。特别是在经济欠发达地区，区域良好的生态环境为实现乡村旅游高质量发展提供了基础，也为实现生态效益向经济效益、社会效益转变提供了可能。在乡村旅游高质量发展中，应牢固树立保护生态环境就是保护生产力，改善生态环境就是发展生产力的理念，处理好生态目标与经济目标、数量目标和质量目标、长期目标与短期目标之间的关系，走出一条生态与经济协调发展的新路。

第三节　乡村旅游高质量发展的关键问题

乡村旅游在"井喷式"发展扩张过程中，不可避免地会出现发展模式单一、产品种类雷同、发展能力不足、服务质量差、辐射带动能力弱等一系列问题。甄别这些问题，是实现乡村旅游高质量发展的重要前提。

一、乡村旅游规划的科学性、前瞻性和可操作性

理论上来讲，科学性、前瞻性、可操作性是规划的三大特性。制定乡村旅游高质量发展规划是一个系统工程，需要对区域乡村旅游资源及其分布进行调查，对发展乡村旅游进行 SWOT 分析，科学评价乡村旅游资源及环境的生态承载能力，以及乡村居民参与发展乡村旅游的意愿。在此基础上，再依次确定乡村旅游发展的重点任务、项目的区域分布及实施的时间表、路线图。在乡村旅游发展的理念方面，需要体现出前瞻性特点。特别是在新发展理念指导下，只有提出符合乡村实际的发展思路、发展模式，才能够引领乡村旅游高质量发展。在实施路径及对策保障方面，则要体现出可操作性。规划应注重措施的落地，只有符合区域实际，发展主体才能够开展具体实践操作。

从现实来看，当前很多地方尚未制定乡村旅游发展规划，一些地方即使有乡村旅游发展规划，也缺乏科学性、前瞻性及可操作性。已有规划存在如下突出问题：一是

乡村旅游发展主题或内容的同质性。多以"走一走、看一看、尝一尝"为主，田园采摘是最有代表性的主题，缺乏高端的体验、休闲、领悟的内容。二是乡村旅游发展模式的同质性。基层调研发现，乡村旅游发展所采取的模式多是"政府引导型""企业主导型""能人带动型"，参与性、带动性明显不足。因此，注重规划的科学性、前瞻性和可操作性，对推动乡村旅游高质量发展尤为重要。

二、乡村旅游资源的可持续利用

广大乡村原生态环境和特色资源是乡村旅游发展的基础。随着全域旅游理念的普及，乡村旅游发展规模快速膨胀，各地都将其作为实现乡村产业振兴的重要抓手之一。坦白地讲，当前基层政府及其相关职能部门、相关企业、农村居民等对乡村旅游的内涵还缺乏深入理解，对乡村旅游高质量发展概念更加缺乏正确认知。短期来看，盲目发展表面上实现了乡村旅游的跨越式发展，但其背后则是对乡村旅游发展基础条件的破坏，实现其高质量发展自然成了一句空话。因此，乡村旅游发展必须高度重视资源的可持续利用以及生态环境的保护。对每一个乡村旅游发展项目，都要科学评价其规模是否超出了生态资源环境承载力，是否会对生态环境造成潜在危害。基于资源可持续利用的视角，在考虑乡村旅游发展项目规模、方式对资源影响的同时，也要考虑到游客规模或者游客行为对资源环境可能造成的影响。有了优良的资源基础，就有了发展乡村旅游的可能；但失去了资源基础，就没有发展乡村旅游的可能。由此，乡村旅游高质量发展必须把旅游资源的可持续利用作为前提。

三、乡村旅游高质量发展的产业融合

乡村旅游发展不是孤立的，在产业链的不同节点与其他产业紧密关联、相互依存、相互促进。一是与第一产业的融合。近年来，农业在发挥生产功能，为乡村旅游的发展提供安全优质的农产品的同时，其多功能性也备受关注，特别是农业的生态休闲、旅游观光、文化教育等功能，业已成为乡村旅游发展考虑的重点。二是与第二产业的融合。对区域安全优质农产品进行加工及包装，可以为城镇游客提供区域特有的旅游商品，满足不同游客群体的需求；广大乡村，特别是少数民族地区乡村的传统手工业，是村落文化、民族文化的有效载体，在为游客提供独特旅游商品的同时，也实现了乡村文化的传承。三是与第三产业的融合。通过与信息互联网产业的融合，可以为乡村旅游提供展示、宣传的平台，更好地为游客了解旅游景点地提供途径。新冠肺炎疫情下，广大乡村旅游景区借助信息平台开展乡村旅游云展播，旅游商品的网上销售效果较好；实现乡村旅游与文化创意产业的融合，如打造影视基地、婚纱摄影基地、农耕文明教育基地、拓展训练、节庆活动平台等，推动乡村旅游的开放发展、多元化发展；实现乡村旅游与休闲养老产业的融合，如发展乡村养老、大健康产业等，满足人民日益增长的美好生活需要。因此，如何实现由封闭循环向开放、融合发展的转变，是乡村旅游高质量发展中必须解决的重要问题。

四、乡村旅游高质量发展的人才队伍建设

人才是乡村旅游发展的核心要素。从乡村旅游发展的实践来看，其经营和管理仍处于低水平，主要原因是缺乏高素质、专业化、富有创新意识和奉献精神的乡村旅游人才。当前，从事乡村旅游的主体大多是农村居民，相对于专业人员而言，农民的文化教育水平相对偏低，对乡村旅游的专业知识领会和掌握具有一定的困难，同时，也缺乏适应新时代乡村旅游发展的经营管理经验，难以满足乡村旅游高质量发展的要求。因此，通过育才、引才、用才、留才等措施，打造一批懂政策、善经营、会管理的乡村人才队伍，才能够为实现乡村旅游高质量发展提供智力保障。

五、乡村旅游高质量发展的产品和服务质量

乡村旅游产品和服务质量是衡量乡村旅游产业综合竞争力的重要标志。要实现乡村旅游高质量发展，需要解决当前普遍存在的旅游产品同质、品牌定位模糊、服务设施不足，以及运营不当、管理不善等问题。在乡村旅游产品开发方面，应立足乡村实际，根据不同游客群体的偏好变化，充分发挥乡村旅游资源优势，特别是对民居及其承载的文化、民俗文化等独特资源的深度挖掘，打造具有区域特色的乡村旅游品牌，满足不同游客群体的需求心理。当前由于过度地把现代化元素符号、城市元素符号嵌入到乡村旅游产品之中，严重削弱了一大批探寻乡村特色文化的游客对乡村旅游产品的体验感和满意度，更降低了乡村旅游产品的整体质量。还有一些地方在乡村旅游产品开发中，重形式、轻内涵，严重违背可持续发展的原则，更不符合高质量发展的要求。在乡村旅游服务方面，一方面缺乏必要的服务设施，另一方面经营者多缺乏系统的专业知识培训，一直以传统的理念与方式经营乡村旅游，无法满足旅游者的个性化需要。因此，提升乡村旅游产品与服务质量，是实现乡村旅游高质量发展的另一个核心内容。

六、乡村旅游高质量发展的保障措施

总体来看，中国乡村旅游发展的组织化程度还相对较低，呈现出明显的分散性特点。推动乡村旅游高质量发展，除了需要专业人才保障之外，还需要组织、制度、法

律等层面的保障。从组织层面来看，县市一级有文化和旅游局负责乡村旅游工作，但乡镇一级则没有专门负责的组织机构。一些乡村旅游发展相对较好的村，尽管成立了乡村旅游专业合作社，但主要还是由村两委负责，其真正的作用发挥受限。因此，有必要建立健全乡村旅游发展的管理组织，有效规范、监督乡村旅游发展主体的行为。从制度层面来看，需要为乡村旅游发展量身定制专门的制度，提高制度的精准性、有效性，保障乡村旅游高质量发展。从法律层面来看，需要针对乡村旅游发展中可能出现的安全、纠纷等问题，制定相应的法律法规，逐渐将乡村旅游发展纳入法制化轨道。此外，新时代乡村旅游高质量发展，迫切需要制定相应的标准，以促使乡村旅游发展规范化、标准化。

第四节　乡村旅游高质量发展对策建议

新时代，应紧紧围绕乡村旅游高质量发展中的关键问题，提出相应的对策建议，助力乡村产业振兴，推进生态宜居美丽乡村建设，提高广大农村居民的生态福祉，满足人民日益增长的美好生活需要。

一、强化理念指导，把握乡村旅游高质量发展方向

党的十八届五中全会提出新发展理念之后，绿色发展已成为新时代的主旋律。为此，在顶层设计框架范围内，规划的设计、内容的确定、路径的选择、模式的甄别等各个关键节点，都要强化绿色发展理念的指导作用，确保乡村旅游高质量发展方向。对乡村旅游发展主体而言，树立绿色发展理念，保护好区域良好的生态环境，以及深厚的文化资源，这是实现乡村旅游高质量发展的核心所在。为此，应全面践行"两山论"，坚持"山水林田湖草是一个生命共同体"，提升生态环境质量，将乡村旅游发展的生态基础筑牢。乡村旅游发展内容应以绿色为主基调，确保乡村旅游发展的规模控制在区域生态环境承载力之内。同时，旅游产品的开发也要注重其绿色内涵、区域特色，提升其对城乡居民的吸引力。并在此过程中，逐渐培育乡村旅游品牌，提升乡村旅游发展的影响力。

二、制定科学规划，绘制乡村旅游高质量发展蓝图

要实现乡村旅游高质量发展，一是要科学制定符合区域实际的乡村旅游发展规划，

明确发展的目标及思路，提出发展的重点领域、时间表、路线图以及保障措施，绘制出乡村旅游高质量发展的蓝图。二是明确并完善"多规融合"规划顶层设计。科学开展乡村旅游地生态安全评价，确定区域发展乡村旅游的可能性、可行性；依据乡村旅游资源空间分布特点，全面普查并实地调研，广泛听取乡村居民对发展乡村旅游的建议及参与意愿。在反映民意的基础上出台的详规，与土地利用规划、住宅建设规划、道路交通规划等相衔接，能够更加科学有效地发挥规划对乡村旅游高质量发展引领作用。三是注重规划的可操作性。中国地域广阔，制定乡村旅游高质量发展规划时，既要注重规划之间的共性，也要注重规划之间的差异性，特别是规划中涉及的重点领域、实施路径及对策措施等内容都应具有实践可操作性。

三、优化配置资源，融合乡村旅游高质量发展产业

产业融合是推动乡村旅游高质量发展的重要选择。连续多年的中央一号文件都强调，要加强一二三产业融合，这为乡村旅游和其他产业融合提供了政策支撑。一是与农业产业相融合，拓展农业多功能性。基于乡村优美的自然环境资源、深厚的文化资源，充分发挥农业的多功能性，特别是具有乡土性特征的功能，考虑不同旅游群体个性化、感性化、体验化的需求，集中开发多功能一体化的旅游产品，实现农业功能从生产向生态、生活功能的深度拓展。二是与文化产业融合发展，丰富乡村旅游的文化内涵。乡村旅游要注重挖掘乡土文化的丰富内涵。以乡村的原生态环境、原始建筑和村落等乡村意象作为旅游核心吸引物，设计具有历史文化印记的"接地气"的乡村旅游产品，打造乡村旅游品牌，提升乡村旅游的文化内涵和品位。此外，在传承乡村传统文化、不破坏当地人文脉络和生活习俗的基础上，还要适当注入现代生活要素和时尚旅游元素，创造农耕文化、文明乡风和宜居氛围，形成乡村旅游多种服务的新型产业形态，实现由观光经济向体验经济的转型升级。

四、完善机制体制，提高乡村旅游高质量发展水平

完善的机制体制，有助于提高乡村旅游高质量发展水平。一是创新乡村旅游发展的管理体制。基层政府要发挥宏观调控作用，在明确责任的基础上，协调文化旅游管理部门和各部门之间的协同关系，最终形成由文化旅游管理部门牵头、其他部门参与的行业管理体制，成立乡村旅游发展领导小组，并设立领导小组办公室，负责乡村旅游发展的日常工作。与此同时，还需要建立部门之间的协同工作机制，采取协同措施、协同行动，真正共同推动乡村旅游高质量发展。二是完善乡村旅游发展的运营机制。围绕着实现乡村旅游高质量发展的目标要求，对以往的运营机制进行提升、完善，建

立符合乡村旅游发展特点及乡村实际的运营机制。注意不要过多地引进现代化的元素符号、城市元素符号，多侧重本地元素符号文化内涵的挖掘及运用。三是建立乡村旅游发展的监督机制。有效的监督机制，可以为乡村旅游高质量发展提供保障。因此，根据乡村旅游高质量发展的需要，由领导小组办公室负责监管机制的建立、监督人员的配置以及经费的保障，对乡村旅游经营者、管理者、旅游者等人的行为进行有效监督，并利用各种新媒体平台对旅游乱象进行公开曝光，为乡村旅游高质量发展创建更好的、更开放的环境。

五、加强能力建设，提供乡村旅游高质量发展人才

"盖有非常之功，必待非常之人"，乡村旅游高质量发展需要人才支撑。一是注重外部人才吸纳。不同区域应根据乡村旅游发展的实际和产业化发展需求，采取有效政策措施实施"灵活引才"，特别是经营管理类优秀人才。此外，加强相关政府部门与旅游专业院校、规划机构对接，做好人才输送、对口培养帮扶工作。为了"长久留才"，保障乡村旅游的可持续发展，可以通过"定制村官"培养工程和新乡贤培养，实现"高效用才"，在人才待遇和发展机会等方面给予政策支持。二是乡土人才培育。首先，要注重对乡村旅游从业人员的培训，加强系统化的专业知识培养和能力提升，为乡村旅游高质量发展创新发展思路，探索具体实践路径。其次，依托新型经营主体培育工程实现"精准育才"，造就一批在农村留得住、用得上、能带动的"土专家、田博士、农创客"（于法稳，2019），带领乡村居民发展乡村旅游，增加农民收入。

六、提高服务水平，规范乡村旅游高质量发展行为

完善的配套服务是乡村旅游从粗放低效转向精细高效的关键。新冠肺炎疫情之后，人们出行旅游更加关注卫生、品质和安全。因此，乡村旅游迫切需要在服务和管理上做出调整。乡村旅游从业者应该加强整体素质培养，提高服务质量与水平。在日常的经营管理中，依托大数据和云计算等信息网络技术，应对不同客源和突发情况，为个性化需求提供定制化服务。疫情期间，一些乡村旅游景区就充分利用网络技术，开展乡村旅游云景区和云购物，在线上向不同需求群体介绍乡村旅游景点和产品，为疫情过后实地旅游提供了选择。此外，与游客建立情感联系，满足深层次的心理需求，增强不同游客群体的旅游体验也能增加游客的重游意愿，通过游客的好评可以进一步强化乡村旅游地品牌建设，有利于推广乡村旅游新模式，增强乡村旅游地的知晓度。与此同时，也不能忽视对餐饮、住宿、厕所、交通等公共服务基础设施的建设、运营与

管护，特别是厕所革命，直接影响了以农户家庭为主体的乡村旅游的发展。因此，在建设过程中，要采取生态技术，切实避免出现具有负面生态影响的生态工程。

七、完善法律法规，净化乡村旅游高质量发展环境

实现乡村旅游高质量发展，需要相应的法律法规提供保障。为此，在国家层面上，应制定乡村旅游发展的专门法律法规，为全域旅游理念下乡村旅游发展提供法律保障，为解决乡村旅游发展中出现的纠纷以及违法行为提供法律依据，并逐渐将乡村旅游发展纳入法制轨道。在基层政府层面，可以在国家法律法规框架范围内，通过立法形式制定切实可行的地方性法规和条例，使得乡村旅游高质量发展有法可依、有章可循。除了法律法规之外，还需要有效的制度措施，推动乡村旅游高质量发展。《促进乡村旅游发展提质升级行动方案（2018 年—2020 年》指出，鼓励引导社会资本参与乡村旅游发展建设。为此，基层政府应在国家相关政策框架内，制定投资优惠等相关的配套政策，为乡村旅游项目的开发和建设招商引资、以商招商。此外，围绕乡村旅游发展短板，创新相关扶持政策，也能够为乡村旅游高质量发展提供政策保障。

第六章　乡村旅游高质量发展与乡村振兴耦合机制

本章阐述乡村旅游高质量发展与乡村振兴耦合协调作用机理，并对中国乡村旅游高质量发展与乡村振兴耦合效应及其发展阶段进行定性分析。

第一节　乡村旅游高质量发展的内涵与特征

一、乡村旅游高质量发展的内涵解析

（一）三量并进说

党的十九大报告指出，"我国经济已由高速增长阶段转向高质量发展阶段"。作为国民经济的战略性支柱产业和民生幸福产业，乡村旅游是高质量发展的重要领域（方世敏和黄琰，2020）。立足新时代，乡村旅游高质量发展须以新发展理念为指导，以"转型升级、提质增效"为主线，加快旅游发展新旧动能转换、调整产业结构、提升产业效益，做优存量、扩大增量、提升质量，是保持乡村旅游平稳健康高质量发展的根本路径。

一是做优存量。更新旅游发展观念，摒弃资源依赖型旅游发展模式，加快旅游资源整合创新，积极实施"旅游+"战略，促进乡村旅游与一二三产业交叉融合、相互渗透，延长旅游产业链、要素链，提升价值链，推动旅游产业升级，稳住和巩固旅游经济发展的基本盘。同时，积极践行"两山"理论，加强旅游地生态环境保护，提升区域乡村旅游发展可持续性和韧性。

二是扩大增量。把握科技革命和产业变革机遇，通过技术进步和产业要素重组，加快新旧动能转换，优化旅游要素配置与供给体系，以供给侧改革为主线，以需求侧改革为牵引，以高质量供给引领和创造旅游新需求，培育乡村旅游发展新的增长点，提升旅游发展整体效益。

三是提升质量。贯彻新发展理念，坚持创新作为乡村旅游发展的第一动力，提升旅游自主创新能力，培育旅游新业态和新动能，打造文旅 IP，强化科技赋能乡村旅游转型升级，以数字赋能构建文旅消费新生态；坚持绿色发展与开放共享，促进国际国内旅游双循环互补、协调发展，在更大程度上释放内需潜力，满足城乡居民文化旅游消费需求及对美好生活的向往。

（二）五大系统说

乡村旅游高质量发展是区域乡村旅游发展水平、能力和效益的综合反映，是衡量一个国家（地区）乡村旅游自身发展力、竞争力及可持续性的重要指标。现阶段，我国乡村旅游正处于转变发展方式、优化产业结构、转换增长动力的重要时期。新发展理念的提出为乡村旅游高质量发展指明了方向，既是新时代乡村旅游高质量发展的基本要求，也是乡村旅游高质量发展成效的重要评判准则。

1. 创新是乡村旅游高质量发展的核心动力

创新理论由熊彼特于1912年提出，随着乡村旅游的快速发展，旅游创新受到了学术界的较多关注。创新是引领发展的第一动力，是乡村旅游高质量发展的核心驱动力。科技创新是改善旅游供给质量、加快乡村旅游转型升级的重要手段和途径。改革开放以来，我国乡村旅游发展主要依靠区域旅游资源禀赋和资本、劳动力等传统要素投入，虽然也取得了较为显著的成效，但随着旅游资源逐渐耗竭、土地供给受限及劳动力成本上升，传统要素收益递减，乡村旅游发展的不可持续性问题日益突出。在新发展阶段，随着以"ABCD（人工智能、区块链、云计算、大数据）"为代表的新兴技术迅猛发展，并在乡村旅游中得到较为广泛的应用，必须加快旅游发展新旧动能转换，转变传统要素依赖型旅游发展模式，强化科技赋能，提升乡村旅游自主创新能力，通过创新驱动实现乡村旅游发展动能转换，充分利用技术、知识、信息、人才等新要素为乡村旅游发展提供源源不断的动力，启动新时代旅游高质量发展新引擎，不断推动乡村旅游发展模式、产品、服务和管理创新。

2. 协调是乡村旅游高质量发展的内在要求

协调既是发展手段又是发展目标，同时还是评价发展的标准和尺度。当前我国乡村旅游发展的主要矛盾正在发生深刻变化，由原来的总量不足向结构性矛盾转化，主要表现在乡村旅游内部结构与一二三产业结构有待优化，区域旅游发展不平衡问题突出。因此，协调发展符合新时代乡村旅游高质量发展的全面制衡，贯彻协调发展理念，要求加快文旅融合发展，不断优化区域旅游产业结构及持续推进城乡旅游一体化，通过发展乡村旅游缩小区域、城乡差距，促进区域间乡村旅游相互依存、融合发展和共同繁荣。

3. 绿色是乡村旅游高质量发展的普遍形态

长期以来，乡村旅游被认为是"绿色无烟工业"，是一项资源消耗低、环境污染少、生态附加值高的新型产业，乡村旅游高质量发展是对绿色发展理念最好的践行，要从"灰色发展轨迹"向"绿色发展之路"转变（郭芸等，2020）。但过去几十年，特别是随着大众旅游时代的到来，以量为纲的发展模式使乡村旅游变得不可持续，旅游地生态环境系统变得更加脆弱，"旅游污染"受到国家和社会各界的广泛关注。《"十四五"旅游业发展规划》指出，旅游是践行"两山"理念的重要领域，是"绿水青山就是金山银山"的转换器。党的十八大以来，国家将生态文明建设纳入"五位一体"的总体布局，为旅游高质量发展提供了思想指引。绿色转型赋能乡村旅游高质量发展，既是破解旅游发展资源环境约束难题，增强发展可持续性的重要途径，也是不断满足人民对美好生活需要的客观要求。

4. 开放是乡村旅游高质量发展的必由之路

乡村旅游是一项开放型产业，我国乡村旅游在发展之初就以接待外国友人、华侨和港澳台同胞的入境旅游为主，改革开放后，才形成国内和国际旅游共同发展的局面。乡村旅游是我国对外开放的重要部门，对外汇收入有积极贡献，开放发展是乡村旅游的显著特征和实现高质量发展的重要途径。在"双循环"新发展格局下，乡村旅游要紧跟"一带一路"倡议，以国内旅游循环为基础，以国际旅游循环为延伸，加强对外合作交流（黄震方等，2021），努力实现更高水平的开放，不断推出能够彰显中国国家形象的文旅产品，提升我国在国际旅游中的话语权，助推旅游强国建设。一方面，通过"引进来"，将关键技术、品牌资源、管理经验和高端人才引入国内，提升旅游企业竞争力，推动乡村旅游转型升级；另一方面，通过"走出去"，加强旅游目的地在海外营销宣传和品牌推广，释放旅游内需和外需潜力。最终，通过国际市场与国内市场相互促进、国内旅游与出入境旅游相互协调，形成内外联动开放新格局，是乡村旅游高质量发展的必由之路。

5. 共享是乡村旅游高质量发展的价值导向

共享发展理念遵循了社会主义共同富裕的基本原则。当休闲旅游成为当今人们一种日常生活方式时，乡村旅游发展质量高低与城乡居民的幸福感息息相关。旅游已成为人民大众幸福生活的新方式（夏杰长和顾方哲，2020），乡村旅游是提高人民生活水平的重要产业。在我国全面建成小康社会后，如何提升国民生活品质与客人幸福指数，已成为未来乡村旅游高质量发展的核心主题。满足人民美好生活需要的程度是检验共享成效的重要标尺，作为重要的民生幸福产业，乡村旅游高质量发展要坚持以人民为中心发展思想，追求乡村旅游的社会效益最大化，以提升居民生活品质和幸福感为最终归宿，充分发挥旅游为民、富民、利民、乐民的积极作用。特别是在城乡二元体制尚未完全破除背景下，要积极推动乡村旅游要素资源整合、文旅融合发展、城乡公共服务共建共享，发挥旅游普惠效应，使乡村旅游高质量发展在缩小地方贫富差距、提高人民收入水平和丰富精神文化生活方面扮演更重要的角色，真正使旅游发展成果惠及主客双方、惠及城乡居民、惠及更广大人民群众。

二、乡村旅游高质量发展的时代特征

在"双循环"新发展格局下，中国乡村旅游高质量发展呈现出以下新特点、新趋势：

第一，加快动能转换。2015年10月，李克强在主持经济形势座谈会时首次提出"新旧动能转换"。之后，这一提法逐渐进入各级政府文件和学界研究视野。新旧动能转换是先进生产力逐渐替代落后生产力的历史过程（林攀等，2021），是经济发展不可逾越的过程，也是实现经济高质量发展的重要变革。改革开放以来，中国乡村旅游增长的数量指标取得了举世瞩目的巨大成就，但乡村旅游发展质量与运行效率仍不乐观（Chaabouni，2019），究其原因，这与长期以来中国乡村旅游发展主要依靠资本、资源等传统要素驱动有很大关系。传统乡村旅游以要素扩张为主的粗放式发展，片面追求旅游经济规模增长，不仅增加了旅游产出的生态环境代价，降低了区域发展韧性和可持续性，同时也使得旅游产业整体运行处于低端化、低效率状态，旅游发展不平衡、不充分问题也显露出来。当前，全球新一轮科学技术革命和产业革命浪潮不断推进，对乡村旅游发展产生了巨大而深刻的影响（宋子千，2020），必须抓住这一历史性机遇，转换旅游增长动力，加快乡村旅游发展新旧动能转换，要从要素驱动转向创新驱动，依靠传统要素投入的粗放式增长模式已经难以为乡村旅游的高质量发展提供有效的动力基础。要以知识、技术、信息等新生产要素为支撑（盛朝迅，2020），通过技术、制度、管理、商业模式等方面的创新，引导创新要素和传统要素形成新组合，获得持续发展的不竭动力（宋瑞，2020），为新时代乡村旅游高质量发展注入新动能。

第二，强调结构优化。一直以来，我国旅游界在结构优化方面（包括供需结构、产业结构、城乡结构等）进行了不懈的探索努力，无论是学术研究还是实践发展，特别是旅游供给与市场需求精准对接，业已成为当前推动旅游高质量发展的首要任务。随着中国旅游进入了大众化时代，旅游已经成为国人日常生活的一种常态化的文化消费方式，个性化、散客化旅游需求发展态势凸显。在新冠疫情之后，大众群体旅游消费升级的趋势更加明显，突出表现为旅游诉求从美丽风景转向美好生活（史广峰，2020）。相应地，地方主管部门和旅游目的地需要在推进乡村旅游供给侧改革与需求侧管理方面下更大的功夫，保持乡村旅游内部既重点突出又相对均衡的结构状态（左冰等，2020）。首先，传统的旅游观光产品和单一化的旅游供给已无法满足人们追求身心体验的个性化、差异化需求，借势数字化、网络化力量，发展研学旅游、文化旅游、康养旅游、冰雪旅游、夜间旅游、智慧旅游、乡村旅游等新产品、新业态，开发定制化旅游线路，打造旅游精品，创新旅游产品体系，推动旅游产品提质。其次，旅游市场主体是影响乡村旅游高质量发展的重要因素，在重视行政主体作用的同时，亟须推进多元化旅游市场主体培育，抓住技术革命和产业变革的机遇，加大旅行社、景区、酒店等旅游企业数字化转型发展，规范在线旅游经营服务，提高市场供给对需求升级的适配性。最后，从满足人民对美好生活需要出发，按照主客共享理念，进一步优化旅游公共服务体系，尤其是要完善乡村地区公共交通、通讯、医疗、旅游信息服务、安全保障等公共服务设施，构建全域旅游公共服务体系"智慧大脑"，提供高质高效旅游供给，增加旅游惠民措施，这也是乡村旅游通过产品结构优化、供需结构匹配推动高质量发展的重要内容。

第三，追求文旅融合。文化转向是近 20 年来乡村旅游发展的一个鲜明特点，也是未来乡村旅游高质量发展的重要趋势。党的十八大以来，文化旅游融合发展迎来了前所未有的政策支持和市场环境。2018 年，文化和旅游部的成立标志着文旅融合成为乡村旅游发展的新指向。文化是旅游的灵魂，旅游是文化的载体（马波和张越，2020）；文化是乡村旅游的核心资源，旅游是文化的市场载体（徐冬，2020）。文旅融合是乡村旅游高质量发展的显著特征，是引领乡村旅游高质量发展的内生动能。2021 年颁布的《"十四五"文化和旅游发展规划》强调，要坚持以文塑旅、以旅彰文，推动文化与旅游深度融合发展，并提出了文旅融合发展的重点项目和重要举措，如依托优秀传统文化、红色文化资源培育旅游产品，提升旅游品位；建设城市文化旅游综合体，打造特色文化旅游休闲街区；利用乡村丰富多样的文化资源，培育乡村文旅融合新业态，推动乡村文化振兴；文化旅游演艺创新发展、文化遗产资源活化及旅游开发、中医药健康旅游示范区建设、非物质文化的保护与利用、节庆旅游运作模式创新，推进国家文化公园建设发展等，是今后一段时间我国文化与旅游融合发展的主要方向与重点任务。如果说在旅游发展初期，人们主要关注旅游的经济意义，那么，在乡村旅游进入高质量发展阶段后，文化的重要作用将受到前所未有的重视（徐翠蓉等，2020）。对乡村旅游高质量发展来说，文旅融合既是手段、方式，也是结果、目标，未来对如何实现文旅融合发展，推动旅游研究与发展的文化转向，最终促成文化旅游高质量发展有待于深入探讨和务实推进。

第四，坚持生态赋能。生态环境不仅是区域经济发展的物质基础，同时也是乡村旅游得以健康持续发展的重要保障。在学术研究上，国内外学者从 20 世纪 60 年代就开始思考旅游活动与生态环境的关系，对旅游环境容量、生态旅游、旅游碳足迹、旅游可持续发展等进行了诸多理论讨论与实证研究。1962 年蕾切尔·卡森《寂静的春天》、1972 年罗马俱乐部的《增长的极限》、1987 年布伦特兰《我们共同的未来》、1995

年西班牙的《可持续旅游发展宪章》、2009 年经合组织（OECD）的《绿色增长宣言》等，这些研究和著作有力地推动了绿色发展理念的形成（麦思超，2019），引起了人类对生态环境和乡村旅游绿色发展的极大关注。作为世界上最大的发展中国家，我国面临着比其他国家更为严峻的人口、资源与环境压力。以习近平同志为核心的党中央站在全局的高度，对经济发展与生态保护之间的关系做出了全新的理论阐释和战略部署。党的十九大报告指出，要"加快生态文明体制改革"，提出"坚持人与自然和谐共生""像对待生命一样对待生态环境""建设美丽中国"。2020 年 9 月，中国提出"双碳"目标。乡村旅游是我国现代化经济体系的重要构成，同时也是碳排放的重要来源。推进乡村旅游高质量发展，必须始终坚持"绿水青山就是金山银山"理论，坚持绿色发展、生态赋能。乡村旅游发展初期过度依赖资源，重视短期经济效益，旅游无序开发、重复建设、生态破坏等现象较为普遍，旅游发展不可持续性问题日益严峻。进入新时代，国家生态文明建设纳入"五位一体"总体布局，为乡村旅游高质量发展提供了思想指引。牢固树立生态文化理念，重视乡村旅游绿色发展转型，是我国乡村旅游高质量发展的应有之义，也是应对纷繁复杂的乡村旅游内外部不确定因素的必然之举。要在"两山"理论指导下，围绕"双碳"目标，加强顶层设计，加快旅游发展方式由追求速度的粗放型向追求效益的集约式转变，将生态文明观、生态产业观、生态技术观融入乡村旅游发展全过程，推进乡村旅游绿色增长，创造更多绿色财富，实现区域经济、社会和生态协同发展。

第五，推进城乡协同。长期以来，由于城市中心主义及城乡分治思想的存在，我国城乡二元结构比较明显，"城进村衰"的不均衡发展格局未得到根本改变。城乡共同繁荣、促进人的全面发展是我国实现共同富裕的必由之路。在推进城乡协调发展过程中，乡村旅游具有独特的作用和显著的优势。《"十四五"文化和旅游发展规划》明确指出要"促进城乡融合发展，在城市更新、社区规划、美丽乡村建设中充分预留文化和旅游空间"。在新的历史阶段，乡村旅游在构筑城乡融合发展新基底、激活城乡融合发展新动能、培育城乡融合发展新业态等方面应有更大的作为（史广峰，2020）。首先，作为低污染、绿色型行业，旅游发展强调与城乡环境承载力相适应，重视城乡生态治理与区域生态文明建设，对于推动城乡绿色发展起着重要作用，使乡村风貌与都市景观相辅相成、和谐共融，为城乡融合发展增添生态底色、筑牢绿色基底，提升城市品质和乡村品位，实现城美乡美、美美与共的发展目标。其次，过去城乡统筹发展主要依靠制度因素，而忽视产业和文化因素，收效甚微。应该看到，我国城乡差距最主要、最根本的是经济差距，因此，从产业入手，激活城乡发展新动能是弥合城乡差距、推进城乡融合发展的根本之策。发展乡村旅游可以盘活乡村各类生产要素，通过数字赋能、生态赋能乡村旅游经济振兴，缩小城乡差距，为城乡融合发展提供新动能。最后，乡村旅游是一项关联性强、融合性好的产业，城乡地区立足实际、因地制宜发展乡村旅游，推动城乡要素跨区域有机融合，实现区域一二三产业与乡村旅游融合发展，不断培育城乡经济新业态，加快城市产业链与乡村产业链对接，提升产业链附加值，优化城乡产业结构，推进城乡协同发展，着力描绘城乡有机融合的美好画卷。

第六，关注民生福祉。从过去的扶贫产业到当前的幸福产业（在一些贫困地区，乡村旅游仍然是当前重要的扶贫产业），人民的旅游需求从"有没有"向"好不好"转变。《"十四五"旅游业发展规划》指出，乡村旅游已成为具有显著时代特征的幸福产业，对主客双方来说，乡村旅游都是一项可以提升幸福指数的重要产业。乡村旅游是参与人数最多、规模最大的新兴休闲产业（麻学锋和吕逸翔，2020）。当休闲旅游成为人们日常的一种生活方式时，乡村旅游发展好坏就与城乡居民的幸福感息息相关。城市居民通过回归田园，体验淳朴的乡风民情，获得精神上的愉悦和身心放松，缓解压力，从而提升其幸福感；乡村地区通过发展乡村旅游，基础设施得以完善，生产生活生态环境得以优化，传统文化得以保护利用，居民获得更多就业机会和更多物质收入，非物质需求也得到很大程度的满足，从而提升了生活质量和幸福水平。因此，在我国全面建成小康社会后，如何提升国民幸福指数，满足人民日益增长的美好生活需要，已成为今后乡村旅游高质量发展的核心主题。乡村旅游未来发展要贯彻以人民为中心的思想，推动普惠旅游发展，在更大范围内、更大程度上为目的地主客双方谋福祉，从而整体提升国民幸福指数，这是由乡村旅游的社会文化属性决定的。

综上所述，本研究认为乡村旅游高质量发展是指一个国家或地区在乡村旅游发展的创新性、协调性、生态性、开放性、共享性等诸多方面表现出来的综合水平，既包括旅游经济创新增长、产业结构优化，也包括资源环境承载力增强以及在更大程度上满足人民对美好生活的需要。在新时代语境下，立足于国际国内双循环新发展格局，乡村旅游要在可持续发展的基础上更加强调乡村旅游发展的质量、效率和公平（图6-1），宽领域、多层次、全方位地推动旅游高质量发展，这对于破解当前中国社会主要矛盾具有重要意义。

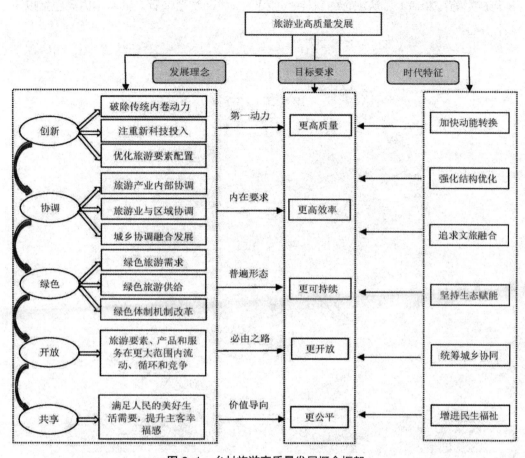

图 6-1　乡村旅游高质量发展概念框架

第二节　乡村旅游高质量发展与乡村振兴耦合内涵分析

一、基本内涵

如前文所述，耦合是两种或两种以上系统、实体、运动形式之间紧密配合、相互依赖、相互影响的作用过程。无论是从理论还是从发展实践上看，乡村旅游发展与乡村振兴具有显著的耦合关联特征。旅游高质量发展与乡村振兴耦合是乡村旅游系统与乡村人地系统相互作用、相互影响的非线性关系的总和（图 6-2）。具体来说，是通过乡村旅游高质量发展带动物质、人口、资本和管理等要素向乡村地区集聚，促进乡村建设不断发展和乡村空间不断优化的过程以及与乡村旅游活动联系不断加强的现象

（何成军等，2019）。从耦合的目标、过程、方式和结果来看，其基本内涵包括以下4个方面：

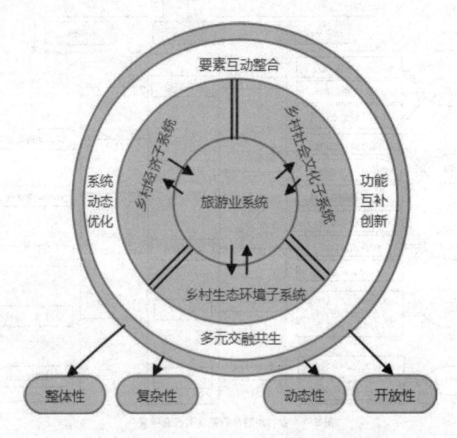

图6-2　乡村旅游高质量发展与乡村振兴系统耦合概念模型

（1）乡村旅游高质量发展与乡村振兴耦合是要素资源的互动整合。乡村旅游与乡村振兴耦合发展不是旅游与乡村要素、资源的简单叠加，而是两者的有机融合、相互渗透。通过乡村独特的自然、人文景观与旅游资源整合，乡村传统文化与乡村旅游文化交融、农业与乡村旅游食住行游购娱等产业链相互渗透、生态环境与基础设施共建共享等，从而实现乡村旅游高质量发展与乡村健康发展水平双重提升。

（2）乡村旅游高质量发展与乡村振兴耦合是系统动态优化的互促过程。近年来，我国乡村经济社会发展迅猛，但也存在产业结构不合理、环境污染、传统文化异化等问题，而乡村旅游是一项带动性强、对环境友好的潜力产业。乡村旅游高质量发展与乡村建设的耦合，强化了二者相互融合、相互促进的动态关联。乡村因为叠加了旅游这一功能，不仅具有了生产空间，同时也产生了消费空间，并在发展过程中不断调整空间要素组合、优化资源配置，从而推进乡村旅游与乡村振兴协调发展、共同提升。

（3）乡村旅游高质量发展与乡村振兴耦合是系统功能价值的互补创新。已有诸多研究表明，乡村旅游对目的地具有经济、社会文化和生态等多维效益，乡村振兴战略的实施是对乡村地域系统的全面改造提升，二者耦合发展就是要充分发挥乡村旅游的正面效应和乡村振兴的反馈功能，通过功能重组和价值创新，取得"1+1>2"的互补作用和叠加效应，形成以旅游高质量发展引导乡村转型、带动乡村全面发展，以乡村健康发展提升乡村旅游综合效益、促进乡村旅游繁荣的双赢局面。

（4）乡村旅游高质量发展与乡村振兴耦合是一种多元载体的互融共生。包括规划系统耦合、产业系统耦合、要素"流"耦合、资源与市场耦合、基础设施耦合、生态系统耦合、空间载体耦合和乡村社区治理耦合。以旅游消费为核心的人口集聚、设施集聚、产业集聚和生态保护、服务管理、人居环境优化等为乡村社会经济发展带来巨大联动效应，通过这种多元方式和多个领域的交互耦合，助推乡村产业类型多元化和空间要素丰富化。

二、主要特征

（1）整体性。乡村旅游高质量发展与乡村振兴是两个牵涉面很广泛的系统，二者的耦合协调发展要强调整体性，即追求乡村旅游发展质量与乡村振兴水平的系统协调与整体提升，而不应仅仅是某个要素、某个领域的发展进步，也不是乡村旅游或乡村单个方面的发展，要实现乡村旅游与乡村振兴的同步高质量发展。

（2）复杂性。耦合协调系统中包含的要素具有庞杂性、多样性、层次性的特点。乡村旅游与乡村振兴实现耦合协调的过程也比较复杂，耦合协调方式多样，耦合协调结果不全是积极的，也可能出现恶性耦合情况。比如，一些乡村在旅游开发中，由于种种原因，不仅乡村旅游没有取得应有的经济效益，反而导致乡村人地关系恶化。

（3）动态性。乡村旅游高质量发展与乡村振兴既是独立的两个系统，又是两个可以相互促进的系统。在耦合发展中，需要明确各自定位，强化合作互动，对自身的发展进行适当的调整，使得两者之间的关系更加紧密，实现互惠互利和协调发展。因此，乡村旅游与乡村振兴耦合发展要因时而变，因势而变，不断适应、调整和创新。

（4）开放性。乡村旅游高质量发展与乡村振兴耦合系统具有开放性特征，不仅受到外界环境的影响，而且还改变着外界环境，是环境与自身共同影响、共同变化形成的动态过程（吴俣，2017）。乡村旅游高质量发展与乡村振兴耦合协调发展的开放性不仅要求提升两大子系统自身发展水平，也要尽可能地将外界的负面影响降到最低或者说最大限度地利用外部的积极影响，以使两者发展更加趋向于协调。

第三节 乡村旅游高质量发展与乡村振兴耦合条件分析

一、城乡融合催生二者耦合协调发展动力

城乡融合思想最早源于16世纪英国人文主义学者托马斯·莫尔关于"城乡一体化"的设想（周德等，2021）。1847年，恩格斯在《共产主义原理》中率先描绘了"城乡融合"概念及其发展图景，即城乡从分离、对立状态中逐步走向一体化并最终实现融合发展（谢守红等，2020）。长期以来，中国城乡二元体制下城市偏向的发展战略、市民偏向的分配制度、重工业偏向的产业结构（刘彦随，2018），使得城乡差距进一步拉大，乡村日渐衰弱。城市与乡村本是一个命运共同体，唯有相互支撑、互相促进，才能实现城乡互融互通、共生共荣的良性发展（何仁伟，2018）。城乡融合发展是新时代破解中国社会主要矛盾和关键痛点的战略举措。推进城乡融合发展，重塑合理城乡关系是实施乡村振兴战略重要的出发点和动力源。在政策和发展实践中，旅游逐渐成为推动城乡互动的有效路径（孙九霞等，2020）；在城乡融合发展过程中，乡村旅游的优势和作用显而易见（史广峰，2020）。《"十四五"旅游业发展规划》提出要"促进城乡融合发展"。旅游活动是以"旅游流"为特征的社会经济现象，旅游流具有典型的空间移动性（赵磊等，2020），无论旅游活动发生在城市还是乡村，都对区域经济增长具有积极的溢出效应，可以有效实现城乡互动。一方面，乡村旅游高质量发展能够推进城乡居民双向流动、互访旅游，助力城乡之间劳动力、物质、资金、信息等双向流通及高效配置，加快城乡基础设施互联互通、公共服务体系共建共享，城市公共服务向乡村延伸。按照主客共享理念，加快建设交通体系、城市绿道等旅游休闲服务设施，推进区域公共服务均等化，形成城乡融通、美美与共的新型城乡公共服务体系。另一方面，大力发展以人为核心、以旅游为形式、以生活性消费为内容的城乡互动市场（王德刚，2019），探索城乡旅游产业融合新形式、新业态，进一步加强大城市、中小城镇与乡村地区的旅游联动发展，对弥合城乡差距，促进城乡一体化融合发展，具有十分重要的意义。以上分析表明，乡村旅游高质量发展与乡村振兴在城乡融合方面存在耦合性。

二、资源共享奠定二者耦合协调发展基础

资源既是乡村旅游发展的重要因素，也是乡村发展的核心要素，实现资源共享是资源利用效益最大化的主要方式。从旅游禀赋资源区域分布来看，大部分优质旅游资源主要集中在乡村地区（赵磊等，2020）。乡村独特的产业资源、自然资源和历史文化资源等都能够满足乡村旅游高质量发展所需，实现彼此共享。乡村旅游可以利用乡村的产业资源发展农业观光、休闲渔业、体验旅游等多种乡村旅游业态；乡村自然景观资源（如山地、湖泊、森林、草原等）是体育旅游、康养旅游、度假旅游发展的基础，能够丰富乡村旅游产品类型；乡村历史文化资源（如村落建筑、乡风民风、民俗文化、农耕文化等）是村庄发展的重要文化资本，同时也为乡村旅游内涵式发展奠定了基础。同样地，因发展乡村旅游而建设的游览体验场所（特色休闲街区、演艺、娱乐等）、住宿设施（客栈、民宿、酒店等）、公共交通设施（出租车、公交车站、火车站等）、公共服务系统（医院、通信、保险等）等资源和设施不仅能够满足游客的旅游需求，还可以促进乡村社会繁荣，提升乡村居民生活品质。

三、关联互补体现二者耦合协调发展本质

乡村旅游高质量发展与乡村振兴关联互补表明二者存在互动发展并共同推动城乡繁荣的可能性。一方面，旅游搭建平台，延伸乡村产业链，实施"旅游＋农业""旅游＋文化""旅游＋康养""旅游＋教育"等战略，推进多产业深度融合发展，不断创新休闲乡村旅游业态和产品，加强乡村旅游地品牌建设和营销宣传，吸引城镇居民到访，引导乡村产业集聚、人口集聚和消费集聚，提升乡村振兴综合效益。另一方面，乡村发展提质提速可以反哺乡村旅游，乡村产业发展壮大为乡村旅游与乡村一二三产业融合发展奠定了基础；乡村文化振兴有助于传统村落建筑、古村古镇遗址的修复与保护，从而提升乡村旅游目的地的文化品位与旅游产品内涵；乡村生态要振兴，就要加强乡村生态治理与监管，通过实施乡村环境综合整治工程，保护乡村绿水青山、田园风光及自然生态，满足旅游发展最基本的环境要求，让游客领略到山清水秀的乡村风貌，筑牢旅游与乡村耦合发展的生态基底，为吸引大批游客来访创造条件。总而言之，乡村旅游与乡村发展能够实现优势互补、协调推进，提升二者发展层次和发展水平。

四、价值趋同预示二者耦合协调发展前景

长期以来，中国旅游经济发展更多是以牺牲资源和环境为代价，仍属于一种粗放

型、不可持续的发展模式，严重阻碍了乡村旅游的发展前景。在新时代背景下，乡村旅游生态化转型是乡村旅游高质量发展的重要内容，也是根本要求。向绿色化、生态化转型是今后乡村旅游高质量发展的重要特征和必然趋势。相较于城市而言，乡村更具有绿色低碳的潜力发展，乡村振兴战略的实施就是要大力推进乡村产业结构高级化，改善人居环境系统，提升人民生活品质，实现"望得见山、看得见水、记得住乡愁"的美丽乡村建设目标。乡村旅游与乡村振兴发展价值的趋同性，必将引起二者的交互耦合、互为促进，它们的耦合发展能够促进区域经济转型升级、社会进步，具有可持续发展的美好前景。

此外，持续改善民生，提高主客幸福指数是乡村旅游高质量发展的最终归宿和价值导向，而乡村振兴也要贯彻以人民为中心的思想，让乡村发展成果由人民共享，最终实现共同富裕。从这点来说，乡村旅游高质量发展与乡村振兴具有发展价值的趋同性。

第四节　乡村旅游高质量发展与乡村振兴耦合作用机理

旅游产业系统和乡村振兴系统是乡村地域人地关系系统的重要组成部分。一方面，"旅游"表达"乡村"的衍生功能，乡村旅游是实现乡村繁荣振兴的重要力量和有效途径，旅游高质量发展对乡村产业转型、生态优化、文化重构及社区有效治理发挥着重要的驱动效应。乡村旅游引导（驱动）乡村振兴既具有学理基础也有丰富的实践案例支持。另一方面，"乡村"作为"旅游"的对象载体，乡村旅游高质量发展的主战场在乡村，乡村振兴对乡村旅游创新、协调、绿色、开放、共享发展具有反馈效应，乡村振兴为区域乡村旅游发展空间延伸、旅游综合效益提升提供强大的供给推力和需求拉力。虽然乡村旅游与乡村振兴内部构成有所差异，但二者互为支撑、交互影响，存在较强的内在逻辑关联。

一、乡村旅游高质量发展对乡村振兴的驱动机理

（1）乡村旅游高质量发展的产业兴旺效应。2021年4月，习近平在广西考察时强调，全面推进乡村振兴，要立足特色资源，坚持科技兴农，因地制宜发展乡村旅游、休闲农业等新业态。一方面，在乡村旅游高质量发展背景下，资本、技术与人力等要素伴随着旅游开发主体的进入实现了向乡村的反向流动（孙九霞等，2020），由此产生要素优化配置效应，带动乡村地区餐饮民宿、商贸物流、文化娱乐、农产品销售等

相关产业发展（李志龙，2019），加强乡村产业链关联，从而为乡村产业振兴提供强劲支撑。另一方面，创新是高质量发展的重要特征。乡村旅游高质量发展的技术创新效应显著，高质量地推动发展乡村旅游能够加快互联网、信息技术等在乡村产业发展过程中的渗透，推动产业技术进步，优化乡村产业结构，与乡村振兴所推崇的产业现代化转型相契合，切合了"产业兴旺"的目标要求。

（2）乡村旅游高质量发展的生态宜居效应。乡村旅游是生态环境友好型产业，绿色是乡村旅游高质量发展的基本底色。因此，乡村旅游高质量发展的生态效应显而易见，能够唤起乡村居民的生态保护意识，引导树立低碳、绿色消费观念，正确认识生态保护与生产发展之间的辩证关系（舒伯阳等，2021），从而强化对乡村自然环境、传统村落保护，推动美丽乡村建设。此外，乡村旅游是以接待外来访客为主要形式的经济活动，其高质量发展要以道路交通、邮电通信、卫生医疗等基础设施和公共服务的完善为前提，因此发展乡村旅游对于乡村人居环境改善具有极大的促进作用。以上两方面分析表明乡村旅游高质量发展有助于落实"生态宜居"的乡村振兴目标。

（3）乡村旅游高质量发展的乡风文明效应。以地域文化为内核的乡村旅游发展对乡村"三生"空间具有显著的文化重构效应。乡村旅游高质量发展有助于乡村优秀传统文化的进一步挖掘与彰显，如聚落景观文化的修复与再造、农耕文化的传承与创新、民俗文化的挖掘与活化、邻里交往文化的继承与弘扬、乡村非物质文化的活化与传播等（徐冬等，2020）。乡村旅游对乡村文化的识别、传承和记忆能够有效赋能乡村产业转型及空间重构，对乡村文化振兴与乡风文明建设具有特殊意义。同时，对相关旅游要素、公共服务设施、乡村居民行为、管理服务体系等进行全方位文化内涵提升，唤醒外地游客与本地居民的乡愁记忆，强化对乡村文化的地方认同，也是新时代乡村旅游高质量发展的应有之义。

（4）乡村旅游高质量发展的生活富裕效应。当旅游成为一种生活方式时，人们的旅游诉求已从美丽风景转向美好生活。旅游发展恰恰注重对主客美好生活品质的塑造，具体路径主要有两条：一是乡村旅游是典型的富民产业和劳动密集型产业，具有强大的产业拉动效应和就业增量效应，发展乡村旅游有助于促进乡村经济发展，降低就业门槛，吸引人力资本回流，创造多元化的就地就近创业机会（向延平，2021）及增加农村居民收入来源，提升生活水平。二是"共享发展"要求乡村旅游发展要以人为本，要为巩固脱贫攻坚成果同乡村振兴有效衔接提供必要保障，旅游发展成果要由"城乡分化"向"统筹共享"转变（谈慧娟和罗家为，2018），为城乡居民提供丰富多样的物质产品和精神产品（游憩娱乐、文化服务和康养等），不断满足乡村居民美好生活需要，实现城乡共同富裕。

（5）乡村旅游高质量发展的乡村治理效应。首先，消除贫困是乡村有效治理的目标，乡村旅游是重要的扶贫产业，是很多贫困地区脱贫致富的支柱产业（王洁平，2017）。乡村旅游高质量发展具有显著的产业带动效应和就业乘数效应，能够极大带动乡村本地经济发展，缓解乡村贫困，这是乡村有效治理的根本衡量标准。其次，人才是乡村有效治理的关键，乡村旅游优质发展有利于人才往乡村反向流动（向延平，2021）和促进乡绅、乡贤、大学生等人才本地集聚，推动乡村基层组织建设和治理体系优化，提升治理能力及治理水平。最后，乡村旅游发展打破了相对单一的传统乡村社会结构，重视社区参与，通过社区增权引导多元主体介入，提升乡村社区公共治理效能。

二、乡村振兴对乡村旅游高质量发展的反馈机理

当前中国乡村旅游高质量发展的主战场在乡村，实施乡村振兴战略给中国乡村旅游发展带来了前所未有的机遇并提出了更高的要求，延伸了乡村旅游高质量发展的实践空间。乡村振兴强调"以人为本"，强调在产业发展、人居环境、乡风文明、生活水平、社区治理等方面实现城乡融合与可持续发展（魏鸿雁等，2020）。在乡村振兴不断推进过程中，从需求侧和供给侧两方面对乡村旅游高质量发展产生良性胁迫或反馈效应，倒逼旅游产业加快转型升级。

（1）乡村振兴的旅游需求效应。随着乡村振兴战略的全面推进，乡村产业得以实现多元化、现代化快速发展，促进了乡村经济发展，提升了乡村居民收入水平。依据马斯洛需要层次理论和旅游动机理论，随着农民收入增加和生活水平的提高，其消费观念和生活方式也在逐步转变。在物质消费需求日益提升的同时，对文化旅游等高层次需求也将明显增强。根据文化和旅游部公布的数据，2021年前三季度农村居民出游率7.55亿人次，增长41.4%。事实上，不考虑新冠疫情的影响，近年来中国农村居民的旅游需求强度一直在提升，旅游市场规模不断扩大，为乡村旅游高质量发展奠定了规模基础，同时对区域乡村旅游态创新及城乡旅游协调发展方面产生了促进作用与良性胁迫效应。除了产业现代化发展之外，乡村振兴还强调具有更加丰富的空间要素，从作为农业生产主体空间逐渐向生产、消费、文化、娱乐和生态等多功能空间转变（Holmes，2006）。这对于吸引游客到乡村地区进行旅游消费具有重要作用，进而推动食住行游购娱等旅游要素的就地集聚及乡村旅游综合效益提高（魏鸿雁等，2020）。

（2）乡村振兴的旅游供给效应。首先，乡村产业特色化发展为乡村旅游与相关产业融合发展提供良好支撑，能够加速乡村旅游业态更新，优化旅游产业结构，创造旅游新供给和新价值。其次，乡村振兴的推进必然伴随着道路交通、邮电通信、安全、卫生等各项基础设施和公共服务体系的建设完善，以及村容村貌整饰、村落景观修复

等人居环境的改善，从而为乡村旅游绿色发展创造了有利条件，也有助于提高旅游目的地形象和游客满意度。再者，乡村振兴以文化振兴为魂，注重对乡村历史文化资源保护性利用以及对原真性乡村优秀文化的传承创新，以彰显地域特色、推动传统村落复兴，通过文化赋能乡村旅游发展，加快旅游发展从外延粗放向内涵集约转变，从根本上提升乡村旅游发展内涵。最后，乡村振兴以"治理有效"为组织保障，随着乡村治理体系日益完善和治理能力逐步提升，乡村社会将更加充满活力、和谐有序，可为乡村旅游创新、高效、协调发展提供稳定的社会环境。

综上可见，旅游高质量发展与乡村振兴系统之间存在着复杂的互动耦合关系（图6-3），乡村旅游高质量发展通过结构效应、技术效应、集聚效应、生态效应、文化效应等动力作用驱动乡村振兴发展；乡村振兴则通过在产业、生态、文化、社会、治理的全面发展提升区域乡村旅游发展质量。乡村旅游高质量发展与乡村振兴相互影响、相互融合、彼此耦合协调共同发展。

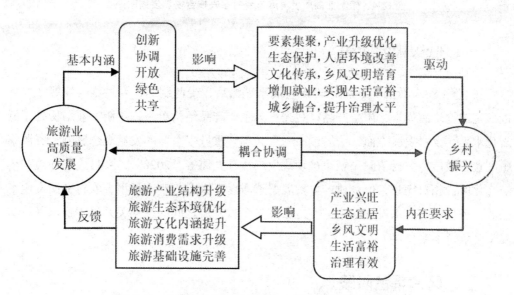

图6-3　乡村旅游高质量发展与乡村振兴耦合作用机理

第五节　乡村旅游高质量发展与乡村振兴耦合发展阶段

结合我国乡村旅游和乡村地区实际发展情况，定性分析二者之间耦合发展阶段和系统特征，并将其划分为4个阶段（图6-4）。

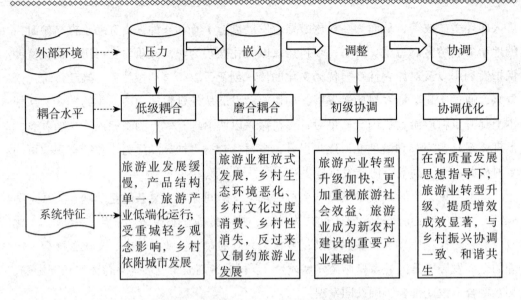

图6-4　旅游业高质量发展与乡村振兴耦合协调发展轨迹

一、低级耦合阶段

20世纪80年代初期，国内经济发展水平滞后，受此制约，乡村旅游发展缓慢且以入境接待旅游为重，旅游产品以观光类为主，产品结构单一，旅游产业结构处于低端化水平；乡村发展方面，受城市中心主义和"重城轻乡"的发展观念影响，资源集中配置于城市，乡村依附于城市被动式发展（孙九霞等，2020），乡村生态环境和传统文化保护相对完整，但乡村产业发展严重滞后，农村生产力低下，农村贫困发生率极高。乡村旅游尚未发展起来，乡村旅游与乡村发展之间的互动关系处于低水平，交互耦合效应不明显。

二、磨合耦合阶段

20世纪90年代中期，随着中国经济的快速发展，大众旅游开始出现，国内旅游市场快速崛起，各地政府充分认识到乡村旅游对地方经济的带动作用，开始重视旅游资源开发和乡村旅游发展，旅游产品逐渐多元化。在追求旅游发展短期经济效益的政策导向下，旅游发展对乡村土地资源、自然环境的透支也在不断加剧，对乡村传统文化资源的肆意利用和掠夺式开发，导致乡村生态环境承载力达到临界点和乡村旅游地的乡村性消失，商业氛围掩盖了乡土气息。旅游开发与乡村可持续发展之间冲突开始频繁，旅游开发商、政府及社区居民之间的利益纠纷和矛盾不断增多，旅游无序开发、粗放的管理体系及游客容量超标等对乡村振兴的胁迫效应逐渐加大。反过来，乡村自然环境恶化与文化过度消费，旅游产业发展也受到了很大限制。两者发展呈现由摩擦到冲突、冲突到缓和、再到摩擦和冲突的循环当中，整体处于相互磨合的耦合阶段。

三、初级协调阶段

进入 21 世纪，由于前期快速工业化、城镇化发展及乡村旅游粗放式发展对乡村人地关系系统破坏较为严重，乡村承载力也达到极限，对旅游过度开发给予了负面反馈。旅游界开始对"乡村旅游是无烟工业"进行深刻反思，更加重视旅游的社会文化效益和生态效益，大力发展生态旅游、低碳旅游、文化旅游等可持续旅游形式。在乡村发展方面，提出建设社会主义新农村，乡村产业发展由高污染、高排放向生态化、低碳化转变，乡村旅游成了新农村建设的重要产业，乡村旅游的地方嵌入为乡村地区带来了勃勃生机，乡村旅游与乡村振兴进入初级发展阶段，产业带动效应及整体促进效应不断上升，系统之间不断优化调整，两者积极交互耦合趋势明显，进入初级协调阶段。

四、协同优化阶段

党的十八大以来，我国高度重视生态文明建设，积极提升"五位一体"绿色发展水平，经济发展方式从粗放增长向集约增长转变，产业结构由"二三一"转变为"三二一"模式，以乡村旅游为主导的现代服务业比重超过工业比重，乡村旅游转型升级、提质增效成效显著。在乡村振兴战略背景下，乡村传统物质和精神文化得以保留、存续，生态环境承载力和自我调节能力上升，为乡村旅游发展提供了自然和文化环境支撑，旅游低碳化、生态化和智慧化发展取得巨大进步，与乡村振兴建立了良好的反馈和倒逼机制，旅游发展与乡村振兴协调一致、和谐共生，实现两者高度耦合与优化协同状态，推动城乡经济社会协调发展。

第七章　乡村振兴战略背景下乡村旅游高质量发展保障措施

第一节　政府主导——促进乡村旅游产业融合发展

通过前面的分析，以及借鉴国外乡村旅游发展成功模式，可以看出，政府在旅游产业的发展过程中扮演着一个不可或缺的重要角色。根据产品生命周期的理论，我们可以看到，在每一个乡村旅游产业发展阶段，发展特点各自不同，面临的发展问题差异也很大，那么在不同的阶段，政府应如何界定自己的角色以及如何构建政府行为是一个重要的课题。

我国的乡村旅游产业，主要是由政府主导的。相关部门结合乡村自身地理条件，乡村旅游产业自身特征，以及乡村旅游过程中市场失灵等因素进行有效指导与管理。

首先，乡村旅游发展的效用多元化，除了经济效用以外，还有非常明显的社会效用、环境效用和文化作用。作为经营主体，不管是外来投资者，还是社会居民，往往更加关注的是经济效益，尤其是短期的经济效益，因此，乡村旅游的健康发展，离不开政府的主导。

其次，我们国家乡村地理范围广，有很多老少边穷地区，乡村旅游发展承担扶贫和改善环境的重要任务。

再次，越来越多的专家和旅游从业者，认识到乡村旅游发展面临的挑战在于如何得到健康的可持续发展，而乡村旅游的开发，在给乡村带来经济效益的同时，对农村文化与环境也带来不可逆的破坏性。乡村旅游的发展，本身就是城市文明对农村的一种延伸。

最后，从经济学的视角出发，投资人倾向于利润最大化，而旅游业的良性发展需要各种基础设施的完备、规划的前瞻性、完备的立法，兼顾各相关利益群体的回报与长远利益。

20世纪90年代以来，在系统性思考观的引入、后工业经济的来临、农业改造的要求、城乡和谐发展的需要等背景要素的推进之下，我国政府对农业与旅游业的交叉融合发展日渐重视，并不断进行着战略性的规划和思考。1998年至今，政府为乡村旅游产业融合发展做出了系列的政策支持和规划措施，这些都在一定程度上促进了乡村旅游产业融合的迅速发展。

中央十分重视发展乡村旅游，2014年，中央出台的文件中提到了乡村旅游对于三次产业的跨产业融合，指出乡村旅游多层次、多元化内容的涵盖。提出了产业融合发展对于农村的大力推进，从政策层面、国家发展战略上来讲，此乃乡村旅游发展史上最大、最佳机遇。国家旅游局局长在讲话中旗帜鲜明地提出我国旅游业的发展已经进入产业融合发展新阶段。

旅游业与不同的产业融合均有新的发展模式出现。旅游业与第一产业的融合，将会催生乡村旅游、生态旅游以及休闲农业的全面发展；旅游业与第二产业的融合，将会带动旅游相关装备制造业的蓬勃发展；旅游业与第三产业中其他部分的融合，如文化创意、信息科技、金融、商业零售、运输物流等，作为服务业来讲，与旅游产业的融合，都有新的产品、新的经营方式发展起来。在乡村旅游产业融合的发展中，作为至关重要的战略管理层，政府在不同的发展阶段承担着不同的角色——决策规划者、市场开拓推动者、规范管理实践者和政策支持者等。

经合组织（OECD）针对政府参与旅游产业的行为，将其分为三个阶段：启动阶段——"先驱或催化剂"、成长阶段——"规制与服务"、成熟阶段——"协调与中介"。可以说，不同的阶段要求政府扮演不同的角色、承担不同的职能、发挥不同的作用。可以分别表现为开拓者、规范者、协调者。

一、多元化的政府角色界定

（一）决策规划者

在乡村旅游发展的过程中，政府应该扮演好"决策规划者"角色。政府在主导旅游和旅游产业融合的规划发展方向方面，更多的是战略性质。政府应立足于在乡村旅游和谐可持续发展的宏观层面，用战略眼光来引导和规范本国、本地区的乡村旅游产业融合发展，保护乡村旅游资源，有效防止乡村旅游在产业融合发展过程中的盲目行为和短视行为，要更加关注乡村旅游发展的和谐以及可持续发展，进而制定科学的长远的发展规划。

乡村旅游规划若从战略布局来看，是基于乡村旅游的和谐发展目标的制定，整合资源以实现该目标的整体部署过程。一个好的乡村旅游规划，必须考虑系统性、全局性、整体性，建立一个发展目标体系，分别从经济效益、社会效益、环境效益、文化效益等着眼，致力于综合整体优化，以动态发展的视角处理问题，乡村旅游系统的结构比较复杂，牵一发而动全身。第一，政府需要在观念上、概念上明确乡村旅游及融合如何界定，不能孤立地对待乡村旅游，要清晰明确其地位、目标和作用等，这样对乡村旅游的发展可以有宏观的把控。第二，政府应该凸显市场的主体地位，做好政府职能服务，把握市场需求趋势，做好乡村旅游产业融合发展规划，市场运作要放给市场主体，合力去促进乡村旅游产业融合的发展，政府可以运用合理宏观调控手段，尽量避免政府运营管理。最后，不管是战略规划还是具体的战术执行，作为政府，乡村的和谐可持续发展必须是出发点。

（二）市场开拓推动者

很多学者在界定乡村旅游的概念时明确指出，乡村旅游是产业融合的产物，最先表现为农业与旅游业的融合，如农家乐、渔家乐、农业观光园、民族村落等。

这个阶段的游客的出游动机相对简单，主要表现为对城市生活的逃避、为了孩子的乡村教育等。游客具备一定的消费能力，并且有消费的欲望，来自于城市游客的消费，往往能够对农民的经济、文化生活产生一定的影响。

在发展的初级阶段，往往会存在很多问题，从国家管理层面来讲，包括相关法律法规制度建设有待完善、政府监管范围与力度不够、基础设施设备匹配不足、严重落后于消费者的需求、配套资金缺乏、融资困难等；从乡村旅游产品开发供给层而分析来看，不同地方的旅游项目建设缺乏创新往往简单重复、旅游资源的开发比较低端缺乏精品与特色、旅游开发盲目性较强；从乡村旅游管理运营方面来讲，这个阶段因为多以农户的自发成长为主，所以管理混乱、短期视点比较严重、几乎很少有长远规划，同时企业主体营销手段落后等。这一系列的问题可以总结为缺理念、缺资金、缺专业人才，仅仅市场的力量无法有效解决诸如此类的问题，因此必须由政府行为进行解决。

扮演好"市场开拓推动者"的角色，政府在乡村旅游产业融合发展中重点做好的工作包括发展规划的编制、相关产业的引导、发展政策的制定、整体环境的优化、全域旅游氛围的营造、良好有序的秩序维护等。这些工作多为外部推进工作，针对一个区域的发展，具有准公共产品的性质，若是全部放到市场，很难做到资源配置健康发展。在诸多工作中，重点把握四个"大力主推"，即"推动产业、推广经验、推向市场、推行标准"。首先，通过鼓励政策的引导，推动产业可以提高农民的积极性，大力发展乡村旅游产业融合；其次，通过培育典型、重点示范、以点带面、推广经验，对广大农民而言，既有发展的动力，又有学习的榜样，提升了广泛参与乡村旅游发展的可行性；再次，市场观念的培育，让农民在经营中学会把目光放在需求分析，而不再埋头按照自己习惯的方式发展，市场意识和服务意识的建设与普及，进一步提升了乡村居民的市场适应能力和服务能力；最后，对于政府来讲，引导规范化建设，推行相关标准，进行规范化管理，如此发展，乡村旅游方能大有所为。

为了更加有效地推动乡村旅游产业融合发展，政府应该发挥市场的主动性，进行与市场的配合。依据客观分析，乡村旅游业若想长足发展以及进行良好的产业融合，要对其根本动力——市场需求有清晰明确的认知。在我国，政府在旅游业的管理中一直发挥了重要的作用，政府的主导在一定程度上可以维持旅游业的稳定发展，但是从长期看政府的主宰不利于旅游业的长久和谐可持续发展。政府在乡村旅游产业融合发展中，应该起到推动的配合作用，政府应该与市场进行良性互动、相互配合，在乡村旅游产业融合的发展中，政府与市场不可或缺。一方面，政府应该避免因层级间的障碍造成上下级之间的沟通不畅，上级部门及时将相关政策传达解读，地方政府则应及时将本地乡村旅游产业融合的实际情况反映到上一级政府中去，并采取一些积极合理的措施。另一方面，市场的力量在乡村旅游产业融合的发展中还需要大力发展，根据市场机制来推动资源匹配、优化产业结构，从而促进乡村旅游产业融合的发展。

（三）规范管理实施者

目前，我国针对乡村旅游制定的相关政策和法律法规还远远不够，甚至在有些乡村旅游景区，经营管理方面还存在无法可依、无策可循等混乱现象，对游客的乡村旅游体验有不良影响。如"黑社""黑导""乱收费""宰客""强迫购物"等问题，皆与政府缺乏规范的管理有关。因此，政府应该做好乡村旅游产业融合的规范管理，出台相应的管理条例，对景区经营活动和服务人员进行规范有效的管理。同时加大执法力度，对景区中的"黑社""黑导"等进行严格管制，树立好的乡村旅游形象。

政府在进行乡村旅游规范管理时，应当更加关注管理的目的与过程。我国现有的乡村旅游管理中，存在着一种现象：政府部门往往忽略管理的目的与过程，而比较看重管理的结果，这就会出现在乡村旅游发展中治标不治本的问题，从而忽视对于根源问题的治理。我国政府每年都会投入大量的人、物、财在全国各地的乡村旅游管理上，若是用投入产出比进行衡量的话，可以发现效果非常不理想。究其原因，一些根源性的问题没有达成共识，在乡村旅游管理当中还存在很多分歧，甚至很多地方的领导以及政策往往很短视，注重短期业绩，而忽略了乡村旅游的内涵及本质属性。就一些可以预见到的问题而言，没有备选方案，没有提上日程，在方案设计上往往只有唯一提案，因此，在乡村旅游业发展的过程中，问题日益积累。目前在我国的一些乡村旅游景区，就出现了很多有代表性的问题：当地政府为了政绩，不顾实际发展情况，一些项目盲目上马、过度开发等；破坏了旅游资源的可持续发展，甚至对一些乡村文明造成不可挽回的破坏性开发，抑制了乡村旅游和谐发展。

由于乡村旅游业与其他产业的融合发展会涉及多个产业领域，关系到不同的部门，因此在乡村旅游产业融合实践中,政府需要理顺方方面面的关系,使其综合化、常规化,而不是局限于旅游部门单方面的监管。

(四)政策支持者

在乡村旅游产业融合发展中,政府应该制定相关的法律政策,使乡村旅游开发建设、管理运营能够有法可依。只有制定了相关的法律法规,人们才会意识到乡村旅游市场的发展需要遵守规则、需要各方维护发展秩序。我国乡村旅游产业快速发展,诸多的问题曾出现或者正在出现,一如当年欧美发达国家的乡村旅游所经历过的一样。比如,在旅游景点,生态资源破坏严重,环境严重被污染,而当地政府往往只注重对于旅游地的经济发展,衡量指标也是硬性的经济指标,如年接待游客、年旅游收入等直观的经济数据,而忽略了环境的可持续发展问题。随着生态环境的破坏性开发,从整体层面上看,也就是今天我国大力倡导的全域旅游受到极大的限制,在对很多旅游景点的可持续发展评价上,评级甚至已经列为极度不可持续发展,过早地进入了旅游目的地生命周期里的衰退期。有鉴于此,为了未来的发展,政府应着眼于未来的可持续发展,制定相关的法律法规政策,为乡村旅游发展保驾护航,同时强化法律法规政策的落地。在执行过程中,与地方旅游行政部门密切配合,进一步推动我国旅游业的可持续发展,实现全域旅游的美好愿景。

在乡村旅游的成长阶段,乡村旅游作为一种特殊的旅游形式已经被大众认可接受,各类投资主体纷纷加入进来,因此乡村旅游的经营主体日益丰富,呈现多元化。随着交通条件、基础建设的日益改善,乡村旅游目的地的有效辐射范围逐渐扩大,从周边城区逐步外延,有的甚至打入国际市场,形成了一定的市场规模。乡村旅游带来的直接和间接收入不断增加,受益人口规模逐渐扩大。在该阶段,因为企业行为的增多,带来经济收益增加的同时,对乡村的生态环境以及乡村文化遗产等也带来很多负面影响,而且在以游客为主体的城市文化面前,乡村文明受到很大冲击,原住民心里往往会对城市文明产生趋同感,长此以往,一部分农村传统文化可能会衰减甚至消失。

政府还应该为乡村旅游产业融合出台相应的扶持政策,为推动乡村旅游发展,政府要出台各种政策优惠、财政支持等,还要重视产业规模和产业结构的协调发展,提升效率和效益;在政府管理层面,要加强行业管理,实现制度化、规范化、常规化,形成健康有序的市场秩序。

二、科学化的政府行为构建

依据行业发展周期理论,纵向看,在乡村旅游发展的初级阶段,市场机制的调节作用尚未显现,政府主导性强。乡村旅游发展的推动主要是源于政府,很多问题区域性特征明显，解决主要依靠政府。所以，在初期，领导是政府的主要作用表现。主要表现在：宏观上做好规划，保证区域发展的均衡性和产业发展的驱动力；行动上做好引导，多方筹措资金，进行乡村公共服务设施建设；政策上做到扶持，利用媒介的力量进行宣传，为乡村旅游开发打造环境。政府此时的作用，主要是宏观指导，方向把控，引导乡村旅游的健康发展，通过运用相关工具，在宏观上把握方向、制定规划，制定的规划要通盘考虑，衡量其前瞻性、科学性、全局性。表现在产业的微观上，围绕乡村旅游的品牌形象、全方位的整体营销。尤其需要注意的是，政府不是经济行为主体，绝对不能直接干预乡村旅游的发展，政府工作要围绕其行政服务职能展开。

伴随着乡村旅游的发展，投资主体日趋多元化，市场机制开始在乡村旅游的发展中起主导作用。政府应该积极转变角色，逐步退出乡村旅游的开发经营管理，不能再以乡村旅游开发主体出现，同时，大力倡导、积极扶持乡村旅游协会等公众组织、社会组织、非营利组织的发展，在类似的社会组织发展中，政府要避免对他们的干涉，但也不能放任不管。所以，政府相关部门对非营利组织要进行指导、间接引导，在该阶段，政府需要以"服务者"的角色出现在乡村旅游业中。

（一）中央政府宏观调控

1. 制定政策，保证乡村旅游的可持续发展

Brohman 认为，乡村旅游可持续发展的关键在于保持乡村性或者称为乡村的原真性。具体来说，从经营规模考量，要小而美，所有权是本地人所拥有，所在社区积极参与，除经济的可持续发展外，社会文化与环境均要可持续。从全国区域的乡村旅游发展来看，地区差异很大，发展水平参差不齐。绝大多数的乡村旅游处于没有规划，关注短期经济利益回报，几乎没有保护性开发的理念，总体缺乏可持续发展策略规划。

乡村旅游资源的多样性和分布的广泛性，生态环境的脆弱性以及乡村居民主体总体素质的不足、公共基础设施的欠缺，决定了乡村旅游资源的开发必须通过政府来做总体规划，合理匹配资源，进行产品结构规划，基础设施建设，同时，还要以发展的、动态的观点来衡量市场的变化趋势，以及区域内旅游资源的可持续性发展。

2. 制定并完善相应的法律法规

旅游业的交叉性很强，而且其产业边界性非常模糊，涉及很多行业，如第一产业中的农业、第二产业中的工业和制造业、第三产业中的其他服务业等，所以，旅游业的发展既要考虑旅游行业的特殊性，又要考虑到不同行业间的协调发展。为了保证旅游业的规范发展，政府作为产业发展设计者，应该建设完善相应的法律条例。乡村旅游尽管只是旅游产业的一种产品形式，似是却有其特殊性，牵连甚广，具体涉及农村生活生产环境、特有的乡村农耕文化、比较脆弱的生态平衡等，为了保证乡村旅游的

健康发展，更应该有专门的法律。例如，在乡村旅游的开发中，自然存在着"开发意味着一定程度的破坏"，甚至带来乡村文明的毁灭。因此，通过立法，明确在制定乡村旅游业的发展规划时，什么可以做，什么不可以做，如何做，这是乡村旅游发展中的纲要性的指导。

乡村旅游市场化的健康运作，需要严格的法律规范体系来保障，乡村旅游所涉及的地理空间大、乡村旅游产品具有很强的综合性，乡村旅游供给方面又具有准公共性的特征，乡村旅游在经营上具有宽泛性等特点，为了保证乡村旅游的健康成长，必须有健全和完善的法律法规。因此，从中央到地方，各级政府都要从实际出发，研究制定既有战略统领性，又针对实际发展的地方性法规和条例。另外，在企业管理层上，注意完善相关的管理制度，如此从业者才能在乡村旅游经营运作中有法可依、有章可循，进而通过乡村旅游业内相关利益群体的共同努力，营造乡村旅游市场健康完备的法制环境。

3. 加强监管考核，确保地方旅游产业的良性发展

上级政府部门有监管考核的义务和责任，考核指标往往是地方政府发展相关产业的风向标。为了确保乡村旅游产业的健康发展，使得地方政府保证乡村的整体长远利益的前提下发展局部短期利益，上级政府考核应该在长远的生态指标、文化指标、长远指标与当下的经济指标和短期指标作一个均衡。在政府部门对下级政府考核的时候，应该要理清旅游的发展概念，尤其是乡村旅游，所涉及的范围、带来的影响、居民生活环境的改变等，都要考虑进来。在关注经济发展的同时，如何在考核体系中体现生态指标、文化指标以及其他社会精神文明的资料，这是政府部门需要进行宏观把握的一个出发点。

4. 旅游政策引导

作为市场主要因素的资本具有天然的逐利性，因此，政府部门需要通过旅游产业政策的制定，突出发展方向与倾向性，针对旅游开发商和旅游企业纯粹的市场经济行为来引导调控，规避一些短视的市场行为。针对一些全局性的问题如产业结构、产业空间布局、产业发展战略定位、战略目标界定等从宏观方面把握。

5. 推动乡村旅游行业协会发展

乡村旅游发展不断趋于成熟，发展管理机制不断趋于完备，乡村旅游市场也不断完善，非常态的因素慢慢消退，政府不宜再具体参与进来。旅游行业协会等非营利组织的重要性，在乡村旅游业发展中逐渐显现出来，行业协会的建立基础是从业者与政府等相关群体的共同利益，需要把分散的从业者联合起来，进行协调、权益保障，乡村旅游行业协会起着桥梁的作用，在政府与具体行业从业者之间进行沟通协调。对政府来说，行业协会起着参谋的作用，提出具体建议，及时地向政府进行信息反馈；在

乡村旅游行业内部，行业协会起到了规范作用，规范督促本行业从业者遵守政府的法规政策。按照发达国家的惯例，当市场较为成熟后可以将某些权力，如农家乐的星级评定、行业集体营销等放权给行业协会，政府只是在幕后做支持和协助的工作。

（二）地方政府微观管理

地方政府在发展旅游、旅游管理中首先要做的就是制定本地的旅游发展规划。以国家宏观旅游政策为发展依据，在其指导下，基于本地区的特色，充分考虑研究借鉴国内外优秀的发展个案，并且由专门的部门来负责执行。比如，山东省为了推动全域的乡村旅游的发展，省委、省政府设立了专项基金，以县市区为单位，每个单位划拨60万元的专款用于乡村旅游规划。除此之外，地方政府还有很多行为。

1. 制定旅游规划

凡事预则立，不预则废。制订计划，是成功管理的前提。同样，乡村旅游若想得到健康可持续的发展，必须有战略规划。在我国的乡村旅游发展中，赋予了很多不同的色彩，如社会主义新农村建设、最美乡村建设、城乡统筹、脱贫攻坚、小城镇建设、乡村记忆工程等概念，都和乡村旅游息息相关。在把握乡村旅游开发共性的基础上，还要注意挖掘个性的东西，体现发展中的差异化，像本土文化、风土人情等，用来体现特有的乡村意象。另外，在进行环境分析的时候，需要充分考虑当地的优势资源特性、旅游市场的分布，进行不同开发时间段的区域市场设计，界定其现实需求和潜在需求，通过市场调研与预测，科学地把握旅游市场规模和发展趋势。在规划的时候，对布局、基础设施等要进行科学论证，旅游规划应由有资质的公司、政府官员等进行实地考察，科学论证，避免规划的盲目性。

2. 提供公共产品

在发展乡村旅游的过程中，为了提高可进入性，应该积极改造农村的基础设施、道路交通设施，使得人流车流畅通，进得来出得去，完善水、电、通信等基础设施，建立急救中心、停车场所、垃圾处理场所等均需要合理规划建设，既要考虑到旅游规模的大小，又要尽量体现乡村的地域特性。

此外，乡村旅游地形象属于公共产品类别，必须由政府来创建本地旅游品牌、进行旅游地营销、开展公共关系宣传等。

3. 提供资金支持

提倡筹措资金多元化，通过政府有效宣传与引导，使各方面充分认识到旅游发展的长远性与回报价值，以调动各方参与的积极性。另外，各种筹资方式和资金使用方式不断创新，进一步提高资金使用效率。

首先，积极争取国家、省、市旅游部门对乡村旅游的资金扶持，以及社会资金支持、商业银行融资支持、贴息或低息贷款支持和宣传营销支持。

其次，鼓励本地居民自筹资金，自主开发旅游业，充分调动区域内人力、物力、财力，采取各种形式，集中吸纳区内各种闲散资金、自筹资金进行旅游开发。

再次，对旅游六要素中具备经营条件的基础项目，如交通、购物、餐饮、酒店、文化中心、娱乐项目等，可以借鉴成功的特许经营方式进行招商运营。让专业的企业来做专业的事情。

最后，采用"货币—资源—知识产权"三位一体的融资模式，对新开发的旅游资源采取竞标的方式，有偿出让经营权。利用旅游目的地的各种场所以及有目的、有计划的规划游客路线，开发各种广告载体，也可以通过各种旅游标志商品的开发，建设一种新的广告媒体形式，通过各种资源整合、开发形式的多元化，提升融资模式的创新。增加旅游目的地针对上下游企业的整合能力以及话语权。

另外，设立旅游发展基金。该种专款专用的融资模式目前被很多地方尝试，并取得一定的成绩。基金来源方式因地制宜，比较灵活，主要渠道有三种。一种来源于地方财政，改划拨方式为贷款形式先行投入，然后贯彻"谁使用，谁还贷"的原则逐年偿还；一种以税收的形式向旅游经营企业征收，通过转交，汇入"旅游发展基金"专户；第三种来源于旅游企业，待旅游业盈利之后，提取适当比例的旅游业收入作为旅游发展基金。

4. 提供人力资源支持

在吸引人才方面出台各项优惠政策措施，吸引高素质人才来就业或创业。使用人才方面，遵循人力资源匹配原则，考虑背景与专业需求，建立人才发展机制，权责匹配，择优选用，不因人设岗。

顺应教育产业发展、教育消费扩大的时势，与高校合作，开展多层次、多渠道的乡村旅游教育培训，提高从业人员理论水平和专业技术技能，提高乡村旅游接待水平。

建立人才信息库，基于信息和网络发展，促进人才合理流动，推进旅游人才专业市场建设，让市场起配置作用，为实现旅游人才的价值搭建平台。

培训就业与人事管理相结合。明确各种培训与上岗的制度，普及岗前培训，加强在岗培训，按照水平、能力及贡献大小使用人才。引导现有旅游业从业人员尤其是专业人员，进一步拓宽专业能力，提升管理能力，成为复合型专业人才。

通过管理，充分调动员工积极性，推进服务的个性化，在旅游区运行成本最优化的条件下，实现服务与管理的高起点、高标准、高质量。

5. 解决乡村旅游的外部性

检查、整顿旅游市场秩序和服务质量，并组织综合治理组织实施旅游区内吃、住、游、行、娱等相关设施和服务的标准，以确保游客的安全、满意等。

6.建立危机的预警系统以及管理系统

旅游业涉及多个部门和产业，受众多环境因素影响，受政策、技术发展、经济环境和消费意愿、环境安全、产业、市场需求、其他旅游地的竞争等多方面的影响，同时，也会深受旅游目的地的资源吸引力、产品开发、市场开拓等因素的制约，因此旅游业发展的波动性比较大。在乡村旅游的发展过程中，往往会有一些突发事件，这就需要政府的预警机制，由政府相关危机管理部门迅速反应，制定出相关的应对措施，进行危机管理。

成立旅游信息服务中心，收集、加工、存储、发布旅游区信息，为领导决策提供依据，为广大游客和旅游企业提供信息咨询服务。在条件允许的前提下，建立以信息技术为媒介的信息收集发布渠道。

就目前来看，很多开发成功的乡村旅游个案，都体现了地方政府的主导作用。滕州市政府高度重视旅游业的发展，如通过旅游精品项目建设作为提升产业竞争力；高度重视规划对产业发展的引领作用，坚持出重金、请高手，编制总体规划和单体规划、专项规划等。

第二节　产业政策整合——保障乡村旅游产业融合发展

政府应加大对旅游业的政策扶持力度，通过政策进行资源配置引导，制定出适合本地旅游业发展的优惠政策，主要包括以下几个方面。

一、产业开放政策

引进和借鉴国内外管理方法与经验，提高服务能力和管理水平，改革管理体制和经营组织，探索多种管理途径。引进专业管理公司，所有权与经营权分开，实行特许经营制度、政企分开等。

二、产业优先政策

在区域整体发展背景下，选择优先发展区和重点旅游区，进行优先开发，建立并完善旅游产业优先发展保障制度。基于可持续发展的战略目标，建立生态旅游示范区、旅游扶贫试验区和旅游度假区，享受同类开发区政策。

三、财政倾斜政策

增加财政投入，主要用于旅游形象宣传、宏观管理、规划开发、奖励促进、加强旅游基础设施建设等。

四、招商引资政策

制定旅游开发招商引资优惠政策，创造最佳的投资环境，鼓励企业、乡镇、个人参与投资，给予税收、土地等方面的优惠政策。

五、奖励促进政策

对在乡村旅游品牌创建中，取得不同级别的荣誉称号的，进行奖励；对在组团、促销等方面做出突出贡献的旅行社和企业予以奖励。

六、其他相关政策

制定优惠政策，积极引进不同层次的旅游专业管理人才；开展专业研究、信息咨询、人员培训等方面的交流合作，学习其他地区的先进技术和经验，为旅游业发展提供保障。

第三节　产品集成——调整乡村旅游产品供给

一、旅游体系内部融合：将乡村旅游融入城市休闲体系

长期以来，城市旅游与乡村旅游从概念界定、市场开发、产品挖掘等方面，一直是不关联的两个概念。如何把城市旅游资源和乡村旅游资源整合起来，形成区域旅游市场的连接，是当下发挥旅游业区域联动的一个重要问题，具有很强的现实意义。我国城乡经济二元化的突破也需要一个带动性强的切入点，而旅游产业的边界模糊性、旅游市场的一体性对于统筹城乡经济发展具有不可替代的重要作用。要消除这种城乡旅游开发的阻隔，必须努力构建连接城市与乡村的旅游产业链条。

二、利用融合推动乡村全域旅游创意产品开发

要树立乡村全域旅游的开发理念，将整个乡村作为旅游吸引物，促进城市和乡村旅游发展的一体化，对资源和要素进行整合，努力挖掘资源的传播点，挖掘与旅游呈现的立足点。突出旅游产业主导性，不是简单地做加法，而是需要融合发展，社会资源和生产要素的优化配置紧密围绕旅游业展开，发展成为一个布局合理、形象突出、要素完备、魅力十足的旅游目的地。

三、推进乡村旅游产品开发的集群化

在乡村，单个景区的吸引资源往往比较单一，吸引留住游客能力有限，要用产品组合的观念打造旅游产品的集体概念，突破靠单一景区来发展的既有模式。因此，可以通过合理设计，将一定区域内景区由点状分布形成网式结构，如成都市三圣乡的五朵金花，就是一个典型的乡村旅游集群化发展的个案。通过这种设计，既可以提升旅游区域的产品开发、品牌传播，又可以提升游客的满意度。

首先，政府的力量应该充分体现，加强基础建设，加强景区间的交通建设，提高各景区间的交通便利性，降低游客的时间成本和交通成本；其次，在各景区间，建立一个共同的管理平台加强联系，同时不断创新各自特色，形成"一村一品"，降低旅游产品的同质化；再次，通过联合营销的方式推广一个主题，形成大乡村旅游的概念；最后，针对不同诉求的群体，合理设计旅游路线，真正体现当地乡村旅游的特色，着力于提高游客的停留时间，进一步开发增加游客体验的空间与感觉。

依据乡村旅游所涉及的不同环节，也可以从田园风光、民俗文化展示、乡村旅游服务企业以及乡村旅游支撑机构几个方面来界定乡村旅游产业集群。

第四节　路径通融——创新乡村旅游产业融合方式

乡村旅游具有旅游行业的一般特征，可以提供比较灵活的就业方式，对劳动力的素质要求不高，产业关联性强。旅游者的要求也在不断发生变化，越来越关注旅游产品的多样性、旅游活动的代入程度带来的体验，这就给乡村旅游的发展提出了要求，如何在把握乡村旅游本质属性的基础上进行提质升级。结合滕州当地的产业发展实际情况，就如何依托本土优势资源，进行产业链的延伸以及农业与旅游业结合、工业与

旅游业结合、文化创意产业发展等，提出如下思路。

一、依托农副产品，实现产品整体概念的挖掘

建设好特色旅游商品生产基地，是带动开放、挖掘潜力、培育核心竞争力的重要途径，是促进就业、建设新农村、构建和谐社会的重大举措，是加快追赶型、跨越式发展的必然要求，是提升对外形象、树立旅游品牌、促进经济又好又快发展的迫切需要。

二、依托特色农产品基地，实现"农业+旅游"的融合

以市场为导向，以结构调整为主线，努力培植资源有优势、产品有特色、生产有规模、销售有市场的主导产业和主导产品。同时按照"区域化布局，规模化发展，产业化经营"的思路，以"基地风光游"为依托、以"农事体验游"为轴心、以"特色旅游消费"为提升，通过整合旅游资源、打造旅游产品组合、改善并且增加旅游供给，把乡村旅游产业的重要试点进一步做大做强，最终创建全国农业旅游示范点，促进经济结构调整和经济社会发展，解决"三农"问题和就业再就业问题，培育工农业经济新的增长点。

第五节　管理模式创新——优化乡村旅游产业链

乡村旅游特色化、品牌化、规范化和规模化是乡村旅游最终走上产业化的必由之路。其间，乡村旅游的组织管理模式应关注以下内容。

一、组建成大的旅游企业集团，提高组织化程度，全要素发展

旅游服务涉及面广、产业链长，因此其分工不宜过细过窄，适宜培育多要素乃至全要素企业。为了保证乡村旅游的高层次发展，提高组织化程度非常关键。

二、统筹安排、科学规划，实现优势互补

经营主要还是针对地方政府，尤其是政府主导型的乡村旅游开发，主要包括：制定规划，制定支持发展乡村旅游地方政策，建立乡村旅游地方标准，多方筹措资金，不同乡村进行"一村一品"开发建设，公共基础设施的建设维护，乡村旅游业从业人

员培训，乡村旅游产品的供给等，以及城乡之间的联动，都离不开政府的统筹安排、科学规划。

三、建立利益连接机制，培养联动发展模式

乡村旅游产业化若想健康发展，关键和核心在于建立利益连接机制以及联动发展模式。以旅游业为龙头的价值链的形成与完善，需要通过发挥乡村旅游的乘数效应，大力发挥旅游产业的拉动功能，促进关联产业的发展。联动发展模式的建立主要围绕不同的产业，形成广义上的产业价值链，如旅—农—工—贸，从而促进农村产业结构调整。围绕乡村旅游结合不同产业开展不同的活动，进而会带动生产要素市场，如信息、资金、技术等的发展。长远看来，通过利益联动，对农业产业化的进程定能起到加速作用。

四、乡村旅游业态和模式创新

在乡村和乡村旅游的发展中，市场经济的规律和要求始终是基本原则。在现实发展中，客观存在着部门、区域、相关者的各自利益和诉求，因此需要突破局限，站在大区域、大市场、大旅游的高度，实行政府主导、企业经营的创新战略，全面推进乡村旅游的发展。

目前，乡村旅游产品形式普遍比较单一，很多地方乡村旅游缺乏特色和个性。为了改变这种现状，需要对乡村旅游发展业态与模式进行丰富和创新，在满足不断发展变化的旅游需求的同时，推进普通农户通过业态和模式的改变，扩大规模、形成规模效益，提高品质、打造精品，形成品牌、树立差异性。

在发展乡村旅游经济的道路上，发展路径很多，如依托传统村落建设旅游村镇、与生态农业结合营造生态农业新村、在政策扶持下开发旅游扶贫区、以高科技农业为主题打造观光园等，建设依托知名景区、民族民俗文化村落、历史文化村落、农业产业集聚区发展等不同类型的乡村旅游集聚区或综合体；在乡村旅游业态上，要因地制宜，构建多元业态；在乡村旅游模式上，在依据共性的理论基础上，凸显个性的原则，围绕当地独具特色的资源和主要的目标市场需求，不断探索，发展乡村旅游的模式。

第六节　营销模式创新——加速乡村旅游产业融合

一、品牌营销策略

目前在市场营销实践与理论体系中，品牌战略居于主导地位。品牌之所以如此重要是因为品牌的作用：首先，通过品牌建设和传播，可以突出旅游产品或服务的特色，与竞争者相比有良好的传播点；其次，品牌传播对于旅游形象的树立具有不可替代的作用；再次，通过品牌传播，可以加深消费者的认知，进而提高旅游者的购买率和重购率；最后，通过品牌构建与传播，形成企业的品牌资产，是体现旅游企业的综合竞争力的重要组成部分等。

对于乡村旅游目的地来说，区别于一般的实体产品和服务。首先，一个优秀的乡村旅游目的地需要依托丰富的旅游资源；其次，乡村旅游知名品牌的打造，同样离不开优质的服务。因此，在乡村旅游品牌建设与传播中，要有清晰的认知，如自身资源、市场需求偏好、竞争企业等。在市场选择上，要注意发展先后顺序。往往是由近及远，先易后难，先省内市场，再周边省份，后国际市场。

通过选择不同的平台，不断地宣传促销，树立旅游形象，加大市场影响力，提升旅游品质，保证乡村旅游品牌的市场影响力。

很多地方的乡村旅游品牌，在品牌建设的过程中，缺乏自身独特文化价值的挖掘与包装，而且存在着跟风的现象。比如，在成都三圣乡五朵金花的品牌打响之后，很多地方在打造乡村旅游品牌的时候，往往会用类似于"五朵金花"的名称，如滕州市的乡村旅游品牌建设，也在做一个五朵金花的概念，从名称的命名到具体的旅游目的地景点的构成，有很深的成都三圣乡的影子。

二、整合营销传播策略

源于美国的整合营销传播理论被广泛流传应用，在开拓发展市场、提升旅游品牌形象、促进规模发展、提升消费者购买意愿等方面具有重要的作用。

（一）同一地理空间内的不同乡村旅游产品之间的整合营销

在同一区域范围内，乡村旅游产品之间要形成一种良好的竞争与合作的关系。以前，很多乡村旅游产品存在着严重同质化的现象，尤其是像以农家乐为代表的最初的乡村旅游产品开发，在相对集中的地理范围内，难免会发生恶性竞争。从长远的发展来看，无论对游客还是对业主，都存在很大的风险。

因此，在开发乡村旅游的时候，主张"一村一品"，在同一区域范围内，形成可以互补的合作关系，往往以政府主导推进，强调整体形象和品牌，实行整合营销，共同培育开发市场。既降低了经营风险，避免了恶性竞争，同时还会增强对游客的吸引力。

（二）不同区域间的联合营销

乡村旅游产品的行政区划以县市区一级为主，乃至于乡镇一级，其拥有的资源有限、资金不足，传播的影响也极其有限。因此，营销还应考虑主动纳入市、地区等更大区域的联合营销中去，尤其是考虑与主要景区进行联合，形成联动模式，也可以考虑寻找成熟的旅游市场进行依托，进行游客引导开发乡村旅游市场。

（三）不同的营销传播手段的综合运用

在市场营销传播的概念里面，传播的手段多种多样，其中比较经典的手段有这样几种：广告、人员推销、公共关系和营业推广。目前，越来越多的地方政府开始关注旅游目的地形象广告的打造，在不同的营销传播手段里面，其所起的作用、花费的成本以及影响的范围是有差别的。因此，在营销传播的过程中，要进行深入系统的分析，针对当地乡村旅游目的地的定位和目标市场，进行有针对性的营销传播手段组合。

（四）不同传播媒介的综合运用

随着互联网、移动通信手段和网络技术的飞速发展，各种新型的信息获得方式越来越普及、便捷。这就给乡村旅游的传播提出要转变思路的要求。在关注传统媒介的同时，还要关注各种各样的新媒体信息传播。

1.传统媒体

（1）借助目标客源地传统媒体。借助目标客源地报纸、杂志、电视、广播、户外广告等传统媒体宣传旅游区的旅游形象及旅游产品，不断扩大宣传推广范围和提高旅游区知名度。

（2）分发旅游宣传册等材料。积极参加旅游推介会和说明会以及各种旅游会展，向当地旅游业界和游客派发旅游宣传册、促销单张、旅游地图等各类宣传资料。

（3）与专业旅游杂志合作，形成营销软文。在专业策划的基础上，与国内重要旅游杂志合作，形成一定量的营销软文，营造正面舆论规模，不断传播新的乡村旅游形象。

2.网络媒体

网络营销方式要充分发挥新媒体的作用，应对不断变化的市场要求。新媒体在选择上主要分为三类：网络新媒体、移动新媒体和数字新媒体，重点实施微博、微信、微电影、微视频和微图等五微营销。

（1）网络新媒体。主要包括各大门户网站（如携程、艺龙、新浪、搜狐），电子邮件／即时通信／对话链、博客／播客、网络文学、网络动画、网络游戏、网络杂志、网络广播、网络电视等。重点关注微博及社交网络的"病毒式"传播的口碑宣传方式，对旅游区进行"病毒式"传播。

（2）手机新媒体。在选择上可以有智能手机应用程序软件、手机短信／彩信、手机报／出版物、手机电视／广播等。

（3）数字新媒体。数字新媒体广告投放包括数字电视、IPTV、移动电视、楼宇电视、城市多媒体终端等。在一级目标客源市场的火车站、飞机场、饭店大厅、大型购物中心、重要的景区景点和旅游咨询中心等地，开展旅游营销宣传。

3. 公共关系渠道

（1）公关营销。整合社会资源，分析贴近目标市场的各种社会活动、政府公关活动、有关的专业组织会议等进行品牌植入。

（2）名人营销。明确分析当地的文化资源、自然资源等，把握其特质，遴选聘请具有共性的名人进行相关的市场推广活动；或者根据实际情况安排名人名家参与活动，利用名人效应，进行旅游目的地的营销。

（3）会展营销。会议展览因其影响效果越来越被地方政府部门接受，尤其是高规格会议，会议效应往往可以形成旅游宣传的亮点；而且会议效应的融入性与持续性比较可取。除了主动举办会议以外，还要主动走出去，通过选择主要市场，精心准备参加国内外重要旅游交易会。

（4）文化营销。文化与旅游具有天生的渊源，可以走官方渠道如申报世界文化遗产或者人类非物质文化遗产等。文化营销难在历史文化的物化与实体转化。

4. 专项营销渠道

（1）旅行社营销。与国内重大旅行社进行合作推广精品线路，借助知名旅行社的渠道，分销旅游区的旅游产品；与目标客源市场的旅行社建立良好的合作关系，定期组织认知之旅，让其了解旅游区的特色，同时针对不同目标市场的旅行社提供不同的优惠套餐，以求最大力度地吸引当地游客。

（2）行业协会营销。建议乡村旅游点加入不同的行业协会，利用行业协会的渠道进行精准销售。

（3）旅游大篷车促销。面向大众市民，在城市中心区和人流密集的商业广场、商业街，采取旅游大篷车的方式开展宣传促销活动。

（4）社区促销。深入社区，拓展周末休闲市场，针对主要客源市场，组织旅游区营销小分队直接深入其中的大型社区，特别是高端住宅区和高端酒店区等，开展促销宣传活动。

三、有效区分市场，采用多维营销策略

在市场营销中，基于市场细分、市场定位和目标市场选择的目标市场营销战略，是非常有效的，在乡村旅游的市场发展中，该理论同样适用。很多研究从地理空间分布和有效辐射范围着眼来研究乡村旅游的市场发展，因此，在乡村旅游的市场发展过程中，有必要结合市场的细分和产业的生命周期，进行当下、中期和长期的市场开发布局。

四、节庆活动发展策略

近年来，大部分地方政府以"节庆"为由头，通过传统节庆或者人造节庆，用节庆活动气氛刺激消费者，开展一系列的营销活动。具有当地特色的节庆文化活动，有效地吸引目标市场的关注，在营销表现上逐渐成为亮点。

成熟的旅游节庆活动能够有效聚集人气、提高当地知名度、带来可观的经济收益，其余多为地方性节庆，影响力不大，经济效益不理想，难以达到提升当地整体知名度的目的。

节庆活动除了本身是一种独特的旅游资源，还是当地品牌形象的外化，进行传播的发力点。因此，在设计节庆活动时，除注意凸显与本地旅游的结合以外，还要尽可能打造新民俗。同时，淡季错峰举办时效性较差的活动，可以有效激活淡季旅游市场。

第七节　保障乡村旅游社区利益——稳定乡村旅游融合发展

一、建立社区居民参与机制

（一）建立农民旅游合作社

由合作社对其境内的资源进行统一管理，对其拥有的果树、农田进行统一规划、综合开发，农民以自家的土地、果树和现金等多种方式加入合作社，设置灵活的股权，在不改变原土地承包关系的前提下实现土地的集约利用。

（二）全程参与景区规划与建设

客观上讲，旅游景区（点）真正的主人是社区居民，就旅游规划发展和如何实施旅游发展的决策他们应该有发言权。倘若旅游发展决策缺少社区居民参与，那么很难保证社区居民在旅游开发中受益。

（三）对社区进行旅游教育与培训

随着农村青壮年劳动力的流动，社区居民老人和妇女居多，旅游服务的意识比较淡薄，旅游知识与技能相对匮乏。若想让他们从旅游开发中受益，必须引导其参与到旅游开发中来。因此，必须对他们进行培训，补充相关知识。

二、建立规范的利益分配机制

建立利益分配机制：一是兼顾效率、公平。旅游开发商、地方政府、社区居民进行利益分配时，需要按照生产要素的贡献，如资本、土地、技术、资源、管理、劳动等，开发各方的应有收益应该能够保证；二是体现公正、人本。旅游开发所带来的社会成本应该在利益分配时被重视起来，资源耗减和环境损失应该充分考虑，并对之进行生态补偿。

（一）明确旅游资源产权，并进行资产评估

旅游资源产权界定是合理分配旅游开发利益的先决条件，必须客观公正地进行，以资本和各种旅游资源作为基本要素，建立有偿使用制度。根据规定的评估体系，为显示旅游资源资产价值，则必须由专业的评估机构进行综合评估。

（二）形成补偿机制多元化

对资源与环境的影响是旅游开发不可避免的，作为影响的直接承担者，社区居民有权利获得一定的补偿，作为开发者、经营者等直接受益者有义务对此给予补偿。

政府作为主管部门，应该完善征地补偿制度。被征地以后，农民失去了主要的收入来源。因此，在旅游开发后，确保农村居民的基本生活水平是政府部门应该慎重考虑的问题。

环保部门应该对旅游开发进行全方位的监管，建立环境资源补偿机制。旅游环境承载力是衡量旅游可持续发展的重要考核指标，一旦旅游规模超过环境承载力，对旅游资源造成的破坏可能无可挽回，所以，对环境资源进行补偿非常有必要。

三、鼓励社区居民积极参与，使其转变为旅游从业者

（一）社区居民直接参与

针对景区建设和管理，鼓励全面参与。旅游区的部分建设项目，可以优先承包给社区居民；旅游区建成后的卫生清洁、绿化、民俗表演可以雇用当地社区居民来做。

从事旅游商品零售业。在旅游区内，各种零售摊位、超市商店、停车场以及部分简单游乐设施等，对社区居民个人可以以相对优惠的价格招租，这样可以帮助社区居民从事经营活动，使其参与进来，为旅游区提供物质，如新鲜蔬菜、肉食、水果等，开展旅游餐饮住宿接待。

（二）社区居民个人入股

为了强化旅游开发过程中社区居民的合理收益，以及旅游与社区居民战略同盟关系，社区居民可以多种形式入股参与旅游开发，获得股份收益。

（三）建立集体性质的旅游公司

建立集体性质的旅游公司，社区居民入股，从事旅游产业相关的行业，如交通运输、餐饮、接待、商品销售等，也可承担景区的经营项目，实现规模经营、集约经营，发挥集体的力量。

四、提升社区产业结构层次

立足于自身产业结构现状与经济发展水平，以旅游产业为核心，积极发展配套产业，以旅带农，以农促旅，优化社区的产业结构，带动社区产业结构的升级。

首先，发展旅游产业的后向关联产业，优先发展高产高效农业，促进农业生产生态化、生态环境景观化，提高经济作物比重，实现农业内部结构优化。

其次，以农产品深加工产业为龙头，发展旅游商品加工业。对本地著名的、独特风味的土特产品进行加工、包装及标准化生产，便于游客购买携带。

最后，充分发挥旅游区的依托地功能，积极拓展旅游前向关联产业，特别是与景区相配套的服务业，包括餐饮、住宿、导游服务以及交通运输等产业。

五、健全旅游保障机制

（一）理顺管理体制

转变政府职能，地方政府要发挥其管理监督职能以及协调、服务职能。建立社区

管理机构。

（二）培养社区参与意识

政府主管部门和社区通过专题宣传和教育培训，帮助社区居民提高对旅游发展的认识。从思想上接受相关理念，若想实现旅游可持续发展，那么社区参与旅游开发是必不可少的因素。因此，要引导、尊重、保证社区居民的参与行为。

（三）制定相关政策

地方政府要制定相关政策，并从财政上（如帮忙筹措经营资金、提供低息贷款）予以扶持，保证社区居民从旅游开发中获益。

六、完善旅游监督机制

由专家、政府官员、各方代表及公众共同组成，作为社会性执法和监督机构是专门的、独立的，监督、控制旅游开发整个过程以及各方行为，目的在于确保实现各方利益和环境的健康可持续，在监督和管理的同时，也可以作为沟通和反馈的平台以促进信息的沟通交流与反馈。

参考文献

[1] 蔡竞.产业兴旺与乡村振兴战略研究 [M].成都：四川人民出版社，2018.

[2] 陈建宪.民俗文化与创意产业 [M].武汉：华中师范大学出版社，2012.

[3] 陈觉.乡村旅游绿色供应链及其协调机制构建 前后台结构视角 [M].武汉：华中科技大学出版社，2021.

[4] 陈瑞萍.美丽乡村与乡村旅游资源开发 [M].北京：航空工业出版社，2019.

[5] 陈世才.旅游新论 [M].北京：北京理工大学出版社，2018.

[6] 崔勇前.新时代乡村旅游发展研究 [M].北京：中国商业出版社，2021.

[7] 邓爱民，王子超.旅游文化基础导论 [M].北京：中国旅游出版社，2019.

[8] 范振坤.乡村旅游中的公共设施设计 [M].北京：中国纺织出版社，2018.

[9] 高小茹.全域旅游视角下的乡村旅游产业发展研究 [M].北京：北京工业大学出版社，2021.

[10] 管宁等.区域文化 资源保护与产业开发 [M].镇江：江苏大学出版社，2012.

[11] 怀康.乡村振兴视域下的乡村旅游与乡土文化传承研究 [M].北京：中国原子能出版社，2021.

[12] 黄渊基.文化生态旅游融合发展研究 [M].湘潭：湘潭大学出版社，2017.

[13] 林光旭，唐建兵.乡村旅游项目创意策划与实践 [M].成都：电子科技大学出版社，2011.

[14] 林源源.体验与感知 乡村旅游者忠诚的拓展研究 [M].南京：东南大学出版社，2020.

[15] 刘光.乡村旅游发展研究 [M].青岛：中国海洋大学出版社，2016.

[16] 刘佳雪.文旅融合背景下的乡村旅游规划与乡村振兴发展 [M].长春：吉林大学出版社，2021.

[17] 刘娜.人类学视阈下乡村旅游景观的建构与实践 [M].青岛：中国海洋大学出版社，2019.

[18] 刘奇.乡村振兴，三农走进新时代 [M].北京：中国发展出版社，2019.

[19] 刘曙霞.乡村旅游创新发展研究 [M].北京：中国经济出版社，2017.

[20] 刘文奎.乡村振兴与可持续发展之路 [M].北京：商务印书馆有限公司，2021.

[21] 骆高远.中国文化旅游概论 [M].杭州：浙江大学出版社，2017.

[22] 申元村，刘锋.中国的生态环境与生态旅游 [M].北京：气象出版社，2011.

[23] 石峰.乡村旅游规划理论与方法研究 [M].北京：北京工业大学出版社，2019.

[24] 史云，张锐主编.乡村旅游经营与管理 [M].石家庄：河北科学技术出版社，2017.

[25] 舒科.明日田园 以旅游推进乡村振兴的探索与实践 [M].成都：四川人民出版社，2018.

[26] 孙国学，赵丽丽.旅游产品策划与设计 [M].北京：中国铁道出版社，2016.

[27] 孙树志等.居有其所 美丽乡村建设 [M].北京：中国民主法制出版社，2016.

[28] 覃建雄.民族地区农文旅融合驱动乡村振兴研究 [M].成都：西南交通大学出版社，2021.

[29] 王昆欣.乡村旅游新业态研究 [M].杭州：浙江大学出版社，2019.

[30] 熊剑平，余瑞林，刘美华.湖北乡村旅游发展研究 [M].北京：旅游教育出版社，2019.

[31] 徐虹，焦彦，张柔然.乡村旅游文化传承与创新开发研究 [M].北京：中国旅游出版社，2021.

[32] 杨力民.创意旅游 讲述旅游策划的故事 [M].北京：中国旅游出版社，2009.

[33] 杨述明.乡村旅游与后乡村治理 [M].武汉：湖北人民出版社，2018.

[34] 叶顺.乡村旅游小企业的成长演化 模式、影响因素及效应 [M].杭州：浙江大学出版社，2021.

[35] 尹华光，蔡建刚.乡村振兴战略下张家界乡村旅游高质量发展研究 [M].成都：西南交通大学出版社，2018.

[36] 臧丽娜.文化创意产业品牌传播案例研究 以山东为例 [M].济南：山东教育出版社，2016.

[37] 张碧星.城镇化发展过程中的乡村旅游经营管理研究 [M].北京：中国商务出版社，2019.

[38] 张霞，王爱忠，张宏博.生态经济视阈下的乡村旅游开发与管理研究 [M].成都：电子科技大学出版社，2018.